GURUS DA GASTRONOMIA

GURUS DA GASTRONOMIA

STEPHEN VINES

20 PESSOAS QUE MUDARAM A MANEIRA DE COMER E PENSAR A ALIMENTAÇÃO

TRADUÇÃO
CAMILA WERNER

PRUMO
na mesa

Título original: *Food Gurus: 20 people who have changed the way we eat and think about food.*
Copyright © 2012 Stephen Vines

Todos os direitos reservados. Nenhuma parte desta obra pode ser reproduzida ou transmitida por qualquer forma ou meio eletrônico ou mecânico, inclusive fotocópia, gravação ou sistema de armazenagem e recuperação de informação, sem a permissão escrita do editor.

Direção editorial
Jiro Takahashi

Editora
Luciana Paixão

Editora assistente
Anna Buarque

Preparação
Maria Sylvia Corrêa

Revisão
Rinaldo Milesi
Fernanda Iema

Capa, projeto gráfico e diagramação
SGuerra Design

Produção de arte
Marcos Gubiotti

CIP-Brasil. Catalogação na fonte
Sindicato Nacional dos Editores de Livros, RJ

V79g   Vines, Stephen
        Gurus da gastronomia : 20 pessoas que mudaram a maneira de comer e pensar a alimentação / Stephen Vines; tradução Camila Werner. – São Paulo: Prumo, 2013.
        320 p.: 23 cm

        Tradução de: Food gurus: 20 people who have changed the way we eat and think about food
        ISBN 978-85-7927-279-0

        1. Alimentos - História. 2. Hábitos alimentares - História. 3. Celebridades. 4. Cozinheiros. I. Título.

13-2179.   CDD: 641.3
                                                                CDU: 641.5

Direitos de edição para o Brasil: Editora Prumo Ltda.
Rua Júlio Diniz, 56 – 5º andar – São Paulo – SP – CEP: 04547-090
Tel.: (11) 3729-0244 – Fax: (11) 3045-4100
E-mail: contato@editoraprumo.com.br
Site: www.editoraprumo.com.br
facebook.com/editoraprumo | @editoraprumo

Sumário

Ferran Adrià: O alquimista da cozinha	13
Robert Atkins: O guru das dietas	29
James Beard: O decano da cozinha americana	47
Isabella Beeton: A administradora do lar	61
Paul Bocuse: O chef dos chefs	75
Antonin Carême: O rei dos chefs	91
Julia Child: Ajudando os Estados Unidos a cozinhar	107
Elizabeth David: A escritora que falava de comida	121
Georges Auguste Escoffier: O mestre	139
Henry Heinz: O homem da lata	155
Ray Kroc: O restaurateur mais bem-sucedido do mundo	167
Catarina de Médici: A mãe da culinária francesa	181
Jamie Oliver: O defensor da comida	193
Marguerite Patten: Fazendo a parte dela	209
Carlo Petrini: Saboreando o ritmo do caramujo	223
Bartolomeo Platina: O pioneiro dos livros de receita	235
Fernand Point: O pai da moderna culinária francesa	249
Gordon Ramsay: Transformando a comida em entretenimento	263
Delia Smith: Vamos de Delia	283
Alice Waters: A chef ética	301

Introdução

O que é um guru da gastronomia? A resposta simples a essa questão é que é uma pessoa que mudou a maneira como comemos e pensamos os alimentos, para o bem ou para o mal. Os gurus destas páginas não são apenas bons cozinheiros, ou grandes autores sobre o assunto, ou mesmo pessoas que administram alguns dos restaurantes mais famosos do mundo – eles são muito mais do que isso porque cada um deles exerceu uma influência transformadora sobre os alimentos que consumimos. Essa é uma afirmação de peso, mas acredito que as histórias dessas pessoas extraordinárias irão justificar as expectativas criadas por ela.

Naturalmente, julgar quem merece essa honra é algo subjetivo e é bem possível que alguns leitores não fiquem satisfeitos com a seleção de gurus deste livro e achem que outros deveriam ter sido incluídos. No entanto, esta obra não pretende ser definitiva; trata-se de uma seleção subjetiva em uma área na qual afirmações objetivas são suspeitas, pois a comida desperta paixões e controvérsias e não existem padrões absolutos. Assim, há muito espaço para um debate animado e espero que este livro contribua para ele.

Ao selecionar apenas vinte gurus, tentei chegar a um equilíbrio entre chefs, escritores e outras pessoas potencialmente influentes na indústria dos alimentos que tenham deixado um enorme legado, e em alguns casos que continuam a fazê-lo. Assumo que há uma tendência neste livro a personalidades do Reino Unido e dos Estados Unidos, deixando espaço para considerar pessoas de outras nações. Para ser honesto, essa tendência é resultado do meu conhecimento e acesso à informação limitados. É muito melhor escrever o máximo possível sobre o que se conhece bem, e foi isso o que fiz.

Escrever este livro me lançou em uma fascinante jornada pela história. Quanto mais eu pesquisava sobre o assunto, mais percebia que o desenvolvimento social reflete-se muito na maneira como comemos e pensamos os alimentos. Essa não é uma observação nova, mas fiquei surpreso com o quanto é verdadeira. Mudanças nos hábitos alimentares oferecem os primeiros indícios sobre a transformação da sociedade, e assim os alimentos surgem como o que os economistas chamam de indicadores de *tendência* em vez de serem indicadores de *ocorrência*. Um exemplo claro disso pode ser encontrado no Reino Unido quando, na década de 1970, uma versão do frango tikka masala do subcontinente indiano tornou-se o prato mais famoso do país. O entusiasmo dos britânicos pela comida indiana foi uma das importantes forças que impulsionaram a adoção do multiculturalismo.

O impressionante é que só no século XX a comida realmente deixou de ser apenas um meio de subsistência para as massas. É verdade que, em períodos anteriores, diversos alimentos especiais, não consumidos regularmente, eram produzidos apenas para ocasiões específicas; mas, na vida diária dos trabalhadores comuns, as opções alimentares eram limitadas e comer estava mais associado à subsistência do que ao prazer. Somente os ricos podiam contemplar a comida como parte frequente de suas atividades de lazer. Quase sem exceção, os ricos não desempenhavam nenhum papel no preparo dos alimentos. No entanto, como veremos no capítulo sobre Catarina de Médici (capítulo 12), era considerável a influência dos ricos e dos poderosos na supervisão da produção das refeições e no modo de consumi-las.

Agora tudo mudou, e as pessoas endinheiradas entram nas cozinhas por vontade própria e arregaçam as mangas com entusiasmo, prontas para cozinhar, enquanto no mundo industrializado são em geral as pessoas com menos dinheiro as menos inclinadas a cozinhar, tendendo a depender quase que exclusivamente de alimentos pré-prontos, requentados ou simplesmente desembalados antes de serem servidos. Há outros paradoxos em um mundo no qual as conversas sobre alimentos chegaram a outros níveis: onde canais de televisão são dedicados ao assunto, mesmo que menos refeições estejam sendo preparadas do zero, as famílias já não façam juntas as refeições e o conhecimento básico sobre como cozinhar deixou de ser transmitido de uma geração a outra. Esses desdobramentos e muitos outros aparecem nestas páginas por meio da vida dos gurus da gastronomia.

Como o interesse pelo tema da alimentação pipocou nos últimos cinquenta anos, ela deixou de ser uma preocupação reservada a especialistas, como chefs e fabricantes de alimentos. Agora que a comida se tornou uma preocupação comum e é discutida entre as pessoas assim como, digamos, os esportes, ela às vezes se torna uma obsessão. A televisão teve um importante papel em abrir caminho para que a alimentação fizesse parte da cultura de massa, portanto, houve a tentação de focar naqueles que são mais conhecidos nesse meio de comunicação. No entanto, acho que isso teria sido um equívoco, não porque não haja um grande número de chefs televisivos muito influentes, mas porque muitas vezes é difícil determinar claramente a natureza exata de sua contribuição para o desenvolvimento da alimentação.

Este livro, porém, não é sobre celebridades da culinária, mesmo por que a fama é transitória. Mas algumas das pessoas deste livro são grandes celebridades, como Gordon Ramsay, que era um chef bem estabelecido antes de ser arrastado pelo turbilhão da televisão. Jamie Oliver, por outro lado, nunca tinha gerenciado a própria cozinha antes que sua charmosa personalidade o jogasse nas telas da tevê e fizessem dele alguém que pode usar sua fama para abrir restaurantes. No entanto, seria um erro pensar que o conceito de chef-celebridade começou com a televisão. Por exemplo, Antonin Carême, que alcançou a fama na metade do século XIX, certamente era uma celebridade em seus dias. Era cortejado por pessoas influentes e a publicação de seus livros causava uma corrida às livrarias. A famosa autora do período vitoriano, Isabella Beeton, tornou-se conhecida por meio de artigos em revistas e escreveu apenas um livro. Mas ela era tão famosa que, depois que morreu, apareceram livros com seu nome, fazendo dela uma espécie de marca.

Também gostaria de admitir que no começo tive a intenção de escrever apenas sobre chefs. No entanto, quanto mais estudava o assunto, mais percebia que, apesar de precisarem ocupar espaço importante nesta obra, havia muitas outras pessoas associadas ao mundo da alimentação que não cozinharam para viver e ainda assim causaram grande impacto na maneira como comemos. Alguns deles, especialmente Ray Kroc (o homem que transformou a rede McDonald's em um gigante internacional), podem ser vistos como tendo desvalorizado o mundo da alimentação, mas é muito difícil defender que ele não tenha causado nenhum impacto. O mesmo acontece com Robert Atkins, cuja defesa de uma dieta com alto teor de proteínas e poucos carboidratos tem milhões de defensores que a seguem religiosamente. Talvez apenas em parte, mas é possível que a obra de Atkins tenha causado enorme impacto em pessoas que nem sabem seu nome. Tanto Kroc quanto Atkins são como uma maldição para os gastrônomos (peço desculpas por usar esse termo horrível, mas é surpreendente o número de pessoas que ficam felizes em serem descritas assim). Carlos Petrini, o fundador do movimento Slow Food e que poderia ser considerado a antítese de Ray Kroc, é muito mais aceitável para os conhecedores da gastronomia. Mas há quem questione a sua defesa de uma abordagem da comida criada basicamente para gente com tempo livre e meios de aproveitar os altos escalões do mundo culinário. Em outras palavras, ele é condenado por ser elitista, apesar de essa ser uma crítica estranha, pois a busca pela perfeição e o aprimoramento unem todos os que estão neste livro. Apesar de eu não gostar de hambúrgueres do McDonald's e ser cético em relação às ideias de Atkins, é quase impossível não reconhecer as conquistas consideráveis dessas duas pessoas.

E o que podemos dizer dos chefs que ocupam estas páginas? Qualquer um como eu, que já trabalhou com chefs, provavelmente vai dizer que eles formam um grupo de pessoas muito diferente, que levam uma vida que a maioria de nós nem sonharia em viver. Afinal, quem conhece outra pessoa que trabalha duro em feriados e dias de descanso quando todo mundo deveria estar relaxando? Quem mais raramente come o que cozinha e é forçado a fazer refeições sem horário certo? E quantas pessoas trabalham sob o tipo de pressão que reina nas cozinhas comerciais, nas quais, no espaço de poucas horas, é preciso entregar uma sucessão de pratos, de acordo com uma escala que causaria um derrame em qualquer cozinheiro doméstico comum?

Também deve-se ressaltar que a maioria dos chefs tem uma educação formal bastante limitada, normalmente entram no mercado muito jovens e podem ter encarado anos de treinamento árduo na cozinha, mas tendem a não ter uma formação mais abrangente. Isso reforça o mundo muito confinado que habitam, em grande parte ocupado por outros chefs e pessoas do mundo da alimentação, que seguem um grupo de normas e comportamento específico desse ramo. Dizer que eles são um grupo à parte, portanto, não é exagero.

É um ambiente cheio de pressão, então não surpreende o fato de alguns chefs terem problemas com álcool, drogas, jogo ou nos relacionamentos pessoais, o que os torna seres humanos menos charmosos, mas mestres da arte culinária bastante incríveis. Além disso, dizer que alguns dos maiores chefs do mundo têm egos enormes é o mesmo que revelar que estrelas de cinema tendem a não ser modestas. Claro, eles têm egos enormes e pode ser bem difícil lidar com eles, mas talvez esse seja o preço de se chegar ao estrelato.

Os melhores chefs são pessoas motivadas ao extremo. Pegue o exemplo do chef Carême, um dos grandes chefs franceses. Sua rotina diária exigia que ele acordasse antes do nascer do sol para ir ao mercado e encontrar os melhores legumes e verduras; e fazia com que ele se recolhesse por volta da meia-noite, depois que o trabalho do dia estava feito e sua cozinha limpa, de acordo com o seu padrão. Nos tempos modernos, Fernand Point oferece outro exemplo de sua incrível ética de trabalho, pois ele também levanta com o sol e provavelmente não deixa a cozinha antes das 23h. Ao longo do dia, consome grandes quantidades de champanhe – um regime que poucos aguentariam. Dias de trabalho muito longos são a regra e não a exceção nas cozinhas, e as condições tendem a ser difíceis nesses lugares; há o calor, o barulho e o perigo sempre presente de se ferir com facas, fogo ou escorregar no chão molhado. Não é de surpreender que os chefs não sejam as pessoas mais tranquilas do mundo. É a partir dessas circunstâncias que surgem os chefs destas páginas, não como seres humanos maravilhosos, mas como cozinheiros exemplares que foram os pioneiros de novas maneiras de comer.

Alguns dos ótimos cozinheiros deste livro, como Marguerite Patten e Elizabeth David, nunca trabalharam em período integral em uma cozinha comercial. No entanto, isso não as faz nem um pouco menos motivadas, trabalhando como doidas para descobrir novas receitas e mais informações sobre alimentos e diversos aspectos da alimentação. É difícil acreditar que elas eram menos obsessivas que os chefs nas cozinhas, e talvez exatamente porque cozinhar não era o seu negócio é que elas tivessem tempo de cobrir uma área muito maior da gastronomia do que a explorada por aqueles que precisavam cozinhar para seus clientes.

Sete mulheres são apresentadas neste livro, o que faz delas minoria, e isso reflete o fato de que a maioria das pessoas reconhecidas e influentes no mundo da comida era composta de homens, até recentemente. As exceções de um período anterior, como Catarina de Médici, aparecem nestas páginas. Ainda assim, ela era uma grande exceção, assim como a Sra. Beeton no período vitoriano, e até mesmo Marguerite Patten, que começou a se tornar famosa na década de 1950. Muitas pessoas observaram a ironia da situação na qual as mulheres cozinham a grande maioria das refeições no mundo, mas os superstars do mundo culinário são homens. Isso sem dúvida está mudando, e algumas pessoas responsáveis por essas mudanças, como Alice Waters, também aparecem nestas páginas. No entanto, é justo dizer que mesmo hoje em dia as cozinhas profissionais são dominadas por homens e que as cozinheiras precisam trabalhar um pouco mais para serem reconhecidas.

Uma das coisas que mais chamou atenção durante as pesquisas para este livro foi como são poucas as mudanças na maneira de nomear os estilos gastronômicos como, digamos, nouvelle cuisine ou fusion food. A palavra-chave aqui é evolução, porque cada "nova" revolução faz empréstimos no passado e, no fundo, é uma melhoria e não algo completamente novo. Mesmo hoje em dia, na revolucionária cozinha de Ferran Adrià, ele parte de estilos já estabelecidos, apesar de usar alguns métodos culinários novos. Francamente, a ideia de que *fusion* é algo novo é absurda porque todas as formas desenvolvidas de culinária fazem empréstimos de outras. Se não fosse assim, nunca veríamos a variedade de alimentos que vemos hoje em dia, sendo que a mudança mais significativa é a melhoria nos meios de transporte. Isso significa que, por exemplo, um tempero do Marrocos já está disponível em Paris e pode ser incluído em um prato "francês", sendo que, há cinquenta anos, ter acesso a esse tipo de ingrediente era simplesmente impensável.

Meu interesse pela comida é antigo e chegou a um novo nível há quase duas décadas, quando eu e meus sócios abrimos um pequeno café, seguido por restaurantes, cafeterias e cantinas. Tenho muita consciência de que é besteira pensar que só porque alguém acha que sabe alguma coisa sobre comida pode pular para o negócio de restaurantes. Uma estatística muito citada é a de que 90% dos restaurantes recém-abertos fecham. Pesquisas mais recentes sugerem que esse é um número bastante exagerado. Mesmo assim, a taxa de falha é grande e dou graças a Deus por ter começado modestamente. O negócio continua a exigir muito e não é recomendado para aqueles que querem ter uma vida tranquila. Descobri que a ponta mais interessante do negócio é a comida em si. Embora, quando se administra um restaurante, é surpreendente o pouco tempo devotado exclusivamente à comida e quanto tempo se gasta lidando com todo o resto. Isso tudo me ensinou que servir comida para as pessoas requer um esforço extraordinário. A partir disso, desenvolvi um fascínio por pessoas que tenham sido bem-sucedidas, seja produzindo comida, escrevendo a respeito ou influenciando a maneira como comemos, porque é preciso ser uma pessoa fora do comum para ser bem-sucedido nesse ramo fora do comum. Essa é a gênese deste livro, e espero que os leitores se interessem tanto quanto eu em conhecer as personalidades que aparecem nestas páginas.

Para usar uma analogia gastronômica, talvez alguns leitores tratem este livro como tapas espanhóis ou um dim sum chinês, em outras palavras, um conjunto de pequenas iguarias que tanto podem ser degustadas sozinhas como juntas em uma refeição muito saborosa. Cada capítulo é independente, mas existe um padrão, e ao observarmos a vida de cada guru poderemos ver como a história da alimentação se desenvolveu. De todo modo, se este livro for 50% tão saboroso e prazeroso quanto os melhores tapas ou dim sum, terá atingido o seu objetivo.

O alquimista da cozinha
FERRAN ADRIÀ

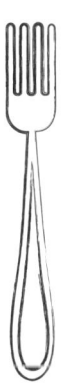

Ferran Adrià Acosta, o chef catalão do mundialmente famoso restaurante El Bulli, que fechou em julho de 2011, tem sido alvo de uma enxurrada de elogios tão grande que é difícil saber por onde começar a descrevê-lo. A revista *Gourmet* diz que Adrià é o "Salvador Dalí da cozinha". O *The New York Times* colabora para as honras chamando-o de "Elvis do mundo culinário". Rafael Anson, presidente da International Academy of Gastronomy e também espanhol, é um grande fã e diz que "Ferran é o Picasso da cozinha moderna. Assim como Picasso revolucionou a arte com o cubismo, Ferran mudou a história da culinária. Ele mudou todas as regras – como se tivesse desafiado a norma social que diz que a gente deve fazer sexo à noite com as luzes apagadas. Trouxe uma criatividade e liberdade incríveis para a cozinha".

Esse nível de reconhecimento não pode ser facilmente ignorado, mas o verdadeiro motivo pelo qual Adrià pode ser considerado um guru da alimentação é por ele ter inventado um estilo culinário completamente novo, bastante conhecido como "gastronomia molecular". No entanto, ele nega esse título de maneira veemente, insistindo que esse é um termo sem sentido e prefere descrever seu estilo como desconstrutivista. Adrià definiu o que quer dizer com isso em sua obra de peso chamada *El Bulli 1994-1997*. O desconstrutivismo, escreveu, significa: "Pegar um prato que é bem conhecido e transformar todos os seus ingredientes, ou parte deles; então modificar a textura, a forma e/ou a temperatura do prato. Desconstruído, tal prato deve preservar a sua essência... mas a aparência será radicalmente diferente da original".

O templo do desconstrutivismo era o restaurante de Adrià, El Bulli, em Roses, na Costa Brava espanhola, a cerca de 160 quilômetros de Barcelona. O

El Bulli recebeu três estrelas do guia Michelin e foi escolhido como o melhor restaurante do mundo cinco vezes pela influente revista *Restaurant*.

Mesmo assim, o restaurante deu prejuízo e antes de fechar as portas só funcionava à noite, limitando-se a servir 8 mil lugares por ano. Adrià decidiu transformá-lo em um instituto dedicado a criar técnicas culinárias e pratos novos. Antes de fechar, o El Bulli atraiu cerca de 2 milhões de pedidos de reserva, que eram feitas por meio de sorteio e, como em todo jogo de azar, as chances de sucesso eram mínimas. Ainda assim, o próprio Adrià era cético em relação à classificação de melhor do mundo: "O melhor restaurante do mundo não existe", insistiu. "É besteira dizer que o El Bulli é o melhor. Não é uma coisa que se pode medir. Não é como vencer a prova de cem metros rasos. Só se pode falar sobre o mais criativo, o mais influente."

Quem jantou no El Bulli e teve sorte suficiente para ir lá mais de uma vez, provavelmente não encontrou o mesmo cardápio, porque a cozinha estava em permanente estado revolucionário, criando centenas de novas receitas a cada ano. A ênfase era dada à novidade, mas Ferran assume abertamente que isso também tinha a ver com o "espetáculo". Afirmou que comer em seu restaurante era como "uma noite no teatro".

Em geral, o espetáculo se concentrava nas criações à base de espuma feitas por Adrià, com o intuito de extrair o máximo de sabor de alimentos básicos. Os sabores intrínsecos aos alimentos são misturados com um agente espessante natural, então colocados em um sifão e espirrados com a ajuda de protóxido de nitrogênio.

Um ótimo exemplo de como isso funciona foi dado por um artigo publicado pelo jornal londrino *The Guardian*, que dissecou como Adrià prepara um dos pratos mais famosos da Espanha – a Tortilla Española, a omelete espanhola. "Primeiro, ele reduz a tradicional tortilha aos seus três componentes: ovos, batatas e cebolas. Então ele cozinha cada um separadamente. O produto final, o resultado desconstruído, é feito de uma parte de espuma de batata (espuma alimentar é outra técnica que Adrià deu ao mundo), uma parte de purê de cebolas e uma parte de zabaione de clara de ovos. Cada componente isolado é servido sobre o outro em camadas, com uma cobertura de migalhas de batatas-fritas. O prato, minúsculo, vem dentro de um copo de licor. Adrià, com a ironia divertida que existe em quase tudo o que faz, chama esse prato de... Tortilla Española." E ainda há a paella feita com flocos de arroz e o foie gras transformado em poeira congelada. Algumas dessas coisas soam simplesmente inacreditáveis. É o tipo de culinária que emprega processos químicos com nitrogênio líquido e cloreto de cálcio que não parecem pertencer a uma cozinha.

Mas o que é difícil de imaginar está na essência das técnicas de Adrià. Tão importante quanto elas são suas opiniões sobre a produção de alimentos. Essas opiniões estão encapsuladas no que pode ser descrito como um manifesto, publicado em 2006 por Adrià e um seleto grupo de seus discípulos. Entre eles estavam o chef britânico Heston Blumenthal (que também pode questionar vigorosamente essa descrição), junto com o igualmente influente chef norte-americano Thomas Keller e o escritor Harold McGee, que defendeu o tipo de culinária criada por Adrià. Esse documento bastante pomposo e nada modesto define, com clareza fora do comum, a sua abordagem da culinária. Eles acreditam que essa abordagem foi "amplamente mal compreendida, tanto dentro como fora de nossa profissão. Certos aspectos dela são enfatizados ao extremo e tratados de maneira sensacionalista, enquanto outros são ignorados". Eles, portanto, determinaram os três princípios básicos que a orientam.

Em resumo, são eles: "Excelência, abertura e integridade. Somos inspirados acima de tudo por uma aspiração pela excelência. Queremos trabalhar com os ingredientes da melhor qualidade, e concretizar todo o potencial dos alimentos que escolhemos preparar, sejam eles uma dose única de expresso ou um menu-degustação de muitos pratos". Eles ressaltam que hoje em dia há menos restrições em relação aos ingredientes e às maneiras de transformá-los.

"A integridade é primordial em tudo o que fazemos. Nossas crenças e compromissos são sinceros e não seguimos a última moda." Isso significa partir de tradições culinárias e respeitá-las, mas também adotar a inovação. Eles insistem que não "buscam a novidade pela novidade em si. Podemos usar espessantes modernos, substitutos do açúcar, nitrogênio líquido, cozimento a vácuo, desidratação e outros meios não tradicionais, mas eles não definem a nossa culinária. Eles são algumas das muitas ferramentas que temos a sorte de dispor enquanto nos esforçamos para fazer pratos deliciosos e estimulantes."

E enfatizam que o que chamam de "termo da moda" – gastronomia molecular – "não descreve a nossa culinária, nem, na verdade, nenhum estilo culinário".

O manifesto termina com um chamado por cooperação: "Acreditamos que a culinária pode afetar as pessoas de maneira profunda, e que um espírito de colaboração e generosidade é essencial para o verdadeiro progresso no desenvolvimento desse potencial". Eles incitam os colegas cozinheiros a compartilhar ideias, técnicas e informações.

Essa declaração conjunta de intenções, ou manifesto, não é comum, assim como a tentativa consciente desses chefs de definirem o seu trabalho. A maioria dos chefs simplesmente não se importa com isso, mas mesmo assim Adrià leu o próprio manifesto de 23 tópicos durante a conferência Madri Fusion. Ele é uma espécie de versão mais longa da declaração conjunta resumida acima. Tinha um espírito muito parecido com o do manifesto da nouvelle cuisine escrito em 1973 por Henri Gault, que definia o que ele queria dizer com esse termo e oferecia orientações para essa culinária que teve grande, porém, curta fama, mas cuja influência ainda perdura.

Ainda estamos para ver por quanto tempo o desconstrutivismo irá exercer influência, assim como a nouvelle cuisine, mas é provável que faça parte de um cânone gastronômico que vai influenciar a produção de alimentos, mesmo entre aqueles que não apoiam completamente esses métodos.

Ferran Adrià escreveu bastante sobre o seu trabalho e analisa muito a si mesmo, mas sua formação não sugere uma grande preocupação com a palavra escrita. Ele nasceu em 14 de maio de 1962 e teve um rendimento escolar mediano, seguido por uma tentativa malsucedida de estudar administração que terminou quando ele tinha 18 anos. Isso o deixou "qualificado" para ser nada mais que um lavador de pratos no restaurante francês do Hotel Playfels em Castelldefels e guardar dinheiro para passar as férias em Ibiza. Ele ouvira falar que a ilha de Ibiza era um lugar divertido, com muitas garotas, então conseguiu um emprego no Club Cala Lena. Felizmente, caiu nas graças do chef, que começou a lhe ensinar culinária espanhola a partir da obra definitiva sobre o assunto, *El Practico*. Depois disso, trabalhou em diversos restaurantes em Barcelona, terminando como chef-assistente no respeitado restaurante Finisterre.

Chamado pelo serviço militar em 1982, Adrià tornou-se cozinheiro na marinha e logo foi enviado para trabalhar na cozinha do capitão geral, onde precisava criar novos menus todos os dias. Ele aproveitou essa oportunidade para introduzir os pratos da moda da nouvelle cuisine, algo bem diferente da culinária naval comum. Ainda jovem, tornou-se responsável pela cozinha e, certa vez, teve de preparar uma refeição para o rei da Espanha. Foi quando conheceu outro catalão, Fermi Puig, hoje em dia um conhecido chef em Barcelona. Puig sugeriu que ele deveria usar sua licença de agosto em um trabalho temporário no restaurante El Bulli na pequena cidade de Roses, na Costa Brava, onde Puig já tinha trabalhado. Naquela época, o restaurante já tinha grande reputação e recebera duas estrelas do guia Michelin, o que fazia dele o restaurante mais bem conceituado do país.

Os donos do El Bulli eram um médico homeopata alemão, o dr. Hans Schilling, e sua esposa. No começo, era ela quem cozinhava quando o restaurante abriu em 1961 como parte de um complexo de minigolfe. Eles batizaram o restaurante em homenagem aos bulldogs, conhecidos como El Bulli. Na década de 1980, ele tinha se tornado um dos melhores restaurantes da Espanha.

Mas Adrià ficou mais atraído pela localização do restaurante, que pensou ser à beira-mar, do que por sua cozinha, da qual não sabia nada. No entanto, descobriu para sua tristeza que ele ficava em uma estrada tortuosa e não na praia, uma decepção que logo evaporou quando descobriu que na cozinha, sob a direção dos chefs Juli Soler e Jean-Paul Vinay, virava-se a alta gastronomia do avesso. Soler se tornaria seu braço direito e sócio quando ele finalmente assumiu o restaurante. Soler gostou do impetuoso chef da marinha e disse a ele que poderia ter um emprego de tempo integral quando deixasse o exército, uma oferta que ele só aceitou alguns meses depois de sair da marinha, no final de 1983. Sete meses depois de entrar para a equipe, foi promovido a um dos líderes da cozinha junto com Christian Lutaud. Vinay estava indo embora para abrir um restaurante próprio, e Adrià, Lutaud e outro colega, Tony Gerez, também avaliavam uma oferta para abrir um restaurante. Soler estava determinado em mantê-los no El Bulli e fez uma oferta irrecusável à Adrià e Lutaud: o controle total da cozinha. Os chefs levaram esse trabalho a sério e gastaram horas visitando o maior número de restaurantes que podiam bancar e passeando por mercados para encontrar novos fornecedores.

Em 1985, Soler encorajou Adrià a ir para a França conhecer os restaurantes franceses e fazer um treinamento com os famosos chefs Georges Blanc e Jacques Pic. Em 1987, durante uma visita à Côte d'Azur, Adrià encontrou por acaso outro chef famoso, Jacques Maximin, que lhe disse que "criatividade não é copiar". Adrià registrou esse comentário. Ele lembra, "Essa simples frase acabou causando uma mudança na nossa abordagem culinária, e foi o ponto de ruptura entre a 're-criação' e uma decisão firme de se envolver com a criatividade. Depois de voltar ao restaurante, estávamos convencidos de que precisávamos usar cada vez menos os grande livros de culinária e tentar encontrar a nossa própria identidade. Esse foi o começo do nosso mergulho criativo no El Bulli".

A influência francesa continuou, mas Adrià, agora acompanhado na cozinha por seu irmão mais novo, Albert, começou a trabalhar na transformação dos pratos espanhóis. Eles foram influenciados por uma visita ao restaurante Currito, em Madri, que servia comida espanhola simples mas atraente e que era muito menos complexa do que a culinária francesa que estava acostumado a preparar.

Em 1987, Lutaud deixou o restaurante para abrir o próprio negócio, deixando Adrià sozinho a cargo da cozinha. Foi um momento emocionante para Adrià, que sempre havia sonhado em tocar a própria cozinha. A sua primeira decisão, porém, foi fechá-la por meio ano durante os calmos meses de inverno. Ele queria ter tempo para planejar e criar algo completamente diferente. Não era imediatamente óbvio o que seria, mas estava determinado a fazer algo diferente. Hoje em dia ele acredita que o ano de 1990 foi a época em que descobriu a vanguarda, muito influenciado pelo trabalho de Michel Bras e Pierre Gagnaire, que demonstraram haver poucas fronteiras para a criatividade culinária, o que importava eram o sabor e a pureza do alimento. Adrià estava determinado a criar uma culinária que "não tivesse raízes", abandonando sua ligação anterior com os estilos francês e espanhol. Naquele ano, os proprietários também decidiram se aposentar, permitindo que Adrià e Solar comprassem o restaurante em parceria. Adrià reconhece de maneira gentil que os Schillings, os antigos proprietários, haviam lhe dado uma autonomia considerável na cozinha, mas assim como qualquer chef, ele queria o controle total.

As coisas começaram a andar depressa àquela altura. O restaurante recuperou sua segunda estrela no guia Michelin e ganhou uma terceira em 1997. No entanto, Adrià devolveu suas estrelas dois anos depois e declarou que não estava interessado em elogios daquele tipo, incluindo os do guia Gault & Millau, os pioneiros da nouvelle cuisine que haviam defendido sua culinária. A ostentação pública de prêmios disputados serviu como um lembrete de que Adrià, no fundo, é um chef, e que ataques de capricho não são nem um pouco estranhos nas cozinhas profissionais, em especial nos níveis mais altos dessa profissão.

Em 1992, Adrià resolveu começar um curso de culinária em seu restaurante; ele gostava da ideia de usar a cozinha para a criatividade gastronômica sem precisar cozinhar para os clientes. No ano seguinte, foi publicado "El Bulli: El Sabor del Mediterráneo", no qual Adrià diz que, mais do que fornecer receitas e métodos, fez uma tentativa ambiciosa de codificar o estilo culinário do restaurante a partir do que descreveu como "um ponto de vista teórico".

No ano seguinte, Adrià estava determinado a levar esse processo um passo adiante. Descreveu suas intenções da seguinte maneira: "Precisaríamos expandir a nossa ideia de criatividade e orientar a busca não tanto em direção a misturas de produtos e variações de conceitos que já existem para poder criar novas receitas, mas para criar novos conceitos e técnicas. A partir disso, a busca pela técnica-conceito foi o nosso principal pilar criativo, sem abandonar outros estilos e técnicas, e isso deu origem nos anos seguintes às espumas, à nova pasta, ao novo raviole, ao mundo do sorvete salgado, à nova caramelização, e assim por diante. A criatividade técnica-conceitual quase certamente marca a diferença mais importante entre a culinária que é simplesmente criativa e aquela que está evoluindo constantemente".

A fama mundial de Adrià agora estava firmemente estabelecida e, apesar de o restaurante continuar a ser o coração de suas operações, todas as pretensões de operá-lo como único centro de lucros tinham sido abandonadas. Ele só ganhou dinheiro entre 1998 e 2000. Se o restaurante em si não estava destinado a dar lucro, deveria ser visto mais como algo parecido com um laboratório de onde surgiam as experiências. Na verdade, elas vinham tanto da cozinha do restaurante quanto do que se poderia chamar de cozinha industrial criada na cidade próxima de Cala Montjoi. Em 2001, decidiu-se abandonar o almoço porque Adrià queria ter mais tempo para o trabalho criativo e via o serviço de refeições diurno como uma distração desnecessária e que consumia tempo. Isso certamente não queria dizer que ele iria relaxar, pois ainda afirmava trabalhar cerca de 15 horas por dia.

O El Bulli havia se transformado em um empreendimento gastronômico inovador, com um resultado impressionante de livros publicados pela própria empresa, sem falar nos "catálogos" do trabalho do restaurante, que começaram a ser publicados anualmente já em 1998. Houve também uma série de livros para supermercado e, acredite-se ou não, algumas obras com receitas simples. Além disso, ele produziu uma série de DVDs de culinária, que foram distribuídos junto com o jornal *El Periódico* de Catalunya; chamava-se *Cocina Fácil*, demonstrando uma vez mais que esse chef infinitamente completo é bem capaz de reduzir a complexidade a algo bastante inteligível.

Além do que pode ser descrito como o negócio de livros, há um hotel; uma rede de fast-food apropriadamente chamada Fast Good; uma linha de utensílios de mesa e cozinha; uma linha de alimentos com sua marca; uma rede complexa de acordos de endosso (incluindo alguns com grandes empresas alimentícias normalmente associadas a mercados mais populares, como Pepsi e United Biscuits); e um lugar garantido no topo do lucrativo circuito de aulas.

Em resumo, Adrià transformou a si mesmo em um complexo industrial alimentício. Para um homem que diz não estar interessado em lucros ou luxo, ele se mostrou incrivelmente apto a ganhar dinheiro.

Mas uma coisa que Adrià não irá fazer é seguir os passos de outros chefs celebridades como Gordon Ramsay ou Joel Rubichon, que abriram restaurantes com seus nomes mundo afora. Ele insiste que se um restaurante tiver o seu nome, o cliente vai esperar que ele esteja na cozinha. E é o primeiro a admitir que a produção de sua cozinha está em grande parte nas mãos de sua famosa equipe. O irmão Albert, que começou a carreira culinária como chef de pâtisserie, faz parte desse grupo. O segundo no comando de Adrià é Oriol Castro, que criou muitos dos famosos pratos do El Bulli, Marc Cuspinera e Eduard Bosch. Adrià destaca o trabalho de equipe em sua cozinha e é generoso ao dar crédito a seus colegas. Diz: "Ter um grupo tão talentoso é absolutamente fora do normal nesse negócio. Temos a melhor equipe do mundo e o motivo pelo qual posso dizer isso, com toda confiança, é porque isso é mensurável. Diga-me as novas ideias que surgiram no mundo na última década e então olhe para o que criamos aqui". Como sempre, a modéstia de um grande chef é limitada.

Ninguém chega à posição de Adrià sem controvérsias. Grande parte das críticas alega pretensão e complexidade desnecessária, além da impressão de que Adrià se empolga tentando ser novo e deixa de fazer a comida ter um bom sabor. Um de seus críticos mais mordazes é Santi Santamaria, que também ganhou três estrelas do guia Michelin em reconhecimento pelo seu trabalho. Ele alega que "os pratos de Adrià são criados para impressionar mais do que para satisfazer, e ele utiliza substâncias químicas que na verdade colocam em risco a saúde dos clientes".

A crítica em relação aos riscos à saúde também foi feita pelo alemão Jörg Zipprick, que acusou Adrià de quase envenenar os clientes com os aditivos que usa. Segundo Zipprick, os menus de Adrià deveriam trazer avisos de risco à saúde: "Esses corantes, espessantes, emulsificadores, acidificantes e realçadores de sabor que Adrià introduziu de maneira intensa em seus pratos, a fim de obter texturas, sabores e sensações extraordinários, têm impacto na saúde".

Adrià respondeu aos críticos, mas parece pouco preocupado com essas opiniões. Nem os seus seguidores, que tendem a ser mais veementes ao denunciar aqueles que questionam esse trabalho. Ainda assim, o grande chef propôs a si mesmo a desafiadora tarefa de inovar constantemente, algo que não foi de fato conquistado por nenhum outro chef da história. Tradicionalmente, os grandes chefs produziram uma nova forma de culinária e acrescentaram refinamentos ao longo do caminho, mas ficaram satisfeitos em descansar sobre seus louros. Parece que Adrià quer fazer mais e permanece em um estado de constante revolução.

É na China e no que chamamos de Oriente que Adrià está buscando inspiração. Ele diz que "o impacto do Oriente na alimentação Ocidental não chegou nem a 50% do que poderia ser. A comida chinesa, com exceção do que é possível encontrar em alguns restaurantes de Londres, não chega perto do que a gente encontra na China. O Japão tem tantos conceitos ainda a nos oferecer, especialmente no seu relacionamento espiritual com a comida. Mas a China me empolga de maneira especial. A China, com sua tradição gastronômica milenar, com sua atenção minuciosa para o valor nutricional de cada prato, oferece um terreno cuja superfície só foi arranhada".

Ele também se empolga com o Brasil e a Argentina, e então joga suas referências para o Maghreb como outra fonte de inspiração – ou seja, três continentes ao todo. Ninguém pode acusar Adrià de falta de ambição; talvez ele realmente consiga chegar lá e inovar até o final de seus dias.

Receitas de Adrià

Algo tão convencional quanto costeletas de cordeiro jamais faria parte da cozinha ultraexperimental de Ferran Adrià no El Bulli. Mas em seu livro *Cocinar en Casa*, ele as converte em um prato inesperado e maravilhoso que qualquer um pode fazer. Quem mais pensaria em cobrir costeletas de cordeiro com pesto de pistache, então enrolá-las em pancetta para mantê-las úmidas e ainda mais deliciosas enquanto assam?

COSTELETAS DE CORDEIRO COM CROSTA DE PISTACHE E PANCETTA

Tempo total: 1 hora e 10 minutos

4 porções

Ingredientes

- 1/3 xícara de pistache sem sal
- 1 colher (sopa) de tomilho picado
- 1 ½ colher (chá) de alecrim picado
- 1/3 xícara de azeite de oliva extravirgem
- sal e pimenta moídos na hora
- 700 g de costeletas de cordeiro em pedaços (8 costeletas)
- 170 g de pancetta ou bacon em fatias
- 8 cebolinhas, apenas as partes brancas e macias

Modo de preparo

Preaqueça o forno a 140 ºC. Em um processador, pique bem o pistache junto com o tomilho e o alecrim. Acrescente metade do azeite e processe até virar uma pasta. Tempere com sal e pimenta. Coloque metade da pasta de pistache em outra tigela e acrescente o restante do azeite.

Cubra as costeletas com metade da pasta de pistache. Enrole as fatias de pancetta em volta das costeletas, entre os ossos, deixando os ossos expostos. Espalhe o restante da pasta de pistache sobre a pancetta e disponha as costeletas em uma grade sobre uma assadeira. Leve ao forno por cerca de 40 minutos, ou até um termômetro inserido no centro da carne registrar 55 ºC (malpassado). Transfira as costeletas para uma tábua de corte e deixe descansar por 5 minutos. Reserve o caldo da assadeira.

Enquanto isso, leve 1 colher (chá) da gordura da pancetta que sobrou na assadeira em uma frigideira média ao fogo alto até começar a ferver. Acrescente a cebolinha e cozinhe em fogo alto até amolecer e começar a dourar, por cerca de 4 minutos. Divida as costeletas em 4 pedaços com 2 costeletas cada, dispondo-as nos pratos junto com a cebolinha. Regue com o pesto de pistache e sirva imediatamente.

Prepare antes
O pesto pode ficar na geladeira de um dia para o outro.

CIGALA CON QUINOA
(LAGOSTIM COM QUINOA)

4 porções

Ingredientes
- 4 x 140 g de lagostim

Para a essência de lagostim
- cabeças de lagostim (já preparadas)
- azeite de oliva

Para os flocos de quinoa
- 50 g de quinoa
- 200 g de azeite de oliva
- sal

Para a quinoa cozida
- 50 g de quinoa
- 200 g de água
- sal

Para a solução de metilcelulose[1]
- 3 g de metilcelulose
- 100 g de água

---

[1] Pode ser adquirido em farmácias de manipulação.

Para o lagostim coberto com quinoa
- 4 caudas de lagostim, previamente preparadas
- 100 g de quinoa cozida, previamente preparada
- 4 colheres (chá) de solução de metilcelulose, previamente preparada

Modo de preparo

Retire a cabeça dos lagostins e reserve para preparar a essência. Tire a casca das caudas até o último anel. Retire o trato intestinal e guarde as caudas na geladeira.

Para fazer a essência de lagostim, frite as cabeças com um pouco de azeite de oliva em uma frigideira. Amasse as cabeças para obter seus sucos. Acrescente algumas gotas de azeite de oliva à essência obtida, sem emulsificá-la. O preparo deve ser feito imediatamente antes da apresentação e da finalização.

Para fazer os flocos de quinoa, cozinhe a quinoa por 25 minutos em água abundante. Escorra, enxágue em água fria para interromper o cozimento, então escorra bem. Espalhe a quinoa cozida sobre travessas forradas com papel-manteiga, os grãos não devem ficar uns sobre os outros. Deixe a quinoa em um lugar quente por 24 horas até secar completamente. Depois de seca, cozinhe a quinoa em óleo a 180 ºC até estourar. Escorra, retire o excesso de óleo com uma toalha de papel e tempere com sal enquanto ainda estiver quente.

Para a quinoa cozida, ferva a quinoa em água levemente salgada por 14 minutos. Escorra e espalhe em uma assadeira para esfriar. Coloque na geladeira.

Para fazer a solução de metil, misture os ingredientes em temperatura ambiente em um liquidificador até formarem uma mistura homogênea. Coe e deixe na geladeira por 24 horas.

Para o lagostim coberto com quinoa, misture a quinoa cozida com a solução de metil. Cubra as caudas de lagostim de maneira que apenas a ponta fique descoberta. Coloque sobre papel-manteiga e leve à geladeira.

MARSHMALLOWS DE PINHOLES

Só para provar que Adrià pode sugerir algo muito simples, aqui está um quitute que qualquer um pode fazer.

10 porções

Ingredientes

- 500 ml de leite
- 9 folhas de gelatina de 2 g , reidratadas em água fria
- 40 g de óleo de pinholes virgem
- 74 g de pó de pinholes torrado
- sal

Modo de preparo

Coloque 400 ml de leite na geladeira até chegar a 3 ºC. Enquanto isso, misture a gelatina com o restante do leite em uma panela. Dissolva a gelatina a 40 ºC e coloque em uma tigela. Comece a bater a mistura. Depois de 30 segundos, acrescente o leite resfriado de uma vez só. Bata por mais 3 minutos. Acrescente o óleo de pinholes. Continue a bater por mais 30 segundos, então espalhe sobre uma forma transparente de modo a ficar com 2,5 cm de espessura.

Deixe na geladeira por cerca de 2 horas. Corte em cubos de 2,5 cm. Guarde na geladeira em um recipiente a vácuo. Antes de servir, polvilhe um pouco de sal sobre os cubos e cubra os quatro lados com o pó de pinholes torrados, deixando dois lados sem cobrir.

Receitas de *Cocinar en Casa*, de Ferran Adrià, Juli Soler e Albert Adrià. El Bulli Books, 2003.

O guru das dietas

ROBERT ATKINS

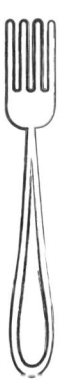

Robert Coleman Atkins (1930-2003) é sem dúvida o nutricionista mais famoso do século XX, e como tal, teve enorme influência na maneira como comemos. É um homem do seu tempo, pois durante a maior parte da história da humanidade, comer, ou, em termos mais prosaicos, o processo de evitar a fome, caracterizou a relação dos seres humanos com os alimentos. Encontrar maneiras para reduzir ou sofisticar o nosso consumo de alimentos é algo que só ganhou importância na segunda metade do século passado.

Com o desenvolvimento da civilização, essa relação se tornou mais complexa, indo muito além da mera sobrevivência e passando para o âmbito do sabor e da apresentação. No entanto, para a maioria das pessoas, o consumo de alimentos permanece no nível da sobrevivência. A revolução alimentar do final dos século XIX e depois, apesar de raramente ser reconhecida como tal, significou que o estoque de alimentos para as massas nos países mais desenvolvidos ultrapassou o nível da subsistência. O que aconteceu a seguir, em termos de desenvolvimento histórico, foi muito rápido, pois o antigo problema da escassez de alimentos transformou-se em uma série de problemas causados pela abundância. A atenção se voltou para as maneiras de reduzir o consumo de alimentos e de criar dietas para prevenir a obesidade e outras doenças. Fazer dieta era algo conhecido antes do século XX, mas não havia se tornado um fenômeno de massa. Apenas na década de 1970 é que as dietas se tornaram uma atividade de massa; alguns diriam que uma obsessão, por motivos de saúde e de aparência.

O paradoxo do nosso tempo é que, apesar do significativo interesse pelas dietas, os problemas de saúde associados às dietas ruins e à obesidade estão crescendo. Uma série de três estudos, baseados em dados de 2008, publicada na revista *The Lancet* em 2011, mostra que os níveis mundiais de obesidade dobraram desde 1980. Em 2008, estimou-se que quase 10% dos homens e 14% das mulheres eram obesos. Em comparação, esses números eram de 5% e 8%, respectivamente, em 1980.

Medições feitas com o indicador padrão de índice de massa corporal (IMC) – que compara altura e peso – mostrou que as pessoas nos Estados Unidos tinham as maiores medidas de IMC do mundo desenvolvido, apesar do problema ser mais agudo em algumas nações das ilhas do Pacífico. A Austrália e a Nova Zelândia também ficaram no topo da lista dos piores países em termos de IMC.

Os problemas nos Estados Unidos também se refletiram no Gallup-Healthways Well-Being Index de 2009, que descobriu que 63,1% dos norte-americanos estavam acima do peso ou eram obesos. Esse número se divide em 36,6% de pessoas acima do peso e 26,5% de obesos.

No entanto, algumas migalhas de conforto podem ser encontradas entre essas notícias alarmantes do mundo das dietas. Em 2011, o *The Lancet* relatou que os problemas de pressão alta estavam apresentando uma leve melhora e os níveis de colesterol estavam caindo um pouco. Isso indica que, apesar de não haver espaço para complacência na hora de lidar com o problema da obesidade, há alguns sinais de que as pessoas estão se tornando um pouco mais cuidadosas em relação aos hábitos alimentares. Mas não se pode negar que países que parecem ser os mais obcecados com a alimentação, como os Estados Unidos e o Reino Unido, também são o lar dos piores efeitos dos hábitos alimentares ruins.

Não é exagero dizer que a alimentação preocupa centenas de milhares de pessoas. Como consequência, alguns dos especialistas em culinária mais famosos do mundo dedicam-se a descobrir maneiras de ajudar as pessoas a comer menos, ou a comer de maneira que não prejudiquem a saúde. É interessante notar que praticamente todos os chefs mais importantes do mundo pelo menos parecem se preocupar com a alimentação, apesar de James Beard (Capítulo 3), o guru norte-americano da alimentação, que ficou famoso na década de 1950, ter destacado com humor: "Um gastrônomo que pensa em calorias é como uma prostituta que olha para o próprio relógio". É difícil imaginar uma atitude tão desdenhosa em relação à alimentação sendo expressa hoje em dia por uma personalidade do mundo da gastronomia.

Esse interesse por dietas saudáveis não se restringe aos que seguem dietas alimentares prescritas de maneira consciente e teve algum impacto na consciência de quase todo mundo que não precisa encarar a difícil tarefa de comer para sobreviver. Inevitavelmente, o interesse por dietas gerou um imenso negócio e fez surgir os gurus das dietas. E nenhum deles é mais famoso ou influente do que Robert Atkins.

Atkins, cujo diferencial é ter desenvolvido uma dieta com o próprio nome, realizou o que parece ser o notável feito de demolir mitos sobre o que engorda as pessoas e desenvolveu um regime que, ele afirmava, faria as pessoas perder peso com mais facilidade. Inevitavelmente, as suas afirmações e os seus métodos foram saudados com enorme controvérsia, que continua em pauta após a sua morte, ela em si também um motivo de discussões.

A essência da dieta de Atkins reside na crença de que são os carboidratos, e não a gordura ou o alto teor de proteínas, os responsáveis pela maior parte do ganho de peso. A Dieta Atkins ou a Abordagem Nutricional Atkins, como ele inicialmente a denominou, prescreve o controle de peso pela vida toda baseado no consumo limitado de carboidratos simples e proteínas, e o estabelecimento de porções limitadas, acompanhados por um regime de exercícios não muito exigente.

Não é possível fazer uma estimativa de quantas pessoas seguiram essa orientação, mas o número certamente deve estar em dezenas de milhões. Quinze milhões de pessoas compraram diversas versões do best-seller de Atkins *A Dieta Revolucionária do Dr. Atkins*. No Atkins Center for Complementary Medicine, ele afirmava ter tratado mais de 50 mil pacientes, e diversos de seus ex-funcionários abriram centros de tratamento próprios e lançaram livros. A Dieta Atkins parece ter ultrapassado todos os outros regimes em termos de adesão. Ela é certamente mais conhecida que a Dieta sem Fome de Harvey e Marilyn Diamond, que também defende evitar a ingestão de proteínas e carboidratos ao mesmo tempo, e ocupou a posição muito influente outrora ocupada pela F-Plan Diet de Audrey Eyton, que, em resumo, recomenda a ingestão de grandes quantidades de fibra.

Atkins conseguiu chegar ao topo da árvore dos regimes pregando que a redução de carboidratos, encontrados em alimentos básicos como grãos, massas, batatas e, ao contrário do que pensaríamos, em frutas, era a chave para perder peso. Ele acusava a farinha branca e o açúcar refinado de serem os principais vilões na batalha contra a obesidade.

Suas pesquisas o levaram a acreditar que o corpo tende a absorver carboidratos mais rapidamente, provocando um alto nível de insulina no organismo, o que acelera a conversão de calorias em gorduras. Além disso, Atkins defendia que o alto nível de insulina é responsável por induzir a sensação de fome, o que então nos encoraja a comer mais. Ele reconheceu que a eliminação dos carboidratos era impossível, mas que a ingestão poderia ser bastante reduzida se as pessoas parassem de comer itens banais como pão e batatas.

Ainda assim, e é aqui que ele tornou a vida mais fácil, os seguidores de sua dieta tinham a permissão de continuar consumindo itens antes proibidos para quem estava de regime, como enormes bifes e até laticínios, pois, do ponto de vista dele, era menos provável que eles gerassem ganho de peso.

A dieta permite que os seus seguidores comam todos os tipos de alimentos que parecem não ter nada a ver com um regime para perda de peso, como cheeseburgueres, bombons e saladas com molhos cremosos e gordurosos. Na verdade, Atkins adorava esses alimentos ricos em proteínas.

A Dieta de Atkins parecia boa demais para ser verdade. É conhecido o fato de Robert Atkins ter dito que: "Se você acredita que para perder peso é preciso privação, vou lhe ensinar o contrário". Essa afirmação aparentemente impossível levou muitas pessoas, entre elas médicos, a tentarem provar que a dieta não apenas não funcionava, como tinha o potencial de causar problemas cardíacos além de desconfortos como constipação, cansaço e mau hálito. Muitos estudos controlados sobre a Dieta Atkins foram conduzidos por especialistas em medicina, mas nenhum deles é realmente definitivo. Por exemplo, médicos das universidades de Yale e Stanford realizaram um estudo cujos resultados foram publicados no *Journal of the American Medical Association*. O estudo descobriu que os seguidores da Dieta Atkins perdiam peso, mas que isso acontecia porque consumiam menos calorias e não menos carboidratos.

A Associação Americana de Cardiologia está entre os críticos da dieta e sustenta que ela simplesmente não funciona para a perda de peso a longo prazo. A Associação argumenta que a dieta restringe a ingestão de alimentos saudáveis, que fornecem nutrientes essenciais, e que exige o consumo de altos níveis de colesterol e gordura junto com o alto teor de proteínas. Isso, ela diz, representa um risco para muitos tipos de doenças. Os críticos mais severos da dieta alegam que seguir o regime de Atkins leva ao risco de doenças como osteoporose, derrames, doenças coronarianas, disfunções no fígado e diabete. Ainda, segundo muitos nutricionistas, a premissa central da dieta, isto é, reduzir os carboidratos, é falha, pois os carboidratos não seriam a principal causa do ganho de peso. Eles insistem que o culpado é o consumo exagerado de calorias. Os críticos de Atkins demonstram uma dedicação notável; existe até um site chamado AtkinsDietAlert.org que acompanha cuidadosamente todas as alegações contra a dieta.

No entanto, críticos e defensores da dieta parecem concordar que, em seus estágios iniciais, a Dieta Atkins pode levar a uma perda de peso significativa. Mas os críticos sustentam que isso é motivado pela perda de água, não de gordura. Acreditam que, uma vez que o corpo recupera o equilíbrio entre água e sódio, a taxa de perda de peso se reduz, e os efeitos iniciais do regime se restringem à menor ingestão de calorias.

Atkins e seus defensores não se deixam persuadir nem um pouco por esses argumentos e insistem que grande parte das críticas surge a partir de uma incompreensão básica sobre o funcionamento da dieta. Primeiro, apontam que há um mal-entendido popular de que essa dieta se concentra no consumo de carne e elimina completamente os carboidratos, o que ela não faz. Os seguidores de Atkins acreditam que é perfeitamente razoável reduzir o consumo de açúcar e alimentos processados, que continuam a ser a fonte de carboidratos "ruins". Em segundo lugar, eles enfatizam que a dieta não é uma autorização para se comer o que quiser da lista de alimentos e bebidas aceitáveis, pois o plano prescreve porções reduzidas e pratos balanceados. Finalmente, os defensores do programa ficam aflitos por seus críticos ignorarem as recomendações de Atkins em relação a exercícios regulares e à inclusão de suplementos nutricionais na dieta alimentar.

Em relação ao risco de doenças, os defensores da dieta indicam uma pesquisa que mostra que a perda de peso, a queda no colesterol e a redução dos níveis de triglicérides causadas por esse regime também aumentam o nível do chamado colesterol "bom", a lipoproteína de alta densidade (também conhecida pela sigla em inglês HDL), e isso reduz o risco de doenças cardiovasculares, hipertensão e diabete.

É improvável que esse debate desapareça num futuro próximo, mas o impacto mais duradouro e talvez o menos controverso do trabalho de Robert Atkins foi criar uma maior consciência a respeito da ingestão de carboidratos e modificar as dietas de acordo com isso. Muitas pessoas que não se consideram seguidoras da Dieta Atkins optaram por reduzir batatas ou arroz em suas refeições e estão comendo menos pão, como maneira de reduzir o peso. A filosofia de Atkins, portanto, permeou a mentalidade coletiva, de maneira consciente ou não, pelo menos nos países ocidentais, e causou uma impressão permanente na maneira como comemos.

Robert Atkins disse a um entrevistador que simplesmente queria reduzir o próprio peso, quando se iniciou na arena das dietas: "Não percebi que ia lutar contra o mundo todo". Ele sempre defendeu esse trabalho de maneira agressiva, insistindo em um profundo embasamento médico. Por trás dessa insistência está um diploma em medicina pela Weill Cornell Medical Colleges e a experiência como médico especializado em cardiologia e medicina complementar.

Além disso, Atkins vinha de uma família com história na gastronomia profissional. Ele nasceu em 1930 em Columbus, Ohio, e quando tinha 12 anos mudou-se com os pais para Dayton, Ohio, onde o pai tinha uma rede de restaurantes. Robert Atkins demonstrou pouco interesse pelo negócio. Pelo contrário, aos 16 anos apareceu em um programa de rádio e achou que tinha talento para ser comediante. Enquanto estava na faculdade, sua inclinação para a indústria do entretenimento foi desenvolvida nos verões que passou como garçom e animador em *resorts* em Adirondacks, uma cadeia de montanhas no noroeste do estado de Nova York.

Atkins parecia lutar para ser tão bem quisto quanto o pai. Ele disse a um entrevistador: "Nunca serei tão bom quanto ele, gostaria de ser. Eu tento. Estou longe de ser tão bom quanto meu pai". Seus pais aderiram à dieta do filho, mas ele criticou sua mãe de brincadeira por não conseguir seguir o regime direito. "Minha mãe trapaceia muito," ele disse, "mas ela tenta".

A fama com a dieta ainda estava por vir; enquanto isso, Atkins se formou na Universidade de Michigan e foi para a faculdade de medicina. A princípio, ele parecia destinado a se tornar um médico tradicional. Sua esposa, Veronica, disse: "No começo, ele era um aristocrata; acreditava plenamente na medicina ortodoxa". Apesar de ter estudado cardiologia, Atkins sentiu que isso fazia dele mais um técnico do que um médico. Em 1959, abriu um consultório no Upper East Side em Nova York, mas não teve muito sucesso e ficou deprimido com a falta de pacientes.

A virada aconteceu quatro anos mais tarde, em 1963, quando Atkins tinha 33 anos de idade mas, segundo ele, "Parecia ter 45, pesava 87,5 quilos e tinha três queixos. Não conseguia me levantar antes das nove da manhã e nunca começava a atender antes das dez. Decidi fazer regime." Ele disse mais tarde para Larry King, na CNN: "Estava ganhando muito peso. Sim, estava praticando a cardiologia, mas estava ganhando peso. E saiu um artigo na revista da Associação Americana de Medicina que dizia, aliás, que a gente não precisa fazer uma dieta de baixas calorias, a gente pode fazer uma dieta de baixos carboidratos. Aí eu pensei, ah, que maravilha. Então entrei na dieta. Foi muito empolgante. Eu não apenas perdi muito peso com facilidade, mas precisava dormir muito menos. Costumava precisar de oito horas e meia de sono, e, depois de dois meses, precisava de cinco horas e meia, o que, aliás, nos últimos quarenta anos, é tudo que preciso." Assim nasceu a Dieta Atkins.

Atkins reconhece que baseou seu trabalho no de Alfred W. Pennington, que demonstrara grande sucesso com vinte pacientes, enquanto trabalhava na DuPont depois da Segunda Guerra Mundial. Os participantes da pesquisa de

Pennington perderam em média dez quilos em pouco mais de cem dias, eliminando açúcar e amido. Atkins partiu disso para formular um plano de dieta mais amplo, que tinha como objetivo minimizar os carboidratos. Ele foi contratado como consultor médico da American Telephone and Telegraph Company, a antiga gigante conhecida como AT&T. Tratou 65 pacientes com o mesmo regime que estava seguindo. Depois de dois anos, as notícias sobre o sucesso dessa dieta se espalharam, e ele foi convidado para aparecer no influente programa de televisão *The Tonight Show Starring Johnny Carson* com outro convidado, Buddy Hackett, que tirou sarro da dieta. No entanto, isso não impediu que o número de fãs e a fama de Atkins crescessem de maneira gradual.

Em 1970, sua dieta foi apresentada muitas vezes na revista *Vogue* e o impacto foi tão grande que se tornou conhecida como a Dieta Vogue. A Bantam Books se mexeu rápido para assinar um contrato com o novo guru da dieta e juntou-o com uma escritora experiente, Ruth West, para produzir um livro voltado completamente para o mercado popular, livre de jargões médicos e notas de rodapé. A versão em capa dura foi vendida para David McKay, que publicou o livro em setembro de 1972. Até o Natal, ele tinha vendido 200 mil cópias e até abril do ano seguinte as vendas atingiram 900 mil exemplares. O livro venderia milhões de cópias.

Então veio o segundo livro, que Atkins diz ter ficado relutante para escrever. Ele o descreveu como uma situação que "já vivera". "Mas as pessoas deste país precisavam ser avisadas. As pessoas no poder haviam criado uma epidemia de obesidade." Quando foi perguntado sobre quem eram essas pessoas, ele respondeu: "Em parte o governo, em parte a mídia. Eles estão forçando uma dieta rica em carboidratos, dizendo que é de baixa gordura. Uma dieta deve ser denominada de acordo com o que você come, não com o que você não come". Ele continuou a escrever e foi autor ou coautor de outros quinze livros, alguns dos quais contém receitas baseadas em sua dieta, mas a maioria delas derivam da obra original. Conforme a atividade editorial de Atkins se multiplicava, o mesmo aconteceu com as reclamações a respeito dos livros. Dois desses trabalhos afirmam mostrar como a dieta aumenta os níveis de energia e outro dedicou-se à dieta como maneira de prevenir o envelhecimento.

Conforme a sua fama se espalhou, o mesmo aconteceu com a controvérsia. Em 1973, ele foi convocado para uma oitiva no congresso sobre dietas da moda e acusado de prejudicar a saúde das pessoas e de ser insolente. Um senador perguntou a ele como ousava questionar médicos renomados que tinham demonstrado que a maneira de perder peso era evitar alimentos gordurosos. Atkins não foi nem um pouco paciente na resposta; parecia gostar da controvérsia. Segundo sua esposa Veronica, ele decidiu ser "o melhor inimigo do mundo".

Esse convite foi aceito por muitas pessoas, inclusive por vários de seus clientes, que o processaram. Em 1993, isso levou à suspensão temporária de sua licença médica, seguida de uma reclamação de que ele havia tratado uma paciente com ozônio, dizendo que isso mataria as células cancerígenas do sangue. Ela foi a outro médico, que tratou de uma embolia, uma bolha de ar que bloqueava um vaso sanguíneo. Atkins recorreu à corte contra essa suspensão e foi absolvido. Ele insistia que técnicas de cura alternativas tinham lugar na medicina. No entanto, poucas pessoas estavam interessadas nessa faceta de seu trabalho e, por quase duas décadas, ele ficou fora dos holofotes. Atkins se distanciou das dietas e criou o Atkins Center for Complementary Medicine que misturava a medicina ocidental a práticas encontradas em outras culturas. O centro teve algum sucesso e a certa altura afirmava ser o maior consultório de medicina alternativa do mundo, com 90 funcionários.

No entanto, parece que o real interesse de Atkins continuou na área da nutrição e, em 1992, publicou *A Nova Dieta Revolucionária do Dr. Atkins*, que gerou uma nova onda de interesse em dietas. Veio em um bom momento, porque as dietas com alto teor de proteína estavam entrando na moda novamente. A obra não era muito diferente do livro anterior, mas ganhou atenção porque o comportamento do público estava mudando e tornou-se um best-seller. O sucesso de seu livro convenceu o médico com cabeça de empreendedor a criar uma empresa chamada Atkins Nutritional, em 1998. A empresa vendia produtos alimentares para pessoas que seguiam a Dieta Atkins e deu certo.

Em 2002, Atkins ganhou outro impulso com um artigo no *New York Times* escrito por Gary Taubes intitulado "What if it's all been a big fat lie" (E se tudo for uma grande mentira), argumentando que as dietas de baixas calorias não funcionavam e fornecendo alguns dados científicos. Taubes, um jornalista da área de ciências com grande apetite por destruir mitos, escreveu outros livros, sendo o mais conhecido *Good Calories, Bad Calories*, que deu lastro intelectual para os argumentos de Atkins.

Atkins obviamente gostou da intervenção de Taubes, e no mesmo ano do artigo no *Times* foi convidado a dar palestra na Associação Americana de Cardiologia, que tinha um histórico de críticas ao seu trabalho. Ele também conseguiu realçar sua imagem voltando aos programas de entrevista na televisão. Mas nem tudo estava bem e, em abril de 2002, ele teve um ataque cardíaco enquanto tomava café da manhã. Um assistente seu, porém, conseguiu salvá-lo com respiração boca a boca. Foram feitos muitos esforços para enfatizar que esse ataque não tinha nada a ver com sua dieta.

No entanto, um ano mais tarde, aos 72 anos de idade, ele morreu depois de escorregar em uma calçada coberta de gelo em Nova York. Sofreu um severo trauma na cabeça e passou nove dias na UTI antes de sucumbir.

Mesmo depois de morto, Atkins foi perseguido pela controvérsia, com seus oponentes loucos para provar que o seu falecimento fora consequência de sua dieta. Afirmou-se que na época de sua morte ele estava obeso e sua condição cardíaca havia contribuído para o seu falecimento. No entanto, o hospital que cuidou dele disse que a causa imediata da morte havia sido a queda e os ferimentos causados por ela. Muita animosidade cerca esse tema e continua assim até hoje.

Robert Atkins não era um homem que sofria de muitas dúvidas ou falta de convicção. Ele disse a um entrevistador: "É óbvio que estou certo, e o resto do mundo está errado. Daqui a duas semanas, por meio da sua própria experiência, você irá perceber que se sente melhor, tem menos fome, saboreia o que está comendo e perdeu peso. Se eles estivessem certos, nenhuma dessas coisas aconteceria. Como já aprendemos por experiência que isso funciona, então devo estar certo". Ele nunca perdia a oportunidade de convencer os críticos sobre a veracidade de sua crença, dizendo que tudo o que precisavam fazer era experimentar a dieta e perceber o próprio engano.

No entanto, há muitos céticos no mundo que nunca sonhariam em seguir essa dieta, apesar de terem modificado os hábitos alimentares, diminuindo os carboidratos.

A notável influência de Atkins sobre a maneira como comemos certamente justifica seu status de guru da alimentação, mas, sem dúvida, ele é uma das personalidades mais controversas deste livro. Muitas pessoas apaixonadas por comida serão contra sua inclusão em uma obra sobre esse assunto, mas terão dificuldades em negar a sua influência.

Receitas de Atkins

As receitas a seguir foram extraídas do site oficial www.atkins.com. Apesar de Robert Atkins ter dado aconselhamento nutricional para esses pratos, é improvável que ele tenha criado as receitas. Elas foram selecionadas com o foco proposital em pratos que normalmente não aparecem em outra dieta, mas servem para ilustrar a abordagem de Atkins em relação a regimes sem dor nem sacrifício.

FILÉ DE CARNE COM BACON E MANTEIGA DE GORGONZOLA

Tempo de preparo: 15 minutos
Tempo de cozimento: 20 minutos
2 porções

Informações nutricionais

Por porção:
Carboidratos líquidos: 2 g
Fibras: 2 g

Proteínas: 41 g
Gorduras: 35 g
Calorias: 480

Ingredientes

- 1 cebolinha
- 2 colheres (sopa) de manteiga amolecida
- 2 colheres (sopa) de queijo gorgonzola (ou outro queijo semelhante) em pedaços
- 2 bifes de filé mignon (170 g cada)
- ¼ colher (chá) de sal, dividido em duas porções
- ¼ colher (chá) de pimenta-do-reino moída na hora, dividida em duas porções
- 2 fatias de bacon
- 2 colheres (chá) de azeite de oliva virgem
- 225 g de cogumelos variados (como shimeji, paris e shitake) fatiados

Modo de preparo

1. Coloque uma grade no meio do forno. Preaqueça o forno a 220 ºC.
2. Corte a parte branca da cebolinha em fatias finas; reserve.
3. Para fazer a manteiga de gorgonzola, pique bem a parte verde da cebolinha e coloque em uma tigela pequena. Acrescente a manteiga e o queijo e misture.
4. Polvilhe cada bife com 1/8 de colher (chá) de sal e pimenta. Enrole uma fatia de bacon em torno de cada bife e prenda com palitinhos.
5. Em uma frigideira antiaderente, aqueça o azeite em fogo médio. Frite os bifes por cerca de 5 minutos ou até ficarem dourados, virando-os com frequência com a ajuda de pegadores. Transfira para uma forma. Leve-os ao forno por 7 a 10 minutos para ficarem malpassados. Ou asse até que um termômetro inserido no centro de cada bife registre 57 ºC para malpassado, 65ºC para ao ponto e 82 ºC para bem passado.
6. Enquanto os bifes assam, aqueça a mesma frigideira em fogo médio – em fogo alto, acrescente os cogumelos, a parte branca da cebolinha reservada e o restante da colher (chá) de sal e pimenta. Cozinhe em fogo baixo por cerca de 4 minutos, mexendo com frequência, até os cogumelos ficarem macios.

7. Sirva os cogumelos em 2 pratos e disponha os bifes sobre eles. Sirva com a manteiga de gorgonzola.

TORTA DE FRANGO

Tempo de preparo: 15 minutos
Tempo de cozimento: 50 minutos
6 porções

Informações nutricionais[2]
Por porção:
Carboidratos líquidos: 9 g
Fibras: 5 g
Proteínas: 36 g
Gorduras: 28 g
Calorias: 460

Ingredientes
- 1 massa para torta pronta, aberta e cortada em um círculo de 25 centímetros de diâmetro ou um retângulo de 23 x 33 centímetros
- 700 g de peito de frango desossado sem pele cortado em cubos de 1,5 centímetro
- 2/3 xícara de caldo de frango
- 1 cebola pequena picada (1/2 xícara)
- 1 cebola cortada em fatias finas (1/2 xícara)
- 2 talos de salsão cortados em fatias finas (3/4 de xícara)
- ½ colher (chá) de sementes de erva-doce amassadas
- ½ xícara de creme de leite fresco
- 2 colheres (sopa) de goma guar

---

[2] As informações nutricionais correspondem aos ingredientes da marca Atkins. Aqui, tivemos que substituir alguns deles. (N. do E.)

- 2 colheres (sopa) de salsinha fresca picada
- sal e pimenta-do-reino moída na hora a gosto

Modo de preparo

1. Preaqueça o forno a 175 ºC.

2. Coloque o frango, o caldo, a cebola, a cenoura, o salsão e as sementes de erva-doce em uma panela média. Deixe levantar fervura. Abaixe o fogo e cozinhe em fogo baixo por 15 minutos, até o frango ficar bem cozido e os legumes, macios. Coe o caldo em uma panela pequena.

3. Acrescente o creme de leite; deixe levantar fervura. Acrescente o espessante (goma guar); cozinhe 2 minutos até a mistura engrossar. Derrame o caldo sobre o frango e os legumes; mexa para cobrir. Acrescente a salsinha. Tempere a gosto com sal e pimenta.

4. Coloque a mistura em uma forma para torta de 22 centímetros de diâmetro ou uma travessa de 18 x 28 centímetros. Coloque a massa por cima; aperte as bordas com os dentes de um garfo para aderir às laterais.

5. Leve ao forno por 25 a 30 minutos, até a massa ficar dourada e assada. (Cubra as bordas com papel alumínio se escurecerem muito rápido.)

BOLO DE CHOCOLATE
COM MUSSE DE CHOCOLATE E MENTA

Tempo de preparo: 30 minutos
Tempo de cozimento: 20 minutos
8 porções

Informação nutricional
Carboidratos líquidos: 9,9 g
Fibras: 4,4 g
Proteínas: 12,5 g
Gorduras: 60,9 g
Calorias: 689

Ingredientes

Para a musse de chocolate e menta

- 1 ½ xícara de creme de leite fresco
- 3 colheres (sopa) bem cheias de proteína em pó sabor chocolate
- ½ colher (chá) de essência de menta

Para o bolo de chocolate

- 1 xícara de creme de leite fresco
- 1 colher (sopa) de pó de café descafeinado
- 1 ½ colher (chá) de essência de baunilha
- 2 colheres (sopa) de essência de chocolate
- 1 ¼ de xícara de soja em pó
- ½ xícara de chocolate em pó sem açúcar
- ½ xícara de nozes-pecãs torradas e picadas
- 1 colher (chá) de fermento em pó
- ½ colher (chá) de sal
- 225 g de manteiga sem sal
- 1 xícara de adoçante a base de sucralose próprio para culinária
- 4 ovos separados
- ½ xícara de framboesas para decorar
- folhas de hortelã para decorar

Modo de preparo da musse de chocolate com menta

1. Bata o creme com um mixer até engrossar.
2. Acrescente a proteína em pó e a essência; continue a bater até ficar homogêneo e firme. Deixe na geladeira por 30 minutos.

Modo de preparo do bolo de chocolate

Aqueça o forno a 160 ºC. Unte duas assadeiras de 20 centímetros de diâmetro, polvilhe com chocolate em pó. Em uma panela pequena em fogo médio, misture o creme de leite e o pó de café. Cozinhe, misturando de vez em quando, até o café se dissolver. Deixe esfriar um pouco e acrescente as essências de baunilha e de chocolate.

Em uma tigela média, misture a soja em pó, o chocolate em pó, as nozes, o fermento e o sal. Em uma tigela grande, com a batedeira em velocidade média, bata a manteiga até ficar fofa, por cerca de 5 minutos. Acrescente as gemas, uma de cada vez, batendo bem após cada acréscimo. Acrescente a mistura seca, um terço de cada vez, batendo só até misturar. Acrescente o creme de leite com café e bata.

Em uma tigela limpa, bata as claras até ficarem quase firmes. Acrescente o adoçante e bata até ficar firme. Em três partes, incorpore as claras em neve à mistura de chocolate, até misturar bem. Divida a massa nas formas preparadas e alise a parte de cima.

Leve ao forno por 20 minutos ou até o bolo ficar fofo quando tocado levemente no centro. Deixe esfriar nas formas sobre uma grade por 5 minutos; vire sobre a grade e deixe esfriar completamente. Coloque uma camada de bolo em um prato decorado. Espalhe ½ do recheio de musse, deixando uma distância de um pouco mais de 1 centímetro da borda. Cubra com a outra parte do bolo e o restante da musse. Enfeite com framboesas e folhas de hortelã.

O decano da cozinha americana

JAMES BEARD

A descrição de James Andrew Beard (1903-1985) como o Decano da Cozinha Americana foi concedida ao famoso escritor, chef e homem dos restaurantes em 1954. Quando ele morreu, Craig Clairborne, um protegido de Beard, escreveu no *New York Times* que seu mentor era "um inovador, um experimentador, um missionário que trazia o evangelho da boa cozinha para a mesa de casa".

Beard é visto com justiça como o homem que ajudou os cidadãos mais influentes dos Estados Unidos a desenvolver um paladar para a culinária refinada com o sabor do próprio país. Mas ele fez mais do que isso, e sua influência vai muito além dos seus seguidores ricos, os primeiros a se beneficiar do seu trabalho. Muitas vezes, é assim que funciona uma revolução gastronômica. Ela começa com os mais ricos, pois é ali que sempre começa a inovação gastronômica, e então o efeito cascata da revolução segue adiante, em um impacto muito mais amplo.

O escritor David Kamp aponta os anos 1950 como o momento em que Beard tornou-se famoso. Escreveu: "Foi nessa década que Beard fez seu nome como *James Beard*, a marca, o rosto e a barriga da gastronomia americana". Ele era um homem grande, de 1,82 m de altura e sempre acima do peso, chegando ao máximo de 140 quilos. Por acaso, ele também tinha mãos muito grandes.

Ao tamanho de Beard juntava-se uma personalidade dominante e, conforme ele se tornou conhecido de um público mais amplo, por meio da televisão, e dos devotos da gastronomia, por meio de seus livros e aulas de culinária, passou a simbolizar o verdadeiro *bon vivant*. É provável que não gostasse dessa descrição e muitas vezes se opunha quando era citado como um gastrônomo, preferindo uma descrição mais realista.

A James Beard Foundation, uma organização criada para preservar e desenvolver o legado de Beard, faz as seguintes afirmações sobre ele: "Ele foi um gastrônomo pioneiro, apresentador do primeiro programa culinário na recém-nascida televisão de 1946, o primeiro a suspeitar que as tradições culinárias americanas clássicas poderiam convergir em uma culinária nacional e um dos primeiros defensores dos produtos e dos mercados locais. Beard alimentou uma geração de chefs americanos e autores de livros que mudaram a maneira como comemos". Essas afirmações não são injustificadas.

É importante compreender o contexto no qual Beard chegou à fama. As privações e as dificuldades da Segunda Guerra tinham acabado, os americanos estavam ansiosos para deixar tudo isso para trás, seguir adiante e usufruir da nova era de prosperidade. O final da guerra também trouxe novas influências para a cozinha americana; em parte elas vieram com os soldados que viajaram para o exterior pela primeira vez na vida. Não necessariamente desejavam toda aquela comida estrangeira que tinham experimentado ultramar, mas procuravam versões americanas dela. Isso significou tipos modificados de pizzas italianas e lasanha, versões de pratos chineses como *egg foo young* e *chow mein* – ou macarrão frito – e ainda os churrascos com apimentados molhos da polinésia.

Além disso, uma revolução social estava a caminho com mais mulheres casadas indo trabalhar, o que as deixava com menos tempo para preparar pratos elaborados para as famílias. Elas queriam aparelhos para facilitar o seu trabalho na cozinha e alimentos práticos com os quais podiam criar uma refeição em minutos. Essa também, por acaso, foi a era dos pratos ao forno, quando os favoritos, como macarrão com atum ao forno e vagens gratinadas, eram servidos aos milhares nos lares americanos.

O desenvolvimento foi rápido. Em 1951, surgiu a primeira mistura para bolos; no ano seguinte, a Lipton anunciou um pó para sopa de cebola, e no seguinte, o onipresente *Cheez Whiz* (um molho pronto a base de queijo) surgiu junto com os waffles congelados. Em 1954, a Swanson apresentou a primeira refeição congelada. Isso significava não apenas que uma refeição inteira podia ser criada sem cozimento, mas que podia ser consumida sobre uma bandeja longe da mesa de jantar.

Em 1954, o Burguer King fez sua estreia, seguido pelo McDonald's no ano seguinte. Os primeiros fornos de micro-ondas surgiram em 1955, seguidos por um abridor de latas elétrico que atendia à necessidade do crescente número de americanos que criavam refeições a partir de latas. A inovação alimentar estava no auge, parte dela de maneiras que fariam os gastrônomos se arrepiarem. Mas, em geral, foi a revolução de uma sociedade cada vez mais próspera que queria comer, não queria esperar pelo alimento e simplesmente adorava todos esses novos e tentadores sabores.

Ao mesmo tempo que a facilidade e os novos sabores faziam sucesso entre grande parte das pessoas, a classe média americana atentou para uma alimentação melhor e novos tipos de alimentos. James Beard era o guru ideal para guiá-los. Ele tinha um profundo conhecimento e uma compreensão dos alimentos combinada com uma teatralidade instintiva, que permitiram que ele espalhasse suas ideias.

Judith Jones, a famosa editora de livros de culinária que trabalhou com Beard, lembra da irreverente postura americana que ele tinha em relação ao seu trabalho. Ela escreveu: "Se alguém questionava a orientação que estava dando a uma receita, ele diria: 'Nós, americanos, podemos fazer como quisermos'".

James Beard nasceu em Portland, Oregon, em 1903, e estava na meia idade quando a revolução alimentar pós-guerra aconteceu, mas de muitas maneiras levou uma vida que o preparou para esse acontecimento. Ele parecia ter uma memória extraordinária de suas primeiras experiências alimentares. Em suas memórias *Delights and Prejudices*, Beard disse lembrar-se de sua primeira experiência com comida aos dois anos de idade quando foi levado à Lewis and Clark Exposition, uma espécie de Exposição Universal não oficial: "Acho que marcou a minha vida – ver biscoitos sendo feitos. Não é uma loucura? Aos dois anos de idade, aquela memória foi criada. Ela me deixou muito intrigado". Beard era famoso por ser capaz de lembrar de refeições que tinha feito, mesmo quando ainda era muito novo. No entanto, aos três anos de idade, teve uma lembrança muito menos prazerosa, pois contraiu malária e ficou de cama. Enquanto convalescia, foi alimentado com uma dieta cuidadosamente preparada por sua mãe e uma empregada chinesa, Jue Let, cuja culinária de seu país natal teve uma profunda influência sobre ele. Ela fazia caldos chineses e outros pratos de fácil digestão. Mais tarde, Beard diria que "os chineses têm o paladar perfeito".

Beard escreveu que "meus pais tinham um paladar sensível", mas sua mãe Mary Elizabeth Jones, que havia sido criada na Irlanda, "tinha uma sensibilidade assombrosa para comida". Ela era uma mulher independente pouco comum, que imigrou para os Estados Unidos depois de uma primeira parada no Canadá e que viajou muito pela França e pela Itália, desenvolvendo um conhecimento sobre essas culinárias. Administrava o que no fundo era uma pensão, mas que tinha o nome de Gladstone Hotel. Seu pai, John Beard, era um importador e um apostador ávido, que também cozinhava e era famoso por seus *brunches*. Eles se casaram quando eram mais velhos e só tiveram um filho, que era precoce e mimado.

Assim, Beard teve uma infância interessante na qual a comida tinha um papel importante e o drama era fornecido pelos hóspedes da pensão. No entanto, foi o teatro que chamou a atenção de Beard na juventude e o fez perambular pelas companhias de teatro atrás de papéis. Ele estudou no Reed College em Portland, mas foi expulso em 1922 por atividades homossexuais. No final da vida, Beard era bastante aberto sobre sua homossexualidade, mas, na época em que ficou famoso, a tolerância em relação a orientações sexuais diferentes era mínima, e ele foi forçado a ficar em silêncio. Em sua autobiografia de 1964, escreveu "Quando tinha sete anos, sabia que era gay. Acho que está na hora de falarmos sobre isso".

A expulsão da faculdade deu a Beard a oportunidade de se juntar a um grupo de teatro itinerante. Ele então se mudou para o Reino Unido para estudar na Royal Academy of Music em Londres e a partir dali viajou pela Europa, principalmente pela França, onde adquiriu sua preferência pela cozinha francesa. No entanto, estava fazendo poucos progressos nas tentativas de se lançar em uma carreira no teatro e voltou aos Estados Unidos em 1927. Nova York parecia ser o lugar para aspirantes a atores, então Beard foi para lá. Mas ficou mais frustrado, pois a competição era grande, e ele não se destacava muito. Em 1935, depois de tentar se estabelecer no teatro por sete anos, Beard começou a complementar sua magra renda com um negócio de *catering*.

Em 1937, em sociedade com o amigo Bill Rhodes, o negócio estava bem estabelecido como Hors d'Oeuvre Inc., uma pequena empresa bastante inovadora, que vendia comida para coquetéis. Finalmente Beard tinha pensado em algo que era um sucesso.

Logo ficou evidente que o seu futuro estava no ramo da gastronomia. Três anos depois de abrir a loja, ele escreveu uma obra pioneira sobre o assunto. O livro foi um sucesso e seu negócio prosperou. *Hors d'Oeuvre and Canapés* foi seguido por *Cooking Outdoors*, de 1942, outra obra pioneira porque ninguém mais havia abordado esse assunto de maneira tão competente.

A entrada dos Estados Unidos na Segunda Guerra significou o fechamento da loja, e Beard se alistou. Por um curto período ele foi criptógrafo, mas durante a maior parte da guerra, trabalhou com a United Seamen's Service, montando refeitórios em Marselha, Panamá, Porto Rico e Rio de Janeiro. Quando a guerra acabou, Beard e todos os Estados Unidos estavam prontos para algo diferente, que dissipasse da cabeça todos os problemas que a nação enfrentava. Embora não fosse algo explícito, havia uma procura por pessoas que pudessem levar os americanos a um novo hedonismo.

A reputação gastronômica de Beard tinha começado a se formar antes da guerra e começou a chamar atenção novamente logo depois. Em 1946, foi convidado a aparecer no programa culinário da rede NBC, *I Love to Eat*. Isso foi seguido por mais aparições na televisão e no rádio, e uma proliferação de artigos em publicações influentes como *Women's Day and Gourmet*.

Entre 1945 e 1955, ele escreveu ou foi coautor de mais sete livros de culinária. E como se isso não fosse o suficiente para mantê-lo ocupado, foi contratado como consultor de diversos restaurantes e empresas alimentícias, e inaugurou um restaurante próprio. Beard também desbravou novos territórios ao endossar produtos alimentícios na televisão, começando em 1946, quando apareceu como Elsie The Cow para promover os produtos da Borden Company. Ele continuou a fazer diversas outras promoções, explicando que precisava de dinheiro para pagar por suas escolas de culinária.

No entanto, ele promovia o tipo de alimento processado que na verdade desprezava e se autoproclamou "a maior puta gastronômica do mundo" por fazer isso. Sendo realista, conseguia receber cerca de 500 dólares para escrever um artigo de uma revista de gastronomia, o que envolvia uma razoável quantidade de trabalho, ao mesmo tempo em que receberia 10 mil dólares para promover produtos alimentícios, o que de fato dava pouco trabalho.

A primeira escola de Beard – The James Beard School of Cooking – foi inaugurada na cidade de Nova York em 1955, seguida por outras duas em Seaside e Oregon. Junto com essas escolas, Beard viajou muito pelo país, dando palestras e aulas pelas três décadas seguintes. Foi nessas circunstâncias que ele criou uma rede de seguidores dedicados, alguns dos quais, como Julia Child (capítulo 7), também se tornaram famosos. Sua mensagem era consistente e dizia para os americanos terem orgulho da própria herança gastronômica e dos ingredientes produzidos em seu país. Ele não queria assustar as pessoas chamando a atenção para a complexidade do preparo dos alimentos; pelo contrário, revelou o que havia de simples e honesto nisso, sem comprometer a qualidade.

Ele é conhecido por ter dito: "Não há nenhum substituto para o melhor. Comida boa não pode ser feita com ingredientes inferiores mascarados com muito sabor. Usar os melhores ingredientes e não desperdiçar nada é a verdadeira frugalidade". Felizmente, Beard não se levava tão a sério quanto alguns de seus seguidores. Essas são suas ideias sobre canibalismo: "Se um dia precisar praticar o canibalismo, acho que conseguiria suportar se houvesse estragão suficiente por perto".

Sendo alguém que adorava comida, não surpreende que Beard fosse um ávido frequentador de restaurantes. Em 1956, ele publicou uma lista dos melhores restaurantes dos Estados Unidos, revelando preferência por estabelecimentos refinados e quase que exclusivamente masculinos. Também havia certo grau de misoginia na postura de Beard em relação às cozinheiras, mas no final da vida ele passou a reconhecer o trabalho de pessoas como Alice Waters do Chez Panisse, na Califórnia (Capítulo 20) e Suzy Nelson, coproprietária do The Fourth Street Grill em Nova York.

Beard também tinha opiniões firmes a respeito do que os clientes deveriam esperar dos restaurantes e sobre o respeito que eles deveriam ter em relação aos próprios restaurantes. Escreveu, na coluna de uma revista, "A única maneira de combater o tratamento estúpido dado à comida em alguns restaurantes é ser firme em relação à ideia de mandar a comida de volta para a cozinha sempre que ela não estiver boa".

Dizia aos clientes de restaurantes para não se sentirem coagidos por seus anfitriões a dizerem que a comida estava boa quando não fosse esse o caso. Mas Beard insistia que os clientes também tinham responsabilidades quando saíam para comer. Tinha aversão à prática "mal-educada" de fazer reservas em vários restaurantes durante o processo de decidir onde comer e dizia a seus leitores que não aparecer nos restaurantes podia ser muito prejudicial aos negócios. Como tinha sido consultor de restaurantes em Nova York e na Filadélfia, ele sabia do que estava falando.

Às vezes, no entanto, Beard parecia ser um pouco provocador. Ele certamente gostava de frequentar restaurantes, mas no final da vida concluiu que "depois de intermináveis refeições em restaurantes chiques, intermináveis degustações e intermináveis conversas sobre comida é inevitável desenvolver uma certa antipatia pela culinária elegante. Como sentia falta, depois de uma semana de comidas complexas e complicadas, do delicioso prazer de um simples pedaço de carne de panela!".

Beard também demonstrou o desejo de usar a sua ligação com a comida para causas sociais. Muito perto do final de sua vida, em 1981, ajudou a fundar o City Meals-on-Wheels, em Nova York, com o amigo Gael Greene. O projeto ajudou a alimentar idosos indigentes.

Beard faleceu em 21 de janeiro de 1985, em Nova York. Ele tinha 81 anos e sofreu um ataque cardíaco fulminante. Suas cinzas foram levadas para o seu estado natal, o Oregon, onde foram espalhadas pela praia de Gearheart, um lugar no qual ele tinha desfrutado os verões na infância. Beard já não estava no auge de sua fama quando morreu, mas houve uma enorme reação da comunidade gastronômica americana e obituários elogiosos proliferaram.

Julia Child estava entre os que tinham mais vontade de preservar o legado de Beard. Ela sugeriu preservar sua casa no Greenwich Village como o lugar de encontro que havia sido durante a vida dele. O prédio reformado serve como um centro de culinária aberto ao público. Peter Kump, ex-aluno de Beard, que criou o Institute of Culinary Education, foi fundamental para a compra, ajudando a fundar a James Beard Foundation. O objetivo da fundação é honrar a memória de Beard, oferecendo bolsas para aspirantes a profissionais da gastronomia e defendendo a causa da tradição culinária dos Estados Unidos.

O prêmio anual da James Beard Foundation, entregue no dia do aniversário do grande homem, honra diversos chefs, restaurantes, autores, designers de restaurantes e pessoas da mídia eletrônica ligadas à culinária. É um evento importante no calendário gastronômico, acompanhado, como seria de se esperar, de pratos sofisticados preparados pelos ganhadores das bolsas da fundação. Ela também publica uma revista trimestral, um catálogo de restaurantes e outro de chefs que cozinharam na Beard House.

Apesar dos objetivos nobres da fundação e do trabalho que fez, ela sofreu com alguns escândalos. Em 2004, o diretor Leonard Pickell foi preso por desvio de verbas e, no ano seguinte, a diretoria da fundação foi forçada a renunciar. As coisas melhoraram desde então, mas a reputação da fundação continua manchada, gerando grandes dificuldades para os que a administram atualmente.

Nada disso tira o mérito do legado de James Beard como um dos mais importantes gurus da alimentação americanos. Um homem que ensinou aos americanos contemporâneos como comer.

Receitas de Beard

PASTA DE CHEDDAR COM PIMENTA

James Beard iniciou a carreira profissional na gastronomia fazendo canapés, portanto, nada mais apropriado do que uma das receitas dos primórdios de sua carreira.
Rende 3 xícaras

Ingredientes

- 2 xícaras de queijo cheddar ralado em temperatura ambiente
- 2 pimentas-malaguetas verdes em conserva sem casca e picadas
- ½ vidro de pimentão em conserva picado
- 1 dente de alho pequeno ralado
- ½ xícara de manteiga amolecida
- 3 a 4 colheres (sopa) de conhaque, xerez ou uísque
- ¼ colher (chá) de molho Tabasco (ou a gosto)
- sal a gosto
- creme de leite ou leite integral (opcional)

Modo de preparo

Misture todos os ingredientes (menos o creme de leite ou o leite) num processador, em uma tigela com um mixer ou amassando com um garfo, até obter a textura de pasta. Se ainda estiver muito duro, acrescente creme de leite ou leite, algumas colheres (chá) de cada vez, até obter a consistência correta.

Sirva a pasta em uma tigela ou faça bolas e passe em nozes torradas picadas ou em salsinha ou cebolinha picados. Sirva com biscoitos, torradas ou fatias de pão francês, e ofereça uma faca para espalhar.

De: *Beard on Food*, Knopf, 1974.

CARNE DE PANELA

James Beard adorava esse tipo de prato simples e reconfortante.
6 a 8 porções

Ingredientes

- 2,3 kg de acém
- 3 colheres (sopa) de óleo vegetal
- sal e pimenta a gosto

- 2 colheres (sopa) de tomilho fresco ou seco, ou uma mistura de tomilho, alecrim ou segurelha
- 1 folha de louro
- 1 pitada de canela
- 2 cebolas, cada uma com dois dentes de alho enterrados nela
- 3 dentes de alho, descascados e inteiros
- 2 ramos de salsinha
- 1 alho-poró
- 2 xícaras de vinho tinto, caldo de carne, cerveja ou água

Modo de preparo

Em uma panela com tampa e que possa ir ao forno, sele todos os lados da carne no óleo até a parte de fora ficar um pouco torrada e bem dourada. Retire toda a gordura, menos duas colheres (sopa).

Tempere a carne com sal e pimenta e polvilhe com as ervas. Prefira tomilho, pois ele tem uma pungência que funciona melhor com a carne, mas você pode usar alecrim ou segurelha, que darão um gosto completamente diferente. Acrescente a folha de louro, a canela, as cebolas, o alho, a salsinha e o alho-poró. Acrescente o líquido de sua preferência e deixe levantar fervura. Abaixe o fogo, tampe e cozinhe em fogo bem baixo por 30 a 35 minutos para cada 0,5 quilo, ou no forno a 160 ºC, 35 minutos para cada 0,5 quilo, cerca de 3 horas, até a carne ficar bem macia. Acrescente mais líquido se necessário.

Disponha a carne numa travessa aquecida e deixe-a descansar por cerca de 15 minutos. Retire a gordura do líquido da panela com a ajuda de uma escumadeira. Se quiser mais molho, coe o líquido, acrescente mais vinho ou caldo de carne à panela e deixe levantar fervura. Engrosse o molho com bolinhas de manteiga e farinha, amassadas juntas. Deixe reduzir até cobrir levemente as costas de uma colher.

Sirva a carne em fatias com as cebolas que foram cozidas em fogo baixo separadamente com um pouco de gordura da carne e vinho tinto ou Madeira, ou com cenouras na manteiga, batatas cozidas, o delicioso molho e vinho tinto.

De: *Beard on Food*, Knopf, 1974.

PÃO DE BANANA

Esta é outra receita bem americana que pode ser servida como sobremesa ou como lanche.
Rende 1 bolo

Ingredientes

- ½ xícara de manteiga em temperatura ambiente
- 1 xícara de açúcar
- 2 ovos
- 1 xícara de bananas bem maduras bem amassadas (2 grandes ou 3 médias)
- 2 xícaras de farinha de trigo
- 1 colher (chá) de fermento
- ½ colher (chá) de sal
- 1/3 de xícara de leite
- 1 colher (chá) de suco de limão
- ½ xícara de nozes picadas

Modo de preparo

Preaqueça o forno a 175 ºC. Unte bem uma forma de bolo inglês de 23 x 13 x 8 centímetros. Bata a manteiga e acrescente o açúcar aos poucos. Misture bem. Acrescente os ovos e a banana amassada e misture bem.

Peneire a manteiga, o fermento e o sal. Misture o leite e o suco de limão, que vão talhar um pouco. Devagar e de maneira alternada, acrescente a mistura de farinha e a mistura de leite, começando e terminando com os ingredientes secos.

Misture bem depois de cada acréscimo. Acrescente as nozes. Derrame a massa na forma e leve ao forno por 45 a 50 minutos, ou até o bolo ficar fofo ao ser tocado levemente no centro.

De: *Beard on Food*, Knopf, 1995.

A administradora do lar

ISABELLA BEETON

Isabella Mary Beeton (nascida Mayson), mais conhecida simplesmente como sra. Beeton, é uma das autoras de culinária mais influentes na história do Reino Unido. Ela nasceu em 1836 e morreu em 1865, com apenas 28 anos, e foi uma celebridade antes da era dos cozinheiros famosos e uma inspiração para uma geração de vitorianos. Sua influência persistiu após sua morte, que não foi muito alardeada, o que permitiu que seu editor fizesse negócios em seu nome sem reconhecer que ela havia falecido. Por causa disso, seu nome se tornou uma versão inicial do tipo de marca que é comum nos dias de hoje. A influência da sra. Beeton era tanta que se estendeu até o século XX, dando a uma nova geração de leitores a oportunidade de se maravilhar com a abrangência de seus sábios conselhos.

Sua reputação baseia-se, sobretudo, no livro *Mrs Beeton's Book of Household Management* (O Livro de Administração Doméstica da sra. Beeton), muitas vezes chamado apenas de *Mrs Beeton's Cookbook* (Livro de Receitas da sra. Beeton). O livro surgiu como uma série de artigos de revista publicados na *Englishwomen's Domestic Magazine* (Revista Doméstica da Mulher Inglesa) e foi publicado em outubro de 1861. Mais dc 60 mil cópias foram vendidas rapidamente e incríveis 2 milhões de cópias já estavam em circulação em 1868.

O *Mrs Beeton's Book of Household Management* é um trabalho de 1.112 páginas, que contém mais de 900 receitas, mas é mais do que um livro de receitas, como sugere o título. O livro oferecia às senhoras de uma casa vitoriana de classe média um exército de conselhos sobre tudo, desde a administração de serviçais a algumas sábias instruções para o uso de venenos; dicas de moda, cuidado com as crianças até criação de animais; além de algumas palavras sobre religião e ciência popular. As receitas foram revolucionárias no formato apresentado, oferecendo um modelo para a maneira como elas costumam ser apresentadas hoje em dia – começando com a lista de ingredientes, que anteriormente ficava misturada no meio da receita.

A sra. Beeton oferecia o que eram, naquela época, instruções bastante precisas para o preparo, tempo de cozimento e custos. Os leitores modernos provavelmente ficariam chocados com os tempos de cozimento – por exemplo, deixar o repolho cozinhar por 45 minutos – mas era assim que os britânicos da era vitoriana gostavam de suas verduras e legumes.

Hoje, os livros de receita costumam apresentar o nível de detalhe que ela oferecia, e os leitores estão acostumados com receitas descritas de maneira bastante clara. As coisas não eram assim no tempo da sra. Beeton, e na verdade algumas de suas medidas são frustrantes por serem vagas para os padrões atuais.

Ainda assim, ela acreditava em não deixar nada ao acaso. Escreveu: "Para que os deveres do cozinheiro sejam realizados de maneira apropriada, e para que ele seja capaz de reproduzir pratos prediletos com exatidão, todos os termos de indecisão precisam ser banidos de sua arte. Sendo assim, o que é conhecido apenas por ele, será, nessas páginas, conhecido por todos. E todos esses termos indecisos, expressos por um bocado disso, um pouco daquilo, um pedaço pequeno disso ou um punhado daquilo, nunca devem ser usados, mas todas as quantidades devem ser determinadas de maneira precisa e explícita. Com o desejo, também, de que toda a ignorância sobre essa parte mais essencial da arte culinária desapareça, e que um sistema uniforme de pesos e medidas seja adotado".

Essa obra inovadora era acompanhada de ilustrações coloridas, úteis o suficiente para terem sido empregadas nas edições subsequentes, décadas após a morte dela.

Hoje em dia já se aceita o fato de que as receitas da sra. Beeton não eram dela. Essa falta de originalidade, ou plágio – sendo mais rigoroso – foi notada pela primeira vez por Elizabeth David (Capítulo 8), mas foi desenvolvida mais recentemente na biografia da sra. Beeton, *Cooking Up a Storm* (Preparando uma Tempestade) de Katherine Hughes. Hugues descobriu que grande parte das receitas veio do livro de Eliza Acton e que ela também copiou o trabalho de outros cozinheiros, como Alexis Soyer, Anthelme Brillat-Savarin e Antonin Carême (Capítulo 6).

A acusação de plágio parece muito severa, pois a adaptação de receitas é a alma dos livros de culinária. Na verdade, os autores de livros dessa área são leitores inveterados de outros autores que também formulam pratos e tendem a ser ávidos colecionadores de receitas, as quais adaptam mais ou menos, muitas vezes sem dar nenhum crédito. A sra. Beeton não deu nenhum crédito, mas testou todas as receitas com um cozinheiro e uma ajudante, e as apresentou de maneira facilitada. Além disso, grande parte do livro é voltada a instruções gerais como, por exemplo, assar ou fritar.

A sra. Beeton fornece conselhos gerais que podem ser pouco originais, mas que são apresentados de maneira muito prática e clara, oferecendo aos leitores um lugar definitivo onde obter todas as informações básicas sobre culinária. Ela teve o cuidado de excluir qualquer coisa que achasse muito chique ou além das habilidades de um cozinheiro doméstico de competência mediana. Hughes está entre os que não a julgam de maneira muito dura pelo que chega quase a ser trapaça. "Apesar de ela plagiar", diz Hughes, "ela valorizou o tema. Foi uma inovadora extraordinária."

Isso parece razoável, pois sua conquista não foi apenas apresentar as receitas, mas fornecer um pacote completo de conselhos e instruções específicas que davam segurança aos cozinheiros domésticos, encorajando-os a ousar mais na cozinha.

Mas há mais a respeito da sra. Beeton do que apenas um livro, e, como é o caso de muitos gurus da gastronomia discutidos neste livro, o trabalho de sua breve vida também é um reflexo de sua época e das mudanças na sociedade, de cuja criação ela participou um pouco.

Sam Beeton, o marido de Isabella, tinha um olho aguçado para oportunidades e teve um papel essencial no sucesso da esposa. Ele tinha fundado uma gráfica e editora para dar conta da crescente demanda entre uma classe trabalhadora recém-alfabetizada em busca de livros baratos. Percebeu então que nenhum outro editor preocupava-se especificamente com as crianças ou as mulheres, e estabeleceu a empresa nesses dois nichos de mercado. Um de seus empreendimentos mais bem-sucedidos foi a *Englishwomen's Domestic Magazine*, lançada em 1852; em 1856, ela vendia 50 mil cópias por ano.

A chave para o sucesso era "aconselhar" mulheres que não viviam mais junto da família como tinha sido comum nas gerações anteriores, e sentiam-se privadas dos conselhos que normalmente teriam. Essas mulheres tinham de constituir um lar próprio, muitas vezes com recursos inadequados e tinham que manter as aparências. Além disso, muitas conscientemente se esforçavam para ser modernas nessa vida nova. Assim sendo, uma fonte de conselhos impressa e confiável era mais do que bem-vinda, em especial de alguém tão bem organizada e sistemática quanto a sra. Beeton.

O contexto social do Reino Unido na metade do século XIX também explica porque a sra. Beeton e seu marido inovador foram tão espertos em captar o desejo popular. O ritmo das mudanças se acelerava: no mundo das comunicações, as ferrovias tinham transformado os transportes e estimulado o movimento pelo país num nível sem precedentes.

O enorme império do Reino Unido estava importando bens exóticos das colônias, e a industrialização das grandes cidades deu origem à uma onda de consumismo que nunca existira antes. Assim, muitos produtos e serviços novos, até então exclusivos das classes mais elevadas, estavam chegando à classe média e em alguns setores da classe trabalhadora urbana. Na verdade, todo o sistema de classes estava em transição, conforme a classe média se expandia, dando origem a uma população de novos ricos que tinha dinheiro, mais sentia-se socialmente insegura, procurando com frequência conselhos sobre o que era "certo" fazer.

A própria sra. Beeton era um exemplo dessa transição. Sua mãe era neta de serviçais domésticos, casada pela segunda vez com Henry Dorling, que ficou rico fazendo cartões de corrida para o hipódromo de Epsom. A sra. Beeton, portanto, teve uma infância confortável, uma educação melhor do que a então recebida pelas meninas e foi incentivada a desenvolver os seus talentos. Isso não incluía a culinária, mas sim a habilidade de falar francês e alemão, e tocar piano. Ela foi mandada por dois anos para Heidelberg, na Alemanha, a fim de desenvolver o talento musical. Seu pai, Benjamin Mayson, morreu jovem e sua mãe casou-se novamente com Henry Dorling. Eles tiveram uma família extraordinariamente grande de 21 filhos, um número impressionante mesmo para os padrões vitorianos. Administrar um lar tão grande dava muito trabalho e, no final de sua adolescência, Isabella já ajudava a mãe a supervisionar os empregados, a administrar a contabilidade da casa e a cuidar dos irmãos mais novos.

Isabella Mayson casou-se com Sam Beeton em 1856, aos 21 anos de idade. Seu primeiro filho deve ter sido concebido durante a lua de mel, mas morreu logo após o nascimento. Depois, houve uma série de abortos espontâneos. Hughes teve acesso aos documentos da família em 1999 e acredita ser muito provável que o marido tenha infectado a sra. Beeton com sífilis. Naquela época, essa era uma doença incurável, escondida por uma nuvem de vergonha, o que explica tanto o mistério em torno de sua doença quanto o seu estado de saúde constantemente debilitado. Sua morte prematura, no entanto, foi causada por sepse puerperal, uma infecção genital, doença comum na época vitoriana. Sam Beeton, que deve ter contraído a doença sexualmente transmissível de prostitutas antes do casamento, viveu até os 47 anos, o que parece muito injusto, já que sua esposa morreu logo após o 29º aniversário.

No entanto, a falta de filhos no início do casamento (apesar dos quatro que vieram depois) teve um efeito positivo: o de persuadi-la a participar dos negócios do marido, decisão relativamente incomum para uma esposa vitoriana. Ela passou a contribuir para as revistas do marido e, em 1857, começou a trabalhar no livro de receitas. Os detalhes precisos de sua vida naquela época são desconhecidos, apesar de a sra. Beeton ser tema de diversas biografias. O que fica claro é que ela deve ter sido uma mulher de considerável determinação e dedicação ao trabalho duro. Em 1858, por exemplo, ela não apenas trabalhava para o marido e mantinha suas outras obrigações de dona de casa, mas também encontrou tempo para abrir uma cozinha comunitária em sua casa e oferecer sopa para as crianças pobres que sofriam com o duro inverno daquele ano. Naquela época, ela estava escrevendo um suplemento mensal para a *Englishwoman's Domestic Magazine*, e esses artigos foram depois incorporados ao seu famoso livro. Os Beeton não apenas se saíram bem com sua fórmula editorial, mas estavam determinados a ir mais longe. Em 1860, visitaram Paris para reunir ideias e fazer contatos com casas de moda, mas aparentemente não com donos de restaurantes. Como consequência, a revista foi renovada, pranchas coloridas foram acrescentadas e a aparência da publicação como um todo se tornou mais refinada. Assim, eles se sentiram confiantes o suficiente para aumentar o preço de capa.

Conforme a revista ganhou força, Isabella Beeton começou a pensar em reunir o seu trabalho em um livro. Ela levou quatro anos para completar o trabalho, que foi publicado em outubro de 1861. Em seu prefácio, escreveu: "Francamente, devo admitir que, se soubesse de antemão que esse livro me daria o trabalho que deu, nunca teria tido coragem suficiente para iniciá-lo. O que me incentivou, a princípio, a tentar uma obra como essa, foi o desconforto e o sofrimento que vi se abaterem sobre homens e mulheres por causa da administração doméstica. Sempre achei que não há fonte mais frutífera de descontentamento familiar do que jantares mal preparados pela dona de casa e maneiras descuidadas. Hoje os homens são tão bem servidos fora de casa em seus clubes, tavernas organizadas e restaurantes, que, para competir com os atrativos desses lugares, uma senhora precisa estar muito familiarizada com a teoria e a prática da cozinha, assim como ser perfeitamente versada em todas as outras artes de uma casa confortável".

O livro foi promovido como: "Contendo informações para senhoras, governantas, cozinheiros, ajudantes de cozinha, mordomos, lacaios, criados, criadas de cima e de baixo, lavadeiras, enfermeiras, acompanhantes, etc. etc. – e também notas sanitárias, médicas e legais: com a história da origem, das propriedades e dos usos de todas as coisas ligadas à vida e ao conforto doméstico".

A sra. Beeton insistia que "A excelência na arte da culinária, como em todas as outras coisas, só é obtida pela prática e pelo conhecimento". O escopo de seu livro, como se pode notar, é bastante intimidante; apenas na parte de culinária há 82 receitas de sopas, 200 receitas de molhos e 128 receitas de peixe. E ainda há explicações didáticas de como fazer tudo isso. Por conta disso, a sra. Beeton ganhou uma reputação não merecida de ser exagerada. Por exemplo, ela é muito citada como tendo instruído os leitores a "pegar dez ovos", mas o seu foco permaneceu firme na economia e no valor do dinheiro. Ela aconselhava a senhora da casa a assumir o controle das compras da casa para eliminar o desperdício e os gastos desnecessários, e dizia que "a regra deveria ser considerar os melhores artigos àqueles mais baratos". Ela também dava alternativas mais econômicas para ingredientes caros e sugeria sem descanso maneiras de poupar dinheiro por meio da reciclagem e da manutenção dos custos baixos.

As acusações de plágio nas receitas surgiram como uma questão importante na reavaliação da obra da sra. Beeton, mas deve-se ressaltar que em outras partes do livro ela se refere ao "conhecimento científico" dos colegas de seu marido, como John Sherer, que depois produziu o *Beeton's Dictionary of Universal Information*, um exemplo de livro que trazia o nome famoso, produzido depois de sua morte.

Quatro anos após o lançamento de seu livro, a sra. Beeton morreu. O marido, aparentemente, nunca superou a morte dela e, depois do falecimento, o tino para os negócios pareceu abandoná-lo. No entanto, tinha consciência suficiente do fenômeno que haviam criado para reconhecer que precisava manter o nome dela vivo e fingir que ela ainda escrevia os artigos e obras que apareciam sob a marca da sra. Beeton. A propósito, esse é um testemunho da força da marca que, segundo Hughes, mais de um século após sua morte, a Ginsters, fabricante britânica de tortas, achou valiosa o suficiente para pagar um milhão de libras pelos direitos de usar o nome da sra. Beeton em seus produtos.

Imediatamente após a morte da esposa, Sam Beeton contratou alguns jornalistas para manter o nome dela vivo, em atualizações do famoso livro, e para produzir novos títulos como *Beeton's Book of Needlework*, que foi lançado em 1870, sugerindo que a sua esposa era a autora. Depois também houve um livro de jardinagem usando o nome dela e, com o passar do tempo, em vez de abandonar a pretensão de que ela ainda estava viva, a farsa aumentou, pois a autora passou a ser identificada não apenas como Beeton, mas como sra. Beeton. Não é de espantar que a maioria de seus leitores não fazia ideia de que ela estava morta, e sua imagem evoluiu para uma agradável mulher de meia-idade que nunca existiu.

Enquanto o nome da sra. Beeton florescia, o mesmo não acontecia com os negócios do marido, e conforme as dívidas de Sam se acumulavam, um banco de investimentos chamado Overend, Gurney & Co comprou muitos deles. Esse banco é conhecido por ter ido à falência em 1866 em um enorme escândalo financeiro. Foi o fim da linha para Sam Beeton, que foi forçado a vender os negócios editoriais para Ward, Lock & Tyler, o que incluía os direitos das obras de sua esposa. Ele foi mantido na administração dos negócios, mas morreu de tuberculose em 1877. Os novos donos da editora também se mostraram inescrupulosos na exploração do nome de Beeton.

Elizabeth David relatou de maneira cuidadosa como eles mudaram o livro, começando em 1888, quando acrescentaram muito material novo, parte do qual nunca havia sido escrito pela autora original, ainda que não tenham sido dados os créditos da fonte dessas mudanças. As mudanças se acumularam e, na década de 1960, David descobriu que nenhuma das receitas originais de Beeton havia sobrevivido. Mais recentemente, no entanto, a edição original de 1861 foi trazida novamente à vida e está disponível em versões impressas e digitais. Nicola Humble, editor da versão da Oxford do livro original explica por que, mais de um século depois da primeira publicação, decidiu relançar o original e por que ele merece tanto sucesso: "No final das contas, *Household Management* é muito mais do que um livro de receitas. Ele conta a história de uma cultura espremida entre o velho e o novo mundo, entre a modernidade e a nostalgia. Fala de cozinhas em que a carne ainda era grelhada em espetos sobre fogueiras, mas nas quais muitos dos molhos e condimentos engarrafados que estamos acostumados já estavam disponíveis."

Alan Davidson, o maior historiador culinário do Reino Unidos, escreveu sobre a sra. Beeton, dizendo que o livro tinha algo "que era necessário para torná-lo muito bom... aquela qualidade intangível que é difícil de apontar, mas que irradia de maneira quase palpável dos livros de receitas mais refinados, uma emanação que indica aos leitores que o autor realmente sabe do que está falando".

Essa não é uma afirmação modesta mas se justifica plenamente.

Receitas e conselhos da sra. Beeton

Os textos a seguir foram reproduzidos em sua forma original. A primeira é uma receita de um prato bastante simples e saudável, as seções seguintes sobre ovos e carne assada dão uma ideia da incrível praticidade da sra. Beeton.

BOLINHOS ASSADOS DE MAÇÃ
(um prato familiar simples)

Ingredientes
- 6 maçãs
- 350 g de massa podre
- açúcar a gosto

Modo de preparo
Modo. Descasque e tire o miolo das maçãs sem cortá-las ao meio, e faça 220 g de massa podre; enrole as maçãs na massa, açucarando-as antes com açúcar úmido, e tomando cuidado para deixar a massa inteira. Quando formar bolas redondas, coloque-as em uma assadeira e asse por cerca de 1/2 hora, ou mais, se as maçãs forem muito grandes; arrume-as em uma pirâmide sobre um prato e polvilhe com um pouco de açúcar. Elas podem ficar ainda mais gostosas caso se use massa folhada em vez de podre.

Tempo. De ½ a ¾ de hora, ou mais.

Suficiente para 4 pessoas.

Sazonalidade de agosto a março, mas sem gosto depois do final de janeiro.

Ovos

Os ovos de diferentes aves variam muito de tamanho e cor. Os de avestruz são os maiores: um que foi colocado em uma feira de exibições em Paris pesava 1,3 quilo continha 568 mililitros e 15 centímetros de altura: esse era o tamanho normal daqueles trazidos da África. Os viajantes descrevem os ovos de avestruz como tendo um gosto agradável: eles duram mais que os ovos de galinha. Muitas vezes se fazem copos a partir das cascas, que é muito resistente. Os ovos de peru são quase tão suaves quanto os de galinha; os ovos de ganso são grandes, mas têm bom sabor. Os ovos de pato têm um sabor intenso; a albumina é um pouco transparente, ou azulada, quando endurece ou coagula durante o cozimento, o que exige menos tempo que os ovos de galinha. Os ovos de galinha-d'angola são menores e mais delicados do que os de galinha. Os ovos de aves selvagens, normalmente, são coloridos e muitas vezes têm pintas; e o sabor em geral lembra um pouco o sabor da ave a que pertencem. Os de aves limícolas que são consumidos, em geral, são muito apreciados; mas aqueles de aves marinhas têm, mais ou menos, um forte sabor de peixe. Os ovos de tartaruga são muito numerosos; eles consistem apenas de gema, sem casca, e são deliciosos.

Carne grelhada

A diferença entre grelhar a carne e assá-la pode ser descrita de modo geral como consistindo-se do fato de que, ao assá-la, as fumaças causadas pela operação não são removidas da mesma maneira que acontece quando ela é grelhada. No entanto, muito dessa desvantagem é evitada pela melhoria na construção dos fornos modernos, e em especial daquelas ligados a um *Leamington kitchener*, do qual temos uma ilustração aqui, e cuja descrição completa será vista no parágrafo nº 65, com o preço pelos quais eles podem ser adquiridos dos senhores R. e J. Slarck, de Strand. A carne assada em grande parte dos fornos que não possuem ventiladores com o mesmo princípio desse *kitchener*, apresenta sem dúvida um sabor particular, que não equivale de maneira nenhuma ao sabor desenvolvido pela carne grelhada. A química do assamento pode ser a mesma que a descrita no grelhamento.

Se o forno for muito forte, será necessário cobrir a carne com um pedaço de papel manteiga, para evitar que fique chamuscada e preta do lado de fora, antes que o calor possa penetrar em seu interior. Esse papel deve ser removido meia hora antes do momento de servir o jantar, para que a carne possa ganhar uma boa cor.

Com a porta entreaberta, muitos pratos que serão enumerados sob seus cabeçalhos específicos podem ser preparados de maneira econômica no forno. Entre os principais estão sopas, molhos, cozido de coelho, guisados; e esse modo de cozimento pode ser adotado de maneira vantajosa com o presunto, previamente coberto com uma casca comum de farinha e água.

Todos os pratos preparados para o assamento devem ser mais temperados do que os destinados à grelha. Há alguns pratos que, deve-se dizer, cozinham tão bem no forno quanto na grelha; assim, uma paleta de carneiro e batatas assadas, um filé ou peito de vitela, um leitão, um coelho, bem regados, também serão aceitos por conhecedores, quando assados, como se tivessem sido grelhados. Na verdade, o forno de assar, ou o forno familiar, muitas vezes, como se disse, pode ser substituto do espeto com muita economia e conveniência.

O chef dos chefs
PAUL BOCUSE

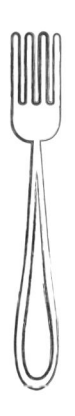

Paul Bocuse, que nasceu em 1926, foi descrito por Alain Ducasse, outro famoso chef francês, como "o papa mal-humorado da culinária francesa". Bocuse em geral é conhecido como "Monsieur Paul", o que confere a ele o tipo de reconhecimento pelo primeiro nome ligado a um título honorário que é a marca das pessoas realmente famosas e muito respeitadas. Ducasse acrescenta: "Monsieur Paul é um chef clássico. Ser clássico significa que ele odeia artifícios desnecessários – na verdade, considera todos os artifícios desnecessários. E ele está certo. Ao insistir na qualidade dos ingredientes e no rigor da técnica, Bocuse descobriu uma receita infalível para a excelência".

É tentador considerar Bocuse como o chef francês por excelência, preenchendo todos os clichês a respeito de pessoas em sua posição. Ele vem de uma longa linhagem de chefs e mergulhou na tradição culinária quase que literalmente desde que nasceu. E parece se encaixar nela como uma luva: um homem grande que só emagreceu um pouco na sua décima oitava década. Ele veste com tranquilidade todas as insígnias dos chefs, coroadas com o chapéu de cozinheiro cilíndrico. Tem um ego impressionante mesmo para os padrões de um chef; murais e pôsteres enormes retratando o grande chef são exibidos dentro e fora de seus restaurantes e incluem um quadro mostrando uma nova interpretação de *A última ceia*, de Da Vinci, na qual Bocuse está sentado no centro da mesa, lugar normalmente ocupado por Jesus Cristo.

Bocuse pode ser temperamental; ele é fanático por perfeição e é conhecido por ter os ataques de mau humor característicos de um chef, mas também um senso de humor aguçado que suaviza sua reputação feroz. Mais importante, é um chef sublime, admirado por seus colegas e reconhecido por ter tido uma profunda influência no desenvolvimento da culinária francesa moderna e no papel dos chefs que a produziram.

Longe das caricaturas, ele é um homem aparentemente contraditório, arraigado nas grandes tradições da culinária francesa, mas que ainda assim adota as mudanças e desempenha um papel de liderança na evolução da nova culinária. Suas raízes e vida estão plantadas firmemente na região de Lyon, mas ele foi um dos primeiros chefs franceses a expandir para os Estados Unidos e outros lugares. Bocuse é um grande admirador de todas as coisas norte-americanas e afirma maliciosamente ter sangue americano, em alusão a uma transfusão de sangue que recebeu em um hospital americano depois ter sido ferido enquanto lutava contra os alemães na Segunda Guerra Mundial. Os americanos retribuíram essa afeição e o cobriram de honras.

Na Califórnia, a cidade instituiu o Dia de Paul Bocuse, e tanto Nova York quanto Chicago concederam honras ao chef francês. Mais recentemente, em 2011, o Culinary Institute of America (CIA) nomeou Bocuse como "Chef do Século".

"Ele é um dos maiores e mais importantes chefs de todos os tempos", disse Tim Ryan, o presidente do instituto. Esse elogio se junta a uma longa lista, que inclui ser nomeado como Chef do Século pelo guia de restaurantes francês Gault & Millau já em 1969 e receber três condecorações da Legião de Honra francesa, que culminaram com o prêmio de 2004 como Comandante da Legião de Honra.

Bocuse aumentou a já considerável reputação da culinária francesa e fez duas contribuições importantes para o mundo da alimentação. Ele é um dos criadores do movimento da *nouvelle cuisine*, um produto do final da década de 1960 e da década de 1970, que surgiu como uma espécie de revolta contra o que muitos viam como estado acabado da culinária francesa, com ênfase em molhos pesados, utilização de uma pequena variedade de ingredientes e resistência geral a mudanças.

Bocuse revolucionou a própria cozinha em Lyon, enquanto Henri Gault assumiu o papel de divulgador do movimento com um artigo escrito em 1973 e que serviu como manifesto para a *nouvelle cuisine*. Como veremos no capítulo 17, o mentor de Bocuse, Fernand Point, deu o pontapé inicial nessa direção, mas foi seu protegido que fez as coisas acontecerem.

A essência dessa nova culinária é deixar que a perfeição dos ingredientes falem por si mesmos, permitindo que o verdadeiro sabor apareça com menos cozimento, molhos mais leves, menos gordura e farinha ao mesmo tempo em que carnes e peixes são muitas vezes servidos "rosados no osso". Essa ideia, agora amplamente aceita, foi levada adiante por chefs como Alice Waters (capítulo 20), que acredita que os melhores ingredientes precisam ser orgânicos, mas Bocuse não é fã dessa tendência. "Prefiro comer uma maçã que foi tratada do que uma maçã podre que foi cultivada de maneira orgânica", declarou.

Deve-se ter um pouco de cuidado na hora de usar o termo *nouvelle cuisine*, porque essa ideia teve períodos de erupção esporádicos na França desde o começo do século XVIII, quando Vincent La Chapelle acreditou que o seu estilo mais simples de cozinhar havia iniciado uma nova tendência culinária. Como veremos no capítulo 6, Antonin Carême também descreveu o seu estilo culinário bem mais complexo como *nouvelle cuisine*. O próprio Bocuse expressou desconforto com o uso do termo. Disse ao repórter de uma agência de notícias que "eles sempre falam em *nouvelle cuisine*, mas para mim, cada geração teve uma *nouvelle cuisine*".

Bocuse também desenvolveu a prática iniciada por seu mentor Fernand Point, que envolvia sair da cozinha para cumprimentar os clientes, tornando-se o melhor garoto propaganda de si mesmo. Bocuse defende que os chefs devem sair da cozinha, pois precisam do contato direto com as pessoas mais importantes do restaurante – os clientes. Ele também acredita que os chefs precisam ficar de olho nos detalhes do serviço e nas condições da área onde ficam os clientes.

O sociólogo alimentar Claude Fischler defendeu que a verdadeira conquista de Bocuse foi transformar o chef, antes pouco mais do que um funcionário da copa que nunca recebia os créditos pelas conquistas culinárias, primeiro em chef e depois em estrela. Essa afirmação vai um pouco longe demais, pois no século XX muitos chefs já eram vistos mais do que funcionários da copa, apesar de não serem estrelas como são hoje. Bocuse se lembra de que nos tempos de seu pai: "O chef era um escravo. Vivia em uma cozinha quente e grudenta enquanto os proprietários caminhavam pelos salões. Os cozinheiros normalmente terminavam a carreira como cretinos e bêbados. Agora os cozinheiros são donos dos restaurantes."

Um dos principais chefs franceses, Jacques Pépin, disse: "Conheço Paul há mais de 50 anos. Também sou de Lyon. Certamente, ele fez mais do que qualquer outro chef do mundo de que me lembre para levar os cozinheiros ao salão, tornar a profissão respeitável e fazer de nós o que somos hoje. Agora os chefs são estrelas, e isso aconteceu por causa de Paul Bocuse. Temos uma dívida com ele".

Thomas Keller, chef do restaurante nova-iorquino Per Se, defendeu que Bocuse ajudou a criar o culto moderno do cozinheiro. "Foi ele quem tirou os chefs da cozinha", Keller disse. "Ele nos libertou de diversas maneiras... Temos permissão para ter uma interpretação, um ponto de vista a respeito da comida." Muitos outros chefs não apenas se inspiraram em Bocuse, mas são agradecidos a ele por compartilhar suas receitas e métodos de um jeito nunca visto antes no mundo competitivo e cheio de segredos dos chefs franceses.

Bocuse, que, como vimos, não é dado à modéstia, aceita alegremente esse lugar no panteão dos principais chefs. Ele nutre a própria imagem com cuidado e, por meio de sua fundação, instituto de treinamento e um prêmio que leva o seu nome, promove a troca culinária e contribui para o seu desenvolvimento.

Apesar de ser um inovador, Bocuse suspeita de afirmações de que chefs são, ou deveriam ser, como inventores: "Há cozinheiros demais tentando fazer coisas novas e a gente sabe que quando se lê livros de cozinha sempre se acha algo que já foi feito". Ele disse a um entrevistador que acreditava que "Na culinária assim como na música, ninguém inventa muito. São feitas interpretações, mas a palavra 'invenção' é um pouco pretensiosa para mim".

É cético em especial em relação a algumas das inovações culinárias mais recentes. Reclamou da complexidade de algumas cozinhas modernas e acredita que, no lugar de métodos culinários complexos, os chefs deveriam se concentrar em encontrar os melhores fornecedores. "Acredito que encontrar o melhor – o melhor açougueiro, o melhor peixeiro, o melhor verdureiro, é o que importa."

Há poucos métodos culinários mais complicados hoje em dia do que a desconstrução do álcool, usando as técnicas de laboratório discutidas no primeiro capítulo sobre Ferran Adrià. Bocuse declara, "Não é a minha cozinha, mas tenho muita admiração por ele, pois trouxe algo". E ele trabalha a partir do princípio de que o chef sempre tem razão se consegue encher um restaurante: "O El Bulli (o restaurante de Adrià) está sempre cheio, então ele está certo", diz.

Bocuse também desconfia muito da fusão, especialmente da mistura das culturas gastronômicas da Ásia e da Europa. Disse, "Misturar chocolate com tomates ou tomates com geleia – isso não é uma invenção... o linguado é um bom ingrediente, o chocolate é um bom ingrediente, os dois juntos – dá merda".

Descrever Bocuse como originário de uma rica tradição culinária é pouco. Ele vem de uma família que produz chefs há mais de três séculos. Muito perto do restaurante no qual Bocuse fez seu nome fica o lugar onde existiu um moinho de milho em Collonges-au-Mont-d'Or no qual a mulher do moleiro, uma ancestral de Bocuse, era famosa por sua culinária na década de 1760. O moinho foi demolido em 1840, e a família mudou-se para uma fazenda rio abaixo, que era administrada por monges da Ile Barbe, onde foi aberto o primeiro restaurante Bocuse.

Em 1922, Joseph Bocuse, o avô de Paul, foi forçado a vender o restaurante. O novo proprietário não hesitou em chamar a nova aquisição de Restaurante Bocuse. Graças ao casamento do pai de Paul, Georges Bocuse, com Irma Roulier, ele pode voltar ao negócio dos restaurantes, pois a família Roulier era dona do Hotel du Pont de Collonges. Tratava-se de um modesto bistrô, que renomearam como Restaurante Bocuse, apesar de o nome pertencer legalmente aos compradores do restaurante de Joseph Bocuse.

Bocuse começou a carreira em 1941 durante a ocupação alemã da França e entrou na honrada tradição de se tornar um aprendiz, trabalhando com Claude Maret no restaurante La Soierie, em Lyon. A guerra foi uma experiência fundamental para as pessoas da geração de Bocuse. Mais tarde, ele disse: "Ela forja o seu caráter. Você não tem mais a mesma ideia sobre a vida".

Dois anos depois, foi convocado a trabalhar no campo de trabalho de Vichy, mas fugiu, juntou-se à França Livre e foi ferido. Em seguida, participou da famosa Marcha da Vitória por Paris, quando a guerra acabou.

Antes de se alistar, Bocuse havia começado outro estágio com Eugenie Brazier no La Mere Brazier, o primeiro restaurante administrado por uma mulher a receber três estrelas do Michelin. Depois da guerra, ele voltou para o restaurante dela onde a difícil vida de soldado foi substituída por uma vida mais do que fácil para aprendizes como Bocuse. Ele lembra que "no La Mere Brazier você tinha de acordar cedo e tirar leite das vacas, alimentar os porcos, lavar as roupas e cozinhar... foi uma escola difícil feita a duros golpes. Hoje em dia, a profissão mudou enormemente. Não há mais carvão. Você aperta um botão e tem calor".

O ponto da virada na carreira de Bocuse aconteceu quando ele saiu de Lyon e viajou para Vienne para trabalhar com Fernand Point por oito anos. Point também havia empregado o pai dele e tratou o novo recruta como um membro da família.

Em 1959, Bocuse assumiu o debilitado restaurante do pai, que depois renasceu como L'Auberge du Pont de Collonges. Seu pai, Georges Bocuse, morrera deixando para trás muitas dívidas. Três anos depois de reavivar o restaurante, Bocuse recebeu a primeira estrela Michelin e ganhou o título de Meilleur Ouvrier de France. Em 1965, o restaurante ganhou a terceira estrela, que Bocuse conseguiu manter por incríveis quatro décadas. Naquele ano, Bocuse também conseguiu comprar o antigo restaurante do avô, então chamado de Abbaye de Colonges.

O que veio a seguir foi uma carreira de conquistas estelares na qual Bocuse se apegava às tradições da culinária francesa ao mesmo tempo em que nunca tinha medo de mudar. Ele é um chef por excelência, trabalha como um condenado e adora comer, renunciando aos conceitos atuais do que faz bem ou não. "Não sou médico", ele diz, "se você me perguntar se é bom beber vinho tinto, sempre direi sim porque tenho um vinhedo em Beaujolais. E se você perguntar sobre culinária, direi que ela tem tudo a ver com manteiga, creme de leite e vinho, porque sou um chef."

Ele é o tipo de chef tipicamente entusiasta e implacável, que diz precisar de apenas quatro a cinco horas de sono por dia e que, mesmo aos 80 anos de idade, pode picar mais rápido e fazer tudo o que seus funcionários mais jovens fazem. Embora hoje em dia não se pronuncie a respeito, conserva a típica visão misógina sobre as mulheres na cozinha.

Em uma entrevista feita em 1976, disse: "Prefiro ter uma mulher bonita na minha cama do que atrás de um fogão em um restaurante. Prefiro minhas mulheres com cheiro de Dior e Chanel do que de gordura. Mulheres são boas cozinheiras, mas não são boas chefs. Mulheres que querem fazer de maneira sistemática o que os homens fazem acabam perdendo a feminilidade, e gosto acima de tudo de uma mulher feminina."

Mais recentemente, ele escreveu sobre a complicada vida amorosa e parece se divertir com a revelação de suas muitas conquistas. Quando escreveu a respeito em 2005, disse em uma entrevista: "Comida e sexo têm muito em comum, consumimos uma união, devoramos os olhos um do outro, temos fome um do outro". Segundo Bocuse, ele é sexualmente ativo desde os 13 anos, e as três pontes de safena só serviram para frear um pouco o seu apetite sexual.

Bocuse diz que tem "três esposas". A primeira é Raymonde, a mulher com quem se casou depois da guerra e com quem teve uma filha, Françoise. Sua esposa trabalhou com ele no salão do restaurante e nunca deu alguma indicação pública de se incomodar com as amantes.

Depois vêm Raymonc Carlut e Patricia Zizza com quem teve longos relacionamentos e, segundo Bocuse, essa combinação funciona. Há um filho, Jerome, do relacionamento com Carlut, que administra o restaurante americano de Bocuse na Disney. Zizza tem uma filha que não é de Bocuse, mas que ele trata como se fosse dele.

O empreendimento na Disney é um exemplo da astuta habilidade de Bocuse para os negócios. Ali ele estabeleceu o restaurante Chefs de France dentro do pavilhão francês do parque EPCOT do Walt Disney World em Orlando,

Flórida. Essa associação com a Disney ensinou a ele muito sobre marketing e sobre como transformar o seu nome em uma marca.

Ele também tem uma pequena rede de *brasseries* em Lyon, que serve diversas especialidades regionais francesas a preços modestos em ambientes bem menos sofisticados do que o restaurante principal. Em 2008, ele abriu um restaurante fast-food, Ouest Express.

Há um grande número de produtos com o nome de Bocuse, incluindo vinhos e champanhes com o seu próprio rótulo. Essa proliferação de produtos e empreendimentos é suficiente para encorajar críticas de que ele se tornou mais uma marca do que um chef. Bocuse insiste que essa variedade de interesses comerciais não o afasta de seu foco principal como chef e que ele trabalha na cozinha todos os dias.

Também foi um dos primeiros grandes chefs franceses a reconhecer o potencial do mercado japonês na década de 1970 e exportou produtos franceses ao mesmo tempo que fez consultorias e deu aulas de culinária no Japão. Além disso, é muito conhecido na Alemanha e apareceu em um dos primeiros programas de culinária da televisão alemã em 1988. Na vizinha Áustria, seu legado se reflete na fama de Eckart Witzigmann, um chef com três estrelas no Michelin, treinado por Bocuse. Na própria França, ele faz uma duradoura consultoria para a Air France, que o viu entrar para a equipe de chefs que preparou os pratos do primeiro voo do Concorde em 1969, quando o termo *nouvelle cuisine* foi usado pela primeira vez para descrever a sua culinária.

Em 1987, foi lançada a competição Bocuse d'Or com a participação de alguns dos principais chefs do mundo, e presidida por Bocuse. Esse concurso é agora uma das competições de chefs mais importante do mundo e lançou muitas carreiras notáveis.

E há o Institut Paul Bocuse World Alliance, fundado em 2004, que treina chefs e tem uma série de ligações com universidades famosas, que enviam estudantes para um curso intensivo de quatro meses para aprender suas técnicas. Essa organização é o ponto culminante de vários esforços para treinar chefs, nos quais Bocuse está envolvido desde 1990.

Bocuse também escreveu nove livros com receitas e reflexões sobre sua vida e suas opiniões sobre comida. Não é de surpreender que sejam best-sellers.

Se há alguém que pode ser chamado de "chef dos chefs", essa pessoa é Paul Bocuse. O chef americano Charlie Palmer diz: "Acho que todos nós temos mentores. Mas acho que Paul Bocuse foi muito mais do que isso. Ele era algo a aspirar, pensávamos se um dia iríamos chegar perto daquilo. Ele é o chef do século e não haverá mais como ele, pelo menos no próximo século".

Receitas de Bocuse

As receitas a seguir foram extraídas de: *La Cuisine du Marche* de Paul Bocuse, Editions Flammarion. As duas primeiras são muito famosas e a terceira é menos complexa mas, mesmo assim, um clássico.

SOPA DE TRUFAS ELYSÉE

Essa sopa também é conhecida como Sopa de Trufas VGE, sendo que as iniciais se referem ao ex presidente Valéry Giscard d'Estaing, para quem essa sopa foi criada no almoço que marcou a entrega a Bocuse da Cruz da Legião da Honra, como um embaixador da culinária francesa, em 25 de fevereiro de 1975.

1 porção

Ingredientes
- 2 colheres (sopa) de *matignon*: partes iguais de cenouras (com o miolo), cebolas, salsão e cogumelos, todos cortados em cubinhos e misturados com manteiga sem sal
- 50 g de trufas frescas cruas
- 20 g de *fois gras* fresco

- 1 xícara de consommé de frango forte
- 60 g de massa folhada
- 1 gema batida

Para a massa folhada
- 5 xícaras de farinha de trigo peneirada
- ¾ de colher (sopa) de sal
- 1 xícara de água
- 340 g de manteiga sem sal

Modo de preparo

Em cada tigela de sopa individual refratária (chamada de *gratinée lyonnaise*), coloque duas colheres (sopa) de *matignon*, 50 g de trufas cortadas em fatias regulares, 20 g de *fois gras* também cortado em fatias regulares, e 1 xícara de consommé forte.

Pincele as bordas de uma camada fina de massa folhada com a gema e cubra a tigela de sopa com ela, apertando bem nas bordas. Coloque a tigela de sopa no forno a 218 ºC. Vai cozinhar bem rápido. A massa folhada deve expandir no calor e ganhar uma cor dourada; esse é o sinal de que está cozida. Use a colher de sopa para quebrar a massa podre, que deve cair na sopa.

Para a massa folhada

Coloque a farinha sobre uma tábua de madeira, fazendo um buraco no meio para colocar o sal e a água. Misture e sove a farinha com a água até a massa ficar homogênea e elástica. Faça uma bola e deixe descansar por 20 minutos. Abra a massa por igual em uma folha de 20 centímetros quadrados. Coloque a manteiga por cima, que deverá ter sido sovada até ter atingido a mesma consistência da massa.

Dobre as pontas da massa de modo a cobrir a manteiga por inteiro. Deixe descansar novamente por 10 minutos; então dê duas "dobras" na massa. Cada "dobra" consiste em abrir a massa sobre o mármore com um rolo até obter um retângulo de 61 x 20 centímetros e 1,20 centímetro de espessura. Dobre a massa na vertical três vezes, formando novamente um quadrado. A segunda dobra é feita abrindo a massa com um rolo na direção oposta e dobrando em três.

O objetivo de dobrar e abrir é distribuir a manteiga por igual e garantir que ela se expanda por igual durante o cozimento. Finalmente, faça a dupla de dobras mais duas vezes, deixando descansar por 10 minutos entre cada par de dobras. A massa folhada está pronta para ser usada e cortada depois de ter sido dobrada seis vezes, o que significa ter sido manipulada 3 vezes, com 2 dobras de cada vez.

ROBALO NA MASSA OU LA LOUPE MEDITERRANEAN EN CROUTE

8 porções

Ingredientes
- 1 robalo de 2,7 kg
- cerefólio picado
- estragão picado
- sal
- pimenta-do-reino

Para a massa folhada
- 5 xícaras de farinha de trigo peneirada
- ¾ de colher (sopa) de sal
- 1 xícara de água
- 340 g de manteiga sem sal
- 1 gema de ovo
- manteiga derretida ou *beurre blanc*

Para a musse de lagosta
- 225 g de carne de lagosta crua
- ovas
- ¾ de colher (sopa) de sal
- pimenta-do-reino moída na hora
- 1 pitada de noz-moscada ralada
- 1 xícara de creme de leite fresco

- 115 g de pistaches
- trufas

Modo de preparo

Compre um robalo fresco e bonito; limpe-o com cuidado e retire a pele sem estragar a carne; deixe a cabeça e a cauda intactos.

Corte o peixe ao longo das costas até a espinha. Nessa cavidade comprida, coloque o cerefólio e o estragão frescos picados, sal e pimenta; feche o peixe. Faça a mesma coisa na barriga.

A seguir, abra duas folhas finas de massa folhada com o comprimento do robalo. Coloque o peixe sobre uma das folhas; cubra-o com a outra. Feche a massa pressionando em torno do peixe para fechá-lo completamente e acompanhar seu formato original.

Com uma faca bem afiada, corte fora o excesso de massa, deixando o suficiente para imitar as barbatanas. Faça algumas linhas no sentido do comprimento nas barbatanas e na calda, e simule as guelras com o restante da massa. Faça o mesmo com os olhos.

Pincele a massa com uma gema de ovo e, para que fique ainda mais parecida com um peixe, reproduza as escamas pressionando a massa com uma pequena forma em formato de meia-lua. Esse trabalho cuidadoso exige muita paciência e certa habilidade.

Coloque o robalo preparado sob uma assadeira no forno a 218 °C. Quando a massa estiver firme, abaixe o fogo para 175 °C, para que asse por inteiro, por dentro e por fora, sem que a massa queime. Ele levará 1h30 para assar.

Para servir: coloque o robalo sobre um prato decorado comprido e fatie na frente dos convidados. Sirva acompanhado com manteiga derretida ou *beurre blanc*.

Variação

Antes de ser embrulhado na massa, o robalo pode ser recheado com essa excelente musse de lagosta:

Em um pilão, amasse a carne de lagosta. Acrescente as ovas temperadas com sal, uma pitada de sal e noz-moscada ralada.

Passe a carne de lagosta por uma peneira bem fina para uma tigela.

Coloque a tigela sobre gelo, acrescente à lagosta 1 xícara de creme de leite fresco e bata. Depois acrescente os pistaches e as trufas.

Para a massa folhada

Coloque a farinha sobre uma tábua de madeira, fazendo um buraco no meio para colocar o sal e a água. Misture e sove a farinha com a água até a massa ficar homogênea e elástica. Faça uma bola e deixe descansar por 20 minutos. Abra a massa por igual em uma folha de 20 centímetros quadrados.

Coloque a manteiga por cima, que deverá ter sido sovada até ter atingido a mesma consistência da massa.

Dobre as pontas da massa de modo a cobrir a manteiga por inteiro.

Deixe descansar novamente por 10 minutos; então dê duas "dobras" na massa. Cada "dobra" consiste em abrir a massa sobre o mármore com um rolo até obter um retângulo de 61 x 20 centímetros e 1,20 centímetro de espessura. Dobre a massa na vertical três vezes, formando novamente um quadrado. A segunda dobra é feita abrindo a massa com um rolo na direção oposta e dobrando em três.

O objetivo de dobrar e abrir é distribuir a manteiga e garantir que ela se expanda por igual durante o cozimento. Finalmente, faça a dupla de dobras mais duas vezes, deixando descansar por 10 minutos entre cada par de dobras. A massa folhada está pronta para ser usada e cortada depois de ter sido dobrada seis vezes, o que significa ter sido manipulada 3 vezes, com 2 dobras de cada vez.

TERRINE DE FÍGADO DE PATO (TERRINE DE FOIE DE CANARD)

16 porções

Ingredientes

- 3 fígados de pato grandes, com cerca de 450 g cada
- 4 xícaras de vinho do porto
- 2 envelopes de gelatina
- temperos misturados – 3/4 de colher (sopa) de sal, 1 colher (chá) de pimenta-do-reino bem moída, pitada de noz-moscada
- ½ colher (chá) de sal

Modo de preparo

Deixe os fígados de molho por duas horas em água morna, a não mais de 37 ºC.

Escorra os fígados; abra cada lobo, quebrando-o com as mãos. Com cuidado, retire qualquer sobra da vesícula biliar e das veias de dentro dos fígados.

Coloque os fígados em uma terrine refratária; tempere com a mistura de temperos.

Acrescente a gelatina dissolvida no vinho do porto . Deixe em um lugar fresco por 24 horas.

Cubra a terrine e coloque em banho-maria. O tempo de cozimento é de 40 a 50 minutos.

Coloque em um lugar fresco. Sirva os fígados de pato aos convidados na terrine.

O rei dos chefs

ANTONIN CARÊME

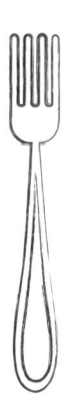

Em sua esplêndida biografia sobre Marie-Antoine Carême (1784-1833), mais conhecido como Antonin Carême, Ian Kelly descreve o pai da alta gastronomia como "o primeiro chef celebridade". Essa é uma descrição possível, apesar de ele ser mais conhecido como "o chef dos reis e o rei dos chefs". Há um sentido literal aqui, pois Carême passou grande parte de sua carreira cozinhando para dignitários reais e líderes europeus, e quase certamente foi visto por seus contemporâneos como o rei de direito da cozinha.

Descrever Carême como um chef influente é subestimá-lo, pois em muitos círculos culinários Carême era visto como o "Chef Mestre". Essa opinião era certamente compartilhada pelo próprio Carême, que cometeu a temeridade de escrever uma autobiografia imortalizando suas conquistas. A obra, *Notice Biografique Sur Carême* (Notas Biográficas sobre Carême), ficou inacabada; no entanto, foi um esforço inovador, pois até então biografias desse tipo eram restritas a grandes figuras políticas e sociais, e certamente não aos chefs. Mas Carême raramente se preocupava com inseguranças ou modéstia. E também não demorava em reconhecer a extensão de sua contribuição para as artes culinárias. "Algum outro cozinheiro", ponderava, "já fez sacrifícios financeiros para o progresso das artes culinárias?"

O grande chef tinha uma queda por afirmações pouco modestas desse tipo, pois pouco motivo tinha para ser modesto. Em termos de visão, invenção de pratos, apresentação e em seus escritos, Carême estabeleceu um padrão que sem dúvida só foi superado com a chegada de Auguste Escoffier (Capítulo 9), cerca de meio século mais tarde.

Pode-se discutir com razão se Carême foi mesmo o pai da alta gastronomia uma vez que já havia um movimento bem estabelecido entre os chefs franceses, que datava de um século antes do nascimento de Carême. Em meados do século XVIII, antes de o grande chef surgir, uma pequena onda de livros franceses de receitas foi publicada por chefs que se declaravam defensores de uma *nouvelle cuisine*. O mesmo termo empregado mais de duzentos anos mais tarde demonstra que o conceito de novo ou *nouvelle* sempre estará conosco no que diz respeito à culinária.

Esses chefs do século XVIII expressavam a sua modernidade enfatizando o uso de temperos franceses, em especial os membros da família das cebolas, em oposição aos temperos da região que chamavam de "Índias Orientais" (agora chamada de Sudoeste da Ásia). Eles também eram favoráveis à diminuição do uso de aves de caça e a substituição desse tipo de animal por aves de criação doméstica, como galinhas d'angola e cotovias.

Foi nesse período que quantidades de manteiga de entupir o coração começaram a ser utilizadas de maneira indiscriminada na cozinha, substituindo a banha. A prática anterior de colocar todos os ingredientes em uma grande panela para cozinhar foi aos poucos sendo substituída pelo cozimento separado de diversos componentes e sua combinação posterior sem a perda dos sabores individuais. Essas inovações e outras, que agora são tidas como hábitos comuns, foram os marcos desse movimento de *nouvelle cuisine* e se expandiram para além da França. Elas percorreram um grande caminho para estabelecer a primazia da culinária francesa sobre a italiana, que reinava anteriormente.

Carême tornou-se um crítico desse movimento. Ele achava que a *nouvelle cuisine* era exagerada e não tinha elegância. Na sua opinião, pratos demais eram servidos ao mesmo tempo e as porções eram muito grandes. Também tinha opiniões fortes sobre os novos temperos utilizados pelos chefs de sua época. Defendia que eram excessivos, evitando que a verdadeira essência do alimento original viesse à tona. Decidiu então codificar modos de preparo elaborados, encorajar uma melhor organização na cozinha e instruir os seus seguidores sobre métodos de apresentação. Carême também enfatizava a necessidade de criar refeições inteiras que eram maiores do que suas partes, isto é, que os pratos individuais. Essas ideias e práticas acabaram sendo incorporadas em sua obra fundamental de cinco volumes: *L'Art de la Cuisine Française au XIXe siècle* ou *A Arte da Cozinha Francesa no Século XIX*. O livro tinha a ambição de oferecer uma história da culinária francesa e mostrava como cada prato poderia ser classificado.

Uma vez categorizado, Carême guiava os leitores pelos métodos básicos de preparo de um prato, seguidos de uma série de variações a partir desse método básico. Lentamente, uma rede de pratos interligados surge desse processo. Os livros continham um estonteante número de novas receitas, incluindo 250 sopas de carne, o mesmo número de sopas de peixe e assim por diante até os molhos, que se tornariam a marca registrada da culinária francesa clássica.

Depois, vêm as preparações com carnes e peixes; na verdade, mais ou menos tudo o que um chef precisa para a produção da alta gastronomia pode ser encontrado nos escritos de Carême. Algumas dessas receitas podem ter surgido em outro lugar, mas não foram publicadas até Carême embarcar nesse trabalho incrivelmente amplo.

A preferência pela decoração extravagante, que tem origem na experiência como chef de pâtisserie, é central no seu trabalho, no qual pratos salgados são apresentados de maneiras surpreendentes em formas cuidadosamente construídas, e às vezes complementados com uma variedade de palitos decorativos para criar todos os tipos de formatos.

Alguns desses palitos foram criados por ele mesmo. Na verdade, Carême estendeu o alcance de sua transformação revolucionária na cozinha desde as questões de apresentação até uma variedade de utensílios, incluindo fôrmas e panelas. É dele inclusive o crédito por ter criado o clássico chapéu de chef.

Carême percebeu que, para ser influente, tinha que aprimorar a personalidade e ganhar reconhecimento por seus feitos de maneiras que explicitassem a sua assinatura. Ele também, por acaso, foi um dos primeiros a propor a ideia de uma associação de chefs, encorajando o compartilhamento do conhecimento e a manutenção dos padrões. Obviamente havia muito ego envolvido nesse processo, mas foi o ego de Carême que impulsionou a arte culinária para uma nova esfera em que foi reconhecida junto com outras artes.

Quando Carême começou sua carreira culinária, a França estava em um estado de revolução, até mesmo o seu pai alcoólatra, que o abandonara quando criança, parecia reconhecer que nesses tempos turbulentos haviam oportunidades inesperadas em meio à incerteza. Talvez em uma época mais tranquila, alguém como o jovem Carême teria enfrentando dificuldades maiores para sair de uma condição humilde.

A revolução deu origem a muitas mudanças sociais que tiveram impacto direto no mundo da comida. Para começar, cada vez mais pessoas começaram a comer fora de casa, em cafés e restaurantes. Os restaurantes foram inaugurados por cozinheiros que antes eram empregados da classe alta, que perdera a fortuna e não precisava mais de seus serviços. As corporações de ofício muito restritas, que controlavam as permissões para vender diversos produtos, viram o seu poder diminuir, criando oportunidades para muita gente estabelecer restaurantes.

Conforme a aristocracia fugia da França, muitas vezes levava seus chefs consigo. No entanto, esses chefs logo viram oportunidades maiores fora das casas dos aristocratas cada vez mais empobrecidos e criaram seus próprios restaurantes por toda a Europa.

Também foi durante esse período que a posição social dos chefs passou por uma transformação. Na antiga sociedade aristocrática, os chefs eram pouco mais que serventes domésticos que trabalhavam em mansões. No entanto, na véspera da revolução, alguns cozinheiros notáveis começaram a alcançar maior reconhecimento, conquistando um status acima de profissões como as de costureira e professor de dança.

A revolução mudou as coisas, não só por ter libertado os chefs para que pudessem abrir restaurantes e tornarem-se seus próprios patrões. Carême, que se importava muito com o status, viu-se diante de um dilema, pois acreditava que a alta gastronomia era feita apenas nas cozinhas particulares, garantindo assim que os chefs continuassem empregados. Ele, no entanto, flutuou entre ser empregado e artesão individual, pois trabalhou principalmente em cozinhas particulares preparando banquetes, mas o fez como uma espécie de banqueteiro *freelancer*. Era contratado para ocasiões especiais, apesar de ter ocupado diversas funções de período integral, muitas delas duraram pouco depois que ele se tornou famoso.

Carême insistia que "o chef principal responde apenas a si mesmo em seu trabalho". Ele se recusava a ver a si mesmo como um serviçal, mas o reconhecimento de sua condição independente e de artesão passou muito longe dele e de seus colegas.

A Legião de Honra criada por Napoleão, cuja entrega a chefs não é incomum hoje em dia, não teria a menor chance de chegar à cozinha nos tempos de seu criador. No entanto, e de maneira irônica, foi durante a breve restauração da monarquia sob o reinado de Luis XVIII que Carême garantiu o direito de ser chamado de "Carême de Paris", uma forma quase nobre. O rei dos chefs tinha, portanto, começado a construir uma ponte para elevar o status de sua profissão, mas ainda levou um século para que a ponte fosse terminada.

A preocupação de Carême com o status era compreensível para alguém de origens desfavoráveis. Sua família vivia em um estado de pobreza a la Dickens; ele era um entre vinte filhos cujos pais não tinham condição nenhuma de criá-los. Tal é a obscuridade que cerca o nascimento dele que até o seu nome de batismo é questionado. O próprio Carême usou diversas versões do nome, desde o mais conhecido Antonin até Marie-Antonin, além de seu nome de batismo supostamente correto que era Marie-Antoine, a forma masculina de Marie Antoinette.

Não se tem certeza do que aconteceu exatamente quando esse menino muito pobre foi abandonado pelos pais aos 11 ou 12 anos e, por acaso, encontrou o caminho até uma cozinha comercial. O relato talvez mais confiável seja o de seu secretário, Frédéric Fayot, a quem o chef teria contado que o sempre bêbado pai o levou para dar uma volta e então o largou no meio da rua dizendo: "Vá, meu pequeno, vá agora; há boas profissões no mundo; deixe-nos, a miséria é nossa sina; essa será uma era de muitas fortunas; para fazer uma, basta inteligência, e isso você tem... Essa noite ou talvez amanhã, surgirá um bom lugar para você. Vá com o que Deus lhe deu".

De qualquer modo, esse é o relato fantasioso de Fayot de como a conversa aconteceu. O certo é que essa foi a última vez que Carême viu o pai ou qualquer outro membro da família.

O jovem foi deixado vagando pelas ruas, mas foi encontrado por um chef gentil, que às vezes é descrito como o dono de uma taverna, um cozinheiro que fornecia comida para a casa das pessoas ou o dono de um açougue. O nome de seu benfeitor e seu negócio exato permanecem desconhecidos, mas ele de fato se tornou o pai adotivo de Carême e lhe ofereceu trabalho como uma espécie de "faz-tudo" na cozinha.

Fayot sugere que o jovem Carême mal sabia ler naquela época, mas que aos 13 anos passava suas noites aprendendo a ler e escrever e então descobriu a Bibliothèque Nationale, um arca de tesouro cheia de livros. Dizem que Carême gostava especialmente dos livros de viagem, com suas ilustrações vivas e coloridas.

Parece que ele passou três ou quatro anos na taverna antes de ir para um restaurante, aos 15 anos de idade. Dois anos mais tarde, Carême teve uma oportunidade verdadeira quando recebeu a oferta para ser aprendiz de Sylvain Bailly, um famoso confeiteiro com uma loja perto do Palais-Royal. Ali ele embarcou em um treinamento de chef mais formal pelo que foi eternamente grato, e até morrer ele sustentou que não havia posto mais alto na cozinha do que o de chef de pâtisserie.

Deve-se dizer que essa é uma visão minoritária no mundo hierárquico das cozinhas profissionais. Mas para Carême as *pièces montées*, ou centros de mesa, criadas por chefs de pâtisserie, principalmente ele mesmo, não eram nada menos que grandes obras de arquitetura. Escreveu: "As artes refinadas são cinco: pintura, escultura, poesia, música e arquitetura – cujo ramo principal é a confeitaria".

Carême ficou com Bailly por três anos. Ficou fascinado por desenhos e inspirava-se nos contornos de edifícios, como pirâmides e templos. Muitas vezes, copiava esses projetos para elaborar estilosos centros de mesa decorativos, que eram populares entre os franceses ricos. Essas criações, às vezes com vários metros de altura, eram feitas de farinha, marzipã, açúcar e uma variedade de outros ingredientes de confeitaria. Eram realmente espetaculares e Bailly exibia as criações de Carême em sua vitrine.

Com Bailly, ele continuou o seu vigoroso programa de autoaperfeiçoamento, estudando na Bibliothèque Nationale, além de manter uma rotina de trabalho exaustiva. Foi rapidamente reconhecido como um valioso membro da equipe e foi elevado à posição de primeiro preparador de tortas. Dali, passou para outra famosa confeitaria, a Gendron. Ali ele combinou as habilidades culinárias estabelecidas com uma nova carreira como artesão independente, fazendo "extras" para clientes particulares, normalmente trabalhando em grandes banquetes. Rapidamente, o trabalho independente tomou o lugar de seu emprego na Gendron, e Carême tornou-se de fato independente. Além da liberdade que isso lhe deu, também foi uma oportunidade de trabalhar com outros chefs, incluindo Boucher, Laguipiere, Robert, Richaut, Bardet, Lasne, Savart, Riquert e Robillard. Ele descreveu essa experiência como assumidamente a *grande école* para chefs, ecoando o nome de escolas famosas de outras disciplinas que podiam ser encontradas na época.

Os grandes banquetes exigiam os serviços de muitos chefs, com orçamentos fora do comum para comida. Como resultado desse mundo de banquetes, Carême conheceu um dos mais famosos ministros das relações exteriores da França, Charles Maurice de Talleyrand-Périgord, mais conhecido apenas como Talleyrand, que oferecia as recepções mais abundantes dessa época. Alguns relatos afirmam que ele se tornou empregado do ministro, mas isso parece improvável, apesar de ele ter feito muitos trabalhos para ele. Napoleão governava a França na época e, apesar de o imperador ter pouco interesse pessoal por comida, compreendia a sua função social e com frequência ia a banquetes preparados por Carême.

Em 1804, Napoleão deu dinheiro para que Talleyrand comprasse o Château de Valençay, uma grande propriedade fora de Paris. A compra foi feita com o objetivo específico de criar um lugar para receber e realizar reuniões diplomáticas. Talleyrand a utilizou ao máximo e trouxe Carême para o château a fim de garantir que ele também se tornasse inesquecível por sua culinária.

Foi em grande parte como resultado do apoio de Talleyrand que Carême se estabeleceu como o chef preferido das principais figuras daqueles dias. Talleyrand, que se interessava muito por comida, elevou os poderes criativos de Carême a um novo nível. Desafiou o chef a preparar um ano inteiro de menus sem se repetir e usando apenas alimentos sazonais. Carême passou no teste com facilidade. Ele também continuou a trabalhar como um louco, servindo o ministro e abrindo a própria confeitaria, um estabelecimento que parecia ter como objetivo principal oferecer uma cozinha auxiliar para suas atividades de banqueteiro.

Carême também continuou a sua pesquisa sobre pratos clássicos, muitas vezes usando a biblioteca do Vaticano (parcialmente financiada pelo primeiro autor de livros de receitas, Platina – veja o capítulo 16). O primeiro produto publicado de seu trabalho foi uma obra chamada *Histoire de la Table Romaine*, ou História da Mesa Romana, no qual desdenhava da cozinha romana. Todas as cópias deste livro desapareceram e é improvável que ele tenha tido muito impacto na época. Logo depois, em 1815, Carême terminou dois outros livros que atraíram grande parte da atenção pública. O primeiro, *Le Pâtissier Pittoresque* (O Confeiteiro Pitoresco) teve menos impacto que o segundo, *Le Pâtissier Royal Parisien* (O Confeiteiro Real Parisiense). Esses livros chamaram a atenção do público não apenas pelas receitas, mas porque continham muitas gravuras que mostravam seus famosos centros de mesa e descreviam como essas extraordinárias estruturas eram feitas. Quanto às receitas, elas variavam do muito elaborado ao básico – instruindo os leitores sobre como fazer massa folhada pastosa, pão de ló e Charlotte Russe, que ainda hoje tem lugar em mesas de jantar sofisticadas.

Como sempre na vida de Carême, sua preocupação com a culinária era muitas vezes afetada pela agitação do mundo político. Em 1815, o ano em que os livros de confeitaria foram publicados, Napoleão foi forçado a abdicar e o chef, que estava ligado a ele por meio de Talleyrand, achou que seria sábio sair do país. Ele se mudou para Londres, onde trabalhou como *chef de cuisine* para o príncipe regente, depois Jorge IV, antes de se mudar para a Rússia e fazer o mesmo trabalho para o czar Alexandre I. Depois disso, foi para Viena servir lorde Stewart, o embaixador britânico.

Carême escreveu: "É doloroso para mim admitir que os estrangeiros tomaram posse dos nossos jovens profissionais mais destacados e bem-sucedidos e sustentaram o esplendor da nossa profissão; eu mesmo, desde aquela época, já viajei para a Inglaterra, a Áustria e a Rússia".

Ele conseguiu garantir posições no exterior por causa de sua reputação nos banquetes parisienses frequentados por líderes de estado e outros dignitários. Cada um desses postos teve curta duração. Na verdade, ele não ligava muito para o emprego com a realeza russa e húngara. A queda de Napoleão parece ter forçado Carême a uma existência peripatética, da qual ele não gostava.

Em 1824, no entanto, ele conseguiu voltar a Paris para sempre, recusando muitos empregos antes de aceitar um posto como chef do banqueiro James Mayer Rothschild, com quem ficou até 1829. Ele ainda viveu quatro anos depois de sair da casa dos Rothschild. Na época, ele estava com a saúde debilitada, pois o ritmo exaustivo de trabalho cobrou seu preço. Carême era conhecido por levantar antes do nascer do sol para que pudesse escolher os melhores produtos no mercado e por se retirar bem depois da meia-noite. As condições nas cozinhas, apesar de serem melhores nos lugares em que trabalhou, continuavam a ser extremamente difíceis – o barulho era tremendo, o calor, considerável e a falta de ventilação, sufocante.

Os últimos anos de Carême se passaram em uma luta frenética para terminar sua obra-prima: *L'art de la Cuisine*. No final, ela precisou ser concluída a base de notas que sobraram após sua morte. Naquele momento, ele tinha um corpo de trabalhos publicados cuja influência se estendeu muito além de sua morte. Um livro anterior, *Le Maitre d'hôtel Français*, também teve muita influência e demonstrou o eterno interesse de Carême pela história da culinária. Como sempre, defendeu que a cozinha moderna era muito melhor que a de outras eras. *Le Cuisinier Parisienne*, publicado um ano antes de sua morte, é famoso por detalhar pratos clássicos consumidos ainda hoje. Ele acabou sendo uma espécie de precursor de A *Arte da Cozinha*, muito mais ambicioso.

Carême se preocupava muito com o seu legado e ficou satisfeito que a sua obra escrita tenha tido um impacto significativo durante a sua vida. Escrevendo a respeito de suas obras anteriores sobre confeitaria, disse "Quando olho para Paris, vejo com prazer em cada bairro as melhorias e o crescimento pelos quais as confeitarias passaram desde que essa obra foi publicada". Ele também se satisfazia com o reconhecimento que recebia dos grandes clientes que consumiam seus pratos.

Referindo-se a seu período na Inglaterra, escreveu: "No espaço de oito meses que permaneci lá, durante sete não deixei o serviço de sua majestade britânica, que não teve um único ataque de gota durante aquele tempo, apesar de antes da minha chegada em sua residência real, a comida ser tão forte e apimentada que o príncipe com frequência sofria dias e noites seguidos".

Ele não poderia receber cumprimento maior de um de seus patrões reais, Alexandre I, que disse a Talleyrand: "O que não sabíamos é que ele nos ensinaria a comer".

Carême morreu em Paris aos 48 anos de idade e está enterrado no cemitério de Montmartre. Ainda é reverenciado entre os chefs e estudiosos da gastronomia, e existem muitos monumentos a seu nome no mundo culinário.

Ele ficaria decepcionado em saber que sua fama esmaeceu, mas pelo menos quando morreu teve a satisfação de saber que a criança suja que foi literalmente tirada das ruas de Paris terminou os dias como o chef mais reverenciado do país, na verdade possivelmente o chef mais conhecido da Europa. O seu trabalho e os padrões que determinou tornaram-se um ponto de referência para aqueles que o seguiram nas grandes cozinhas até que, como sempre acontece, o manto foi legado a seus valiosos sucessores.

Receitas de Carême

Aqui estão duas receitas adaptadas para o uso moderno e que podem ser reproduzidas em uma cozinha doméstica. Segundo os padrões de Carême, elas são relativamente simples. A terceira receita é mais condizente com o estilo elaborado de seus pratos, e é mencionada mais como referência do que na expectativa de que alguém vá tentar fazê-la em casa.

SOPA DE OUTONO

Ingredientes
- partes brancas de 3 alhos-porós médios cortadas à juliana
- folhas de 2 corações de salsão cortadas à juliana
- ½ cabeça de alface romana cortada à juliana
- 2 litros de consommé com muito sabor
- 150 g de ervilhas frescas
- 1 pitada de açúcar
- 1 pitada de pimenta branca
- sal (opcional)

Para a base
- 45 g de farinha de trigo
- 175 ml de consommé frio

Para os croutons
- 6 fatias de pão sem casca cortadas em cubos
- 60 g de manteiga
- 3 a 4 colheres (sopa) de óleo

Modo de preparo
Lave e escorra as tirinhas de alho-poró, o salsão e alface. Deixe o consommé levantar fervura.

Para a base
Misture a farinha com 175 ml de consommé frio até ficar homogêneo. Acrescente o consommé fervente, sem parar de mexer, e cozinhe em fogo baixo até o consommé engrossar e ficar homogêneo, por 2 a 3 minutos. Acrescente as tirinhas de alho-poró, salsão e alface, junto com as ervilhas, o açúcar e a pimenta, e cozinhe em fogo baixo sem tampa por 15 a 20 minutos, até que os vegetais fiquem tenros. Verifique o tempero, acrescentando mais sal e pimenta, se necessário.

Para os croutons

Aqueça a manteiga e o óleo e frite os cubos de pão, mexendo até que fiquem dourados de todos os lados. Escorra bem os croutons sobre papel-toalha e mantenha-os aquecidos. Se for servir numa terrina, coloque os croutons e derrame a sopa por cima; se for servir em pratos individuais, sirva os croutons à parte.

MOLHO DE MANTEIGA À ITALIANA

Ingredientes

- ½ folha de louro
- ramo de tomilho, ou ½ colher (chá) de tomilho seco
- 1 cravo inteiro
- 2 ½ colher (sopa) de manteiga
- 1 colher (sopa) de salsinha picada
- 3 cogumelos finamente picados
- 1 trufa finamente picada (opcional)
- 1 pitada de noz-moscada
- sal e pimenta
- 125 ml de champanhe
- o dobro da quantidade de molho de manteiga
- 2 colheres (sopa) de azeite
- suco de ½ limão siciliano

Modo de preparo

Amarre a folha de louro, o tomilho e o cravo com um barbante ou envolva-os com um pedaço de tecido fino. Em uma panela de fundo grosso, derreta uma colher (sopa) de manteiga e acrescente a salsinha, os cogumelos, a trufa (se for usar), o alho, as ervas amarradas, a noz-moscada e um pouco de sal e pimenta. Refogue em fogo médio até os cogumelos ficarem macios, por 1 a 2 minutos. Acrescente a champanhe, cozinhe em fogo baixo por 5 minutos e descarte as ervas.

Faça o molho em uma tigela colocada sobre uma panela com água (banho-maria). Acrescente a mistura de champanhe e cogumelos, e então acrescente o azeite aos poucos. Quando o molho estiver homogêneo, acrescente o restante da manteiga em pedaços pequenos e misture até incorporar. Acrescente o suco de limão a gosto e mais sal e pimenta, se necessário.

Esse molho se separa com facilidade e deve ser feito sobre água quente, mas não fervente. O molho deve ser servido morno.

LES PETITS VOL-AU-VENTS À LA NESLE

Como preparados no Brighton Pavilion e no Chateau Rothschild.

Ingredientes

- 20 *vol-au-vents* com o diâmetro de um copo
- 20 cristas de galo
- 20 testículos de galo
- 10 timos de carneiro (timos e pâncreas lavados em água por cinco horas, até o líquido sair transparente)
- 10 trufas pequenas descascadas e picadas, cozidas em consommé
- 20 cogumelos bem pequenos
- 20 caudas de lagosta
- 4 miolos inteiros de carneiro, fervidos e picados
- 1 baguete
- 2 colheradas de geleia de frango
- 2 colheradas de molho velouté
- 1 colher (sopa) de salsinha picada
- 2 colheres (sopa) de cogumelos picados
- 4 gemas
- 2 frangos desossados
- 2 úberes de vaca
- 950 ml de creme de leite fresco

- molho allemande
- sal
- noz-moscada
- trufas
- cogumelos

Modo de preparo

Esmigalhe uma baguete inteira. Acrescente duas colheradas de geleia de frango, uma de velouté, uma colher (sopa) de salsinha picada e duas de cogumelos picados. Ferva e mexa até engrossar e virar uma bola. Acrescente duas gemas. Triture a carne de dois frangos desossados por uma peneira. Ferva dois úberes de vaca – depois de frios, triture e passe por uma peneira. Então, misture 170 g da *panada* de migalhas com 280 g da carne de frango, e 280 g de úberes de vaca e misture e triture por 15 minutos. Acrescente 5 g de sal, um pouco de noz-moscada e as gemas de mais dois ovos e uma colherada de velouté frio ou bechamel. Triture por mais 10 minutos. Teste jogando uma bola em água fervente – deve formar bolas macias e homogêneas.

Faça algumas bolinhas de recheio com colheres de café, mergulhe-as no caldo de geleia e, depois de retirar o excesso em um guardanapo, distribua-as por igual nos *vol-au-vents*, que já devem estar recheados até a metade com: um bom ragout de cristas e testículos de galo, timos de carneiro, trufas, cogumelos, caldas de lagosta e miolos inteiros de carneiro.

Cubra tudo com um molho allemande especialmente grosso.

Ajudando os Estados Unidos a cozinhar

JULIA CHILD

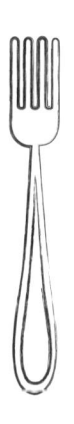

Julia Child, sem dúvida a cozinheira americana mais famosa da metade do século XX, nasceu em 1912 em Pasadena, Califórnia. Ela tem a fama de ter levado adiante o trabalho de James Beard (Capítulo 3) ao trazer as delícias da cozinha francesa para um público americano inicialmente cético. Na verdade, ela fez mais do que isso e tirou muito de seus compatriotas dos alimentos prontos, encorajando-os a cozinhar e a não temer a aventura de preparar pratos com nomes difíceis de pronunciar e receitas aparentemente complicadas.

Por meio de seus programas de tevê e de seus livros, Child mostrou como isso podia ser feito com um mínimo de dedicação combinada com a disposição de gastar um pouco de tempo para fazer algo muito melhor. "Não cozinheiros", dizia Child, "pensam que é besteira investir duas horas de trabalho em dois minutos de prazer; mas se a culinária é efêmera, o mesmo acontece com o ballet." Ela não fingia que preparar boa comida era necessariamente simples, mas insistia que valia a pena e era infinitamente recompensador. Ela incitava os seus seguidores a "acima de tudo, divertir-se".

Child não tinha nenhuma formação como chef e nenhuma relação real com a culinária, que ela só descobriu depois dos 30 anos de idade. No entanto, converteu-se à causa da boa comida, o que em grande parte significava comida francesa, pelo menos para ela. Com a determinação e a habilidade com as quais lidava com a maioria dos desafios, ela não se satisfez em ser uma mera gastrônoma, mas queria saber como toda aquela comida maravilhosa era feita. Diferentemente da maioria dos gurus da alimentação deste livro, ela nunca foi treinada para ser uma chef no sentido profissional, mas era uma ávida estudante de culinária. A distinção é importante porque os chefs precisam saber como transformar o preparo de alimentos em negócio, enquanto cozinheiros não são inibidos por essas limitações e são motivados pelo prazer e pela simples necessidade de fornecer boa comida diariamente para si mesmos e suas famílias.

Depois de descobrir o que podia ser feito, ela ficou ansiosa por compartilhar esse conhecimento. "Seja um cozinheiro destemido!", declarou em seu típico tom alegre e entusiasmado, "experimente novas ideias e novas receitas, mas sempre compre os ingredientes mais frescos e de melhor qualidade, sejam eles quais forem. Equipe sua cozinha com os equipamentos mais resistentes e bem feitos que puder encontrar. Mantenha as facas afiadas e – *toujours bon appetit*!" Sendo que esse foi o seu refrão amplamente imitado.

Ao ler seus livros hoje em dia e assistir seus muitos programas de culinária, Child parece um pouco pretensiosa e não muito confiável como uma pessoa que pudesse inspirar milhares de americanos. Seu sotaque era bastante estranho para os ouvidos americanos; seus modos eram os de uma mulher acostumada a ter empregados a sua disposição. E sua atitude de ficar brava com quem lhe parecia burro seria suficiente para desinteressar as pessoas. Mas o que transparecia era uma onda gigantesca de entusiasmo e um grande conhecimento que ela estava disposta a compartilhar com seus seguidores. É por isso que até hoje Child é lembrada e reverenciada, e seu nome é usado para inspirar cozinheiros a tentar um pouco mais.

Uma das coisas que a maioria das pessoas sabe a respeito de Julia Child é que ela era muito alta, tinha 1,88 metro para ser exato. Então não é de surpreender que praticasse esportes em sua juventude: tênis, golfe e basquete. Também gostava de caçar pequenos animais, além de ter a jovial obsessão de pregar peças.

Nascida na rica família McWilliams, ela teve uma educação convencional em circunstâncias confortáveis. Graduou-se no Smith College, uma conhecida faculdade de artes liberal em Massachusetts. É difícil acreditar, mas algumas fontes dizem que a primeira indicação de seu interesse em oferecer comida aos outros surgiu na faculdade quando ela se tornou a presidente do

Comitê de Refrescos do baile de formatura e do baile de primavera. A história não registra quais delícias culinárias surgiram dessa posição, mas sabe-se que, enquanto estava na faculdade, ela escreveu diversas peças e enviou sem sucesso textos para a revista *New Yorker*. "Havia algumas novelistas famosas naqueles dias", ela lembrou, "e eu pretendia ser uma delas." Não era para ser; o primeiro emprego depois da formatura foi mais prosaico, no departamento de publicidade da W. & J. Sloane, uma empresa de móveis de luxo com sede em Nova York. Ela voltou para a Califórnia e continuou a trabalhar na indústria publicitária, principalmente como redatora. As habilidades que aprendeu nesses empregos ajudam a explicar sua proficiência para escrever livros.

A experiência na guerra como espiã é muito mais conhecida. Essa descrição não é exata, apesar de ela ter trabalhado para o serviço de inteligência americano – o Office of Strategic Services (o precursor da CIA). Child se candidatou ao OSS depois de ser rejeitada para o serviço militar por ser muito alta. No entanto, ela não era o tipo de pessoa que aceitaria a ideia de ficar de fora da guerra, sem contribuir de alguma maneira, e assim aceitou um humilde emprego de datilógrafa na sede da OSS em Washington. Obviamente subutilizada nessa posição, foi promovida a pesquisadora, lidando com assuntos bastante delicados, sob a supervisão direta do general William J. Donovan, diretor da OSS. Mais tarde, ela trabalhou na seção que lidava com equipamentos de resgate de emergência e foi transferida para um programa especial que desenvolvia um repelente de tubarões.

Em 1944, ela foi transferida para Kandy, no Ceilão (atual Sri Lanka), um centro importante para as atividades de inteligência das forças aliadas no sul da Ásia. Seu trabalho mais uma vez envolvia lidar com comunicações estritamente confidenciais. Mas o mais importante para Child foi que ela conheceu o futuro marido, Paul Child, um oficial da OSS que, assim como sua futura esposa, vinha de uma família abastada. Os dois foram dali para a China e então de volta para a sede da OSS, onde ela se tornou Diretora de Registros e recebeu o Emblema de Mérito no Serviço Civil. A menção descrevia sua "alegria inerente e entusiasmo".

O ponto de virada para a carreira culinária de Child aconteceu quando o seu marido, agora no Departamento de Relações Exteriores, foi transferido para Paris em 1948. Paul Child era um gastrônomo entusiasmado, e ter sido nomeado para a capital francesa deve ter parecido o paraíso para o casal que com frequência saía para jantar. "Depois de provar um bocado de comida francesa... fui fisgada", Julia lembrou, "nunca tinha comido nada como aquilo antes; não sabia que existia comida como aquela. A incrível atenção dada a cada detalhe da refeição era inacreditável para mim. Eu nunca havia bebido um bom vinho antes, e não sabia nada a respeito disso. Foi simplesmente uma nova experiência de vida para mim."

Child, de maneira bastante típica, procurou transformar o mero entusiasmo em estudo sério, além do que ser uma esposa que fica em casa não era sua praia: "Queria algo que me apoiasse e me sustentasse", disse. "Cozinhar era algo levado tão a sério na França que mesmo os chefs mais comuns tinham orgulho de sua profissão. Isso me chamou a atenção."

Ela se inscreveu na famosa escola de culinária Cordon Bleu. "Eu tinha 32 anos quando comecei a cozinhar; até então, eu só comia." Child também decidiu aprender francês, que dominou bastante bem. Com o entusiasmo e a determinação que eram sua marca registrada, depois teve aulas particulares com Max Bugnard e outros chefs importantes e entrou para o clube feminino de culinária, *Cercle des Gourmettes*.

No clube, conheceu Simone Beck e Louisette Bertholle, elas tiveram a ideia de criar uma escola de culinária voltada para os estrangeiros que moravam em Paris. Batizaram-na de *L'Ecole des Trois Gourmandes* (A Escola das Três Gastrônomas). A partir disso surgiu o plano bastante ambicioso de escrever um guia definitivo sobre a culinária francesa para leitores americanos. O resultado foi uma enciclopédia chamada *Mastering the Art of French Cooking*, ou *Dominando a Arte da Culinária Francesa*.

O detalhismo e a precisão aplicados em sua preparação se tornaram famosos, mas o seu tamanho deu frio na espinha da Houghton Mifflin, os editores que encomendaram o trabalho. Eles pagaram a esplêndida quantia de 750 dólares para as três autoras, e então o rejeitaram. Ele acabou chegando às mãos da Alfred A. Knopf, que o publicou em 1961 e ajudou a torná-lo um best-seller. Beck se tornou grande amiga de Child e colaborou com ela em outros trabalhos. Mas, das três, foi Julia Child quem realmente se tornou famosa como resultado dessa obra.

Depois que o livro foi publicado, a fama de Child se espalhou por meio de artigos sobre culinária em jornais e revistas. Nessa época, ela fazia parte de um quadro de jurados de críticas de livros em um programa de tevê. Isso deu à WGBH, o canal de televisão com sede em Boston, a brilhante ideia de fazer com que ela apresentasse um programa de culinária de 30 minutos de duração. As expectativas de sucesso para um show apresentado por uma pessoa desconhecida tratando de um assunto relativamente obscuro não eram grandes. No entanto, quando o programa foi ao ar pela primeira vez em 1962, a reação do público foi imediatamente positiva. Julia Child rapidamente deixou de ganhar modestos 50 dólares por episódio para receber fantásticos 200 dólares mais despesas. Os telespectadores foram cativados por essa mulher animada que cozinhava ao vivo e obviamente tinha senso de humor. O programa, chamado *The French Chef*, era retransmitido por 96 canais de televisão americanos, e ela ganhou o Emmy por seu trabalho.

O programa deu origem a outro livro bem recebido, o *French Chef Cookbook*, que foi publicado em 1968. Mais livros e mais programas de televisão vieram depois. Child voltou à sua obra original, trabalhando em colaboração com Simone Beck, mas não com Bertholee, com quem a relação havia desandado. O resultado foi um segundo volume de *Mastering the Art of French Cooking*, publicado em 1971. Depois, veio o livro *From Julia Child's Kitchen* (Da Cozinha de Julia Child). Ele foi baseado em seu programa de televisão mas, ao contrário dos muitos livros de receitas de programas de televisão de hoje em dia, era extremamente detalhado. A abordagem didática de Child a diferencia de outros chefs da tevê, mas é um estilo seguido pela chef da televisão britânica Delia Smith (Capítulo 19) que, assim como Child, encara o trabalho na televisão como sendo educativo.

Child também trabalhou em colaboração com o seu marido, que tirou as fotografias para o livro. Depois disso, ele projetou um estúdio-cozinha para ela, garantindo que ele estivesse em harmonia com sua altura incomum. Ele também projetou a cozinha de sua casa em Massachusetts, que mais tarde foi transformada em um impressionante estúdio de televisão e funcionava como a cozinha da família. Ela apareceu em seus programas durante toda a década de 1990. O *set* foi preservado e hoje em dia está em exibição no National Museum of American History, em Washington.

Julia Child se tornou a principal chef de televisão dos Estados Unidos e publicou o seu trabalho fundamental: o *Way to Cook* (Como Cozinhar), que foi lançado na forma de livro e vídeo em 1989. Ela também arranjou um novo colaborador, Jacques Pepin, um famoso chef e personalidade de televisão por si só. Eles trabalharam juntos em programas de televisão e livros.

Child tinha o diferencial de ser popular ao mesmo tempo em que era bem vista pelos chefs profissionais. Ainda em 1966, ela apareceu na capa da revista *Time* sob os dizeres "Our Lady of the Ladle" (*"Nossa Senhora da Concha"*). Em 1981, ela começou uma campanha para valorizar a comida e o vinho entre seus compatriotas ao fundar o American Institute of Wine & Food (Instituto Americano de Vinho & Comida) junto com os famosos vinicultores Robert Mondavi e Richard Graff.

Algo em Child captou o imaginário popular e refletia-se na maneira como ela se infiltrou na cultura de massa, ganhando reconhecimento muito além dos entusiastas por comida. Ela foi assunto de quadros de comédia, principalmente no *The Saturday Night Live* e *The Cosby Show*. E um musical chamado *Bon Appetit!* foi feito baseado em seus programas de tevê. Também houve uma série de programas infantis dos quais ela participou ou em que foi retratada. Child deliciou-se com essa onda de publicidade e até divertia-se com as paródias, mas não aprovou um blog de culinária popular chamado *The Julie/Julia Project*, que se transformou no livro *Julie & Julia* de Julie Powell, que foi um sucesso de vendas. Ele por sua vez foi transformado em um filme de mesmo nome com Meryl Streep fazendo o papel de Julia Child com incrível precisão. A discípula de Child decidiu preparar todas as receitas de *Mastering the Art of French Cooking* no período de um ano e registrou o processo. Child via isso como nada mais do que um golpe publicitário e não gostava nada do projeto.

Child tinha o prazer em ser direta sobre isso assim como sobre outras coisas que não aprovava. Falando sobre a culinária norte-americana, certa vez disse "Como uma nação pode ser chamada de grande se seu pão tem gosto de lenço de papel?". E em relação a dietas e alimentos saudáveis, Child era bastante cética. Acreditava que "o único momento em que se deve fazer dieta é enquanto se espera o bife fritar". Sua opinião era a de que comer bem e de maneira moderada era muito melhor do que embarcar em dietas passageiras. Ignorando os críticos que reclamavam de suas receitas pesadas, ela respondia: "Prefiro comer uma colher de Bolo de Chocolate Russo do que três tigelas de gelatina". Também não era provável que os vegetarianos se animassem com sua visão franca: "Não acho que o vegetarianismo puro seja um estilo de vida saudável. Muitas vezes me pergunto: será que um vegetariano fica alguma vez ansioso pela hora do jantar?".

No entanto, ela não era completamente inflexível na sua defesa da culinária francesa. No final de sua vida, tendia a colocar menos ênfase em alimentos gordurosos e na carne vermelha e fez experiências com pratos que podiam ser preparados de maneira mais fácil e rápida. Em 2001, Child se mudou para Montecito, Califórnia, e ajudou a abrir o único restaurante no qual se envolveu diretamente – o Julia's Kitchen – situado na famosa região vinícola do vale de Napa. Seu marido Paul morrera em 1994 depois de sofrer uma série de derrames e ficar confinado em casas de repouso. Sua amiga próxima e colaboradora, Simone Beck, também morreu em 2002, e Child decidiu se mudar para um asilo onde morreu em 2004 aos 91 anos de idade, apenas alguns dias antes de seu 92º aniversário. Ela recebeu condecorações antes de morrer, incluindo a festejada Legião da Honra francesa e a Medalha da Liberdade da presidência dos Estados Unidos.

Um documentário para a televisão sobre sua vida foi ao ar no ano de sua morte e se chamava *Julia Child! America's Favorite Chef* (Julia Child! A chef preferida dos Estados Unidos). Não se tratava de hipérbole. De muitas maneiras ela foi uma figura popular improvável e muito fora do comum, mas uma chef francesa convencional de maneira quase religiosa. Talvez essa seja a explicação para alguém tão excêntrico se tornar tão influente.

Receitas de Child

BOEUF BOURGUIGNON

6 porções

Ingredientes

- 170 g de bacon
- 1 colher (sopa) de azeite de oliva ou óleo vegetal
- 1,4 quilo de carne para ensopado cortada em cubinhos de 5 centímetros
- 1 cenoura cortada em fatias
- 1 cebola cortada em fatias
- 1 colher (chá) de sal
- ¼ colher (chá) de pimenta-do-reino
- 2 colheres (sopa) de farinha de trigo
- 3 xícaras bem cheias de vinho tinto jovem, como o Chianti
- 2 a 3 xícaras de caldo de carne
- 1 colher (sopa) de purê de tomate
- 2 dentes de alho amassados
- ½ colher (chá) de tomilho
- 1 folha de louro amassada
- pele de porco branqueada
- 18 a 24 cebolas brancas pequenas refogadas na manteiga até ganhar cor (por cerca de 10 minutos) e cozidas em fogo bem baixo em caldo por 40 a 50 minutos
- 450 g de cogumelos frescos refogados em quatro e salteados na manteiga com salsinha

Modo de preparo

Retire a pele do bacon e corte o bacon em *lardons* (palitos com 0,5 centímetro de espessura por 3 centímetros de comprimento). Cozinhe a pele e o bacon em fogo baixo por 10 minutos em 1,5 litro de água. Escorra e seque.

Preaqueça o forno a 230 ºC.

Frite o bacon no azeite em fogo médio por 2 a 3 minutos para ganhar um pouco de cor. Coloque em um prato à parte. Reserve a panela. Reaqueça até a gordura quase começar a fazer fumaça antes de fritar a carne.

Seque a carne com papel toalha; ela não vai ganhar cor se estiver úmida. Frite alguns pedaços de cada vez no óleo quente e na gordura do bacon até ficar bem dourada em todos os lados. Coloque junto com o bacon.

Na mesma gordura, doure os legumes cortados em fatias. Retire a gordura. Coloque a carne e o bacon de volta na panela e tempere com sal e pimenta-do-reino. Polvilhe com farinha de trigo e mexa para cobrir a carne. Coloque a panela sem tampa no meio do forno preaquecido por 4 minutos. Mexa a carne e coloque no forno por mais 4 minutos. (Isso doura a farinha e cobre a carne com uma leve casca.) Tire a panela e abaixe o forno para 160 ºC.

Acrescente o vinho e o caldo de carne o suficiente para apenas cobrir a carne. Acrescente o purê de tomate, o alho, as ervas e a pele de porco. Coloque sobre o fogão e deixe levantar fervura. Tampe a panela e coloque na parte de baixo do forno preaquecido. Regule a temperatura de modo que a carne cozinhe bem devagar por 2h30 a 3 horas. A carne estará pronta quando um garfo a perfurar com facilidade.

Enquanto a carne está cozinhando, prepare as cebolas e os cogumelos. Reserve até quando necessário.

Quando a carne ficar macia, passe o conteúdo da panela por uma peneira colocada sobre outra panela. Enxague a panela e coloque a carne e o bacon de volta. Distribua as cebolas e os cogumelos sobre a carne.

Retire a gordura do molho com uma escumadeira. Cozinhe o molho por um ou dois minutos, retirando o excesso de gordura conforme ele se formar na superfície. Você deve obter cerca de 2 ½ xícaras de molho espesso o suficiente para cobrir as costas de uma colher. Se estiver muito grosso, acrescente algumas colheres de caldo de carne. Experimente com cuidado para temperar. Derrame o caldo sobre a carne e os legumes. A receita pode ser terminada mais tarde a partir desse ponto.

Para servir imediatamente: tampe a panela e cozinhe por 2 a 3 minutos, regando a carne e os legumes várias vezes com o molho. Sirva na panela ou coloque o ensopado em uma travessa cercada de batatas, macarrão ou arroz, e decorado com salsinha.

Para servir mais tarde: Quando estiver frio, tampe e coloque na geladeira. Cerca de 15 a 20 minutos antes de servir, deixe levantar fervura, tampe e cozinhe em fogo baixo por 10 minutos, regando a carne e os legumes de vez em quando com o molho.

De: *Mastering the Art of French Cooking*, de Julia Child, Knopf, 2001.

COQ AU VIN
OUTRO PRATO FRANCÊS CLÁSSICO DO MESMO LIVRO

6 porções

Ingredientes

- 80 a 120 g de um pedaço de bacon magro
- 2 colheres (sopa) de manteiga sem sal
- 1 a 1,3 quilo de frango em pedaços
- ½ colher (chá) de sal e mais para temperar
- 1/8 colher (chá) de pimenta-do-reino e mais para temperar
- ¼ xícara de conhaque
- 3 xícaras de vinho tinto encorpado, como Burgundy, Beaujolais, Cotês du Rhone ou Chianti
- 1 a 2 xícaras de caldo de galinha ou de carne
- ½ colher (sopa) de purê de tomate
- 2 dentes de alho amassados
- ¼ de colher (chá) de folhas de tomilho
- 1 folha de louro
- 12 a 24 cebolas brancas pequenas refogadas na manteiga até ganhar cor (por cerca de 10 minutos) e cozidas em caldo em fogo bem baixo por 40-50 minutos
- 225 g de cogumelos refogados
- 3 colheres (sopa) de farinha de trigo
- 2 colheres de manteiga em temperatura ambiente
- folhas de salsinha fresca

Modo de preparo

Tire a pele e corte o bacon em *lardons* (palitos com 0,5 centímetro de espessura por 3 centímetros de comprimento). Cozinhe em fogo baixo por 10 minutos em 2 litros de água. Enxague em água fria. Seque.

Em uma panela grande e de fundo grosso ou em uma panela de ferro, frite o bacon devagar na manteiga quente até ficar levemente corado (temperatura de 125 ºC em uma grelha elétrica). Coloque em um prato à parte.

Seque bem o frango. Doure em gordura quente na panela.

Tempere o frango com sal e pimenta. Coloque o bacon de volta na panela com o frango. Tampe e cozinhe devagar (150 ºC) por 10 minutos, virando o frango apenas uma vez.

Tire a tampa e acrescente o conhaque. Afaste o rosto e flambe o frango (ateie fogo ao conhaque com um fósforo). Balance a panela para frente e para trás por vários segundos até o fogo apagar.

Acrescente o vinho à panela. Acrescente caldo o suficiente para cobrir o frango. Acrescente o purê de tomate, o alho e as ervas. Deixe levantar fervura. Tampe e cozinhe em fogo baixo por 20 a 25 minutos, ou até o frango ficar macio e seus sucos saírem claros quando a carne for furada com um garfo. Retire o frango e reserve.

Enquanto o frango estiver cozinhando, prepare as cebolas e os cogumelos.

Cozinhe o líquido de cozimento do frango na panela por 1 a 2 minutos, retirando a gordura com uma escumadeira. Aumente o fogo e deixe ferver até reduzir o líquido a cerca de 2 ¼ xícaras. Corrija o tempero. Tire do fogo e descarte a folha de louro.

Misture a manteiga e a farinha de trigo para criar uma pasta (*beurre manié*). Acrescente a pasta ao líquido quente usando um batedor. Deixe levantar fervura, mexendo e cozinhando por 1 a 2 minutos. O molho deve ser espesso o suficiente para cobrir levemente as costas de uma colher.

Coloque o frango em uma panela, depois os cogumelos e as cebolas em volta e regue com o molho. Se o prato não for servido imediatamente, cubra o molho com caldo ou coloque alguns pedacinhos de manteiga. Reserve destampado por não mais de uma 1 hora ou até ficar frio, tampe e coloque na geladeira até quando necessário.

Um pouco antes de servir, coloque a panela no fogo, deixe levantar fervura, regando o frango com o molho. Tampe e cozinhe em fogo baixo por 4 ou 5 minutos, até o frango ficar quente.

Sirva na panela ou coloque em uma travessa quente. Decore com ramos de salsinha.

De: ***Mastering the Art of French Cooking***, de Julia Child, Knopf, 2001.

MUSSE DE CHOCOLATE
Outra receita clássica da mesma fonte.

8 porções

Ingredientes
- 225 g de chocolate ao leite ou meio amargo próprio para culinária, derretido com ¼ xícara de café forte
- 85 g de manteiga sem sal
- 3 gemas
- 1 xícara de creme de leite fresco
- 3 claras
- ¼ xícara de açúcar de confeiteiro
- chantilly

Modo de preparo
Misture a manteiga amolecida ao chocolate derretido e bata. Uma a uma, acrescente as gemas. Bata o creme de leite sobre gelo até ele deixar marcas leves na superfície. Bata as claras até formar picos moles. Enquanto bate, polvilhe o açúcar e continue a bater até formar picos firmes e brilhantes. Derrame a mistura de chocolate em um canto da tigela com as claras em neve e incorpore com delicadeza o creme de leite batido. Distribua a musse em tigelas decoradas. Cubra e deixe na geladeira por várias horas. Você pode decorar a musse com toques de chantilly ou talvez servir o chantilly à parte.

A receita também pode ser encontrada em *The Art of French Cooking*, de Julia Child (com Bertholle e Beck), Knopf, 2009.

A escritora que falava de comida
ELIZABETH DAVID

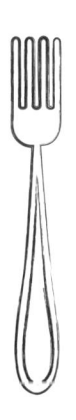

Elizabeth David (1913-1992) continua a ser uma figura reverenciada entre os chefs profissionais, autores de gastronomia e muitas outras pessoas com interesse em culinária. Ela é tida como grande responsável pela mudança de postura dos britânicos em relação à comida e à culinária enquanto a nação emergia da austeridade da Segunda Guerra Mundial.

Sua influência é tamanha que é possível dizer sem exagero que ela revolucionou os livros sobre comida. De muitas maneiras, o impacto que ela teve sobre a culinária no Reino Unido é muito parecido com o de James Beard, seu contemporâneo norte-americano (capítulo 3), apesar de ele operar em um nível muito mais popular do que David e certamente não compartilhar da sua aversão pela publicidade. David e Beard eram autodidatas e ávidos leitores de obras de gastronomia. David nunca trabalhou em uma cozinha profissional, mas Beard administrou pequenos negócios. Mesmo assim, ela certamente sabia cozinhar bem, apesar de sua falta de experiência profissional às vezes aparecer em suas receitas. Nigel Slater, chef e escritor, afirma que "uma das coisas que poucas pessoas têm coragem de mencionar sobre Elizabeth David é que algumas de suas receitas não funcionam". No entanto, muitas pessoas ainda seguem suas receitas religiosamente.

David era uma mulher complexa, contraditória e inspiradora que, no atual mundo das chefs celebridades de televisão, certamente se sentiria fora do lugar. Como pessoa, podia ser calorosa e motivadora com quem considerava como pares, mas era muito crítica e indiferente com qualquer um que não atendesse a seus padrões exigentes. Em uma época em que atingir o maior público possível era considerado muito desejável, David se destacou como alguém cujo principal interesse estava em atingir uma audiência de classe média e fazer isso de um jeito que poderia ser considerado esnobe. Ao que parece, ela podia ser muito pouco agradável, mas ainda assim andava rodeada por uma pequena corte de amigos fiéis, apesar de ela também ter o hábito de discutir com os mais próximos.

O lado contraditório da personalidade de David também revelava uma mulher que pregava as virtudes dos pratos complexos, mas com frequência se deliciava com comidas simples. Ela ficou impressionada com a comida "camponesa" do mediterrâneo, mas no começo desprezou a comida das classes trabalhadoras de seu próprio país e parecia gostar de pagar muito caro por produtos simples e importados.

David tinha uma boa razão para desdenhar a terrível comida que era tida como a culinária nacional do sombrio pós-guerra britânico. O racionamento ainda estava em prática até 1954, apesar de a falta de alguns alimentos ter durado um pouco mais do que isso. Uma atitude muito mais alegre em relação a essa situação foi demonstrada por Marguerite Patten (Capítulo 14), mas David não se satisfazia em "se virar", ela se rebelou contra a comida da década de 1950 e do começo dos anos 1960. A comida dessa época não apenas era simples e muita vezes malpreparada, mas com frequência era de qualidade inferior.

Os autores de livros de receitas anteriores a David eram chefs profissionais ou pessoas como a famosa Isabella Beeton e Patten, ambas descritas como "economistas domésticas". Ela não era nenhuma das duas coisas, e seus livros iam um pouco além de simplesmente fornecer receitas. Oferecia um retrato cuidadosamente preparado dos países que deram origem ao prato sobre o qual escrevia.

Na verdade, a escrita de David é tão refinada que evoca cheiros, cores e a atmosfera da comida e dos países da vez. David nunca menosprezava seus leitores, esperava que eles fossem inteligentes e motivados, e que tivessem algumas habilidades linguísticas, pois se negava a fornecer a tradução para o inglês de algumas das citações em língua estrangeira que fazia. Sua biógrafa, Lisa Cheney, escreveu: "Em primeiro lugar, ela era uma escritora, cujo assunto era comida".

Uma coisa podia ser dita de maneira inequívoca sobre David – ela nunca foi enfadonha. Seus textos são repletos de casos interessantes e maravilhosas demonstrações de indignação aguçada. Ao escrever na revista *Tatler* em 1986, ela acabou com um dos aparelhos de cozinha mais populares: "Acho que os espremedores de alho são ridículos e patéticos, pois o seu efeito é exatamente o oposto do que as pessoas que os compram desejam. Espremer o suco do alho não reduz sua potência; isso concentra e intensifica o cheiro. Muitas vezes me pergunto como quem usou alguma vez um desses diabólicos instrumentos não percebeu isso e jogou a coisa na lata do lixo".

David também não hesitava em criticar alguns dos maiores nomes do ramo. Uma análise de seus livros revela essa nota marginal sobre uma obra vista como um clássico da culinária francesa moderna, *Ma Gastronomie*, de Fernand Point (capítulo 17): "Esse é realmente um livro terrível", proclamou.

David apresentou seus leitores não apenas a países como um todo mas a regiões específicas de onde os pratos eram originários. Isso se baseava na noção francesa de *la cuisine terroir*, que também se aplica ao vinho, e diferencia pratos e vinhos pelas características e histórias particulares das regiões de onde vêm. Desde então a ideia de *terroir* se espalhou a partir da França e hoje em dia é empregada com orgulho por produtores artesanais de alimentos no Reino Unido, por exemplo.

Quando o primeiro livro de David, *Mediterranean Food* (Culinária Mediterrânea), foi lançado em 1950, deve ter soado como uma história exótica, mencionando lugares e maneiras de comer completamente estranhas ao público britânico. Azeite de oliva, dificilmente conhecido fora das farmácias, era apresentado como um elemento integrante da culinária e o alho também era muito citado, apesar de ser praticamente impossível encontrá-lo na maior parte do Reino Unido na época.

E havia os legumes, como *courgettes* (abobrinhas) e *aubergines* (beringela), tratados como algo comum, apesar de serem raros como ouro em pó no Reino Unido da década de 1950. Ela escreveu sobre "legumes brilhantes, o manjericão, os limões sicilianos, os damascos, o arroz com carne de carneiro, uvas passas e pinholes, os figos verdes maduros, os queijos de cabra brancos da Grécia, o espesso e aromático café turco, o mel e o iogurte no café da manhã, a geleia de pétala de rosas..." Nenhuma dessas coisas, com exceção do carneiro, estava disponível ou até mesmo era imaginável no Reino Unido na época em que escreveu sobre eles.

Os livros de David continham receitas, mas elas eram apenas parte de um empreendimento educacional maior. Queria que os leitores compreendessem o contexto dos alimentos e ela era bastante polêmica ao proferir opiniões fortes. Eis um exemplo maravilhoso, retirado de *French Provincial Cooking* (Culinária da França Provincial), publicado pela primeira vez em 1951. "Ninguém nunca foi capaz de descobrir porque os ingleses veem uma taça de vinho acrescida a uma sopa ou a um cozido como uma temerária extravagância estrangeira e ao mesmo tempo gastam libras com molhos em garrafas, em pó, cubinhos de caldo, catchup e temperos artificiais. Se cada cozinha tivesse uma garrafa de vinho tinto, uma de branco e um vinho do porto barato para cozinhar, seria possível limpar para sempre milhares de despensas de tranqueiras como molhos comerciais engarrafados e suplementos sintéticos para temperar."

Diversas dessas questões óbvias precisam ser explicadas aqui. Primeiro, vinho era realmente considerado uma extravagância para o cozinheiro britânico médio naquela época; se isso era uma extravagância "temerária" é outra questão. Em segundo lugar, fica claro que, com esse comentário, David estava se dirigindo apenas a uma audiência relativamente pequena de classe média, pois o público geral nem sabia que vinho podia ou deveria ser usado para cozinhar. Em terceiro lugar, comentários sobre o uso do vinho na culinária se tornaram irrelevantes hoje em dia, porque mesmo nas profundezas do Reino Unido a influência de David e seus seguidores prevaleceu: praticamente todo mundo aceita que vinho pode ser usado nos alimentos.

Esse livro, que se mostrou muito influente, também lembrava os leitores de que uma comida maravilhosa não precisava ser complicada. Ela recruta o apoio do grande chef Escoffier (Capítulo 9) para lembrar os leitores de evitarem "complicações e elaborações desnecessárias". Ela também os lembra de que alguns dos pratos franceses mais famosos não devem ser vistos como pratos do dia a dia, mas devem ser reservados para ocasiões especiais. E ignora um dos pratos mais conhecidos do sul da França, o bouillabaisse, dizendo que "não acharia uma grande privação se me dissessem que eu nunca mais poderia comer um bouillabaisse".

David não apenas teve influência fundamental na maneira como os britânicos comiam, uma influência que por acaso se estendeu para os Estados Unidos, mas também convenceu uma geração inteira de que suas cozinhas poderiam se tornar o centro da casa, não um lugar escondido dedicado à produção de comida. Ela via a grande mesa da cozinha como a peça central, cercada por prateleiras abertas com panelas e formas decorativas, tigelas de frutas e legumes, suportes para vinhos, livros e um lugar para guardar um estoque infinito de, sim, cigarros, para os quais se franze a testa hoje em dia mas que ainda são muito consumidos por chefs profissionais. Na verdade, como veremos, sua influência nas cozinhas aumentou em 1965 quando ela abriu uma loja no bairro londrino de Chelsea, que se tornou um lugar de peregrinação para seus seguidores.

A vida de David, em especial sua juventude, foi cheia de drama, mas ela certamente não ficaria feliz de isso ser discutido abertamente. No que lhe dizia respeito, os seus livros continham tudo o que qualquer um precisava saber sobre ela. No entanto, existem duas biografias e um seriado de televisão chamado *A Life in Recipes* (Uma Vida em Receitas), que certamente a fariam se revirar. Mesmo assim, uma das biografias, *Writing at the Kitchen Table* (Escrevendo na Mesa da Cozinha), de Artemis Cooper, foi autorizada por ela.

Nascida em 1913, um pouco antes da Primeira Guerra Mundial, David veio de uma família de classe média alta que vivia em uma mansão em Sussex Dows. Seu pai, Rupert Gwyne, era um membro conservador do parlamento. Teve três irmãs, e era a segunda mais velha. Elas tinham uma governanta e foram mandadas para internatos, conforme o caminho comum às pessoas de sua classe social. Além disso, o que era bastante típico para a época, a família tinha pouco interesse por comida, apesar de terem condições de comer bem.

Então a jovem Elizabeth não tinha motivos para dar muita atenção a questões culinárias. No entanto, aos 17 anos de idade, foi enviada a Paris para estudar literatura francesa e pintura. Depois de dois anos, foi para a Alemanha estudar alemão, e também foi apresentada a viagens mais distantes quando foi visitar a irmã mais velha que morava em Malta. Isso fez dela uma jovem bem viajada e bem educada em uma época em que a maioria dos membros do seu sexo, classe e idade se concentrariam na única tarefa de encontrar um marido.

Em Paris, David descobriu a culinária quando se hospedou com a família Robertot. "Sua comida era agradável sem ser sofisticada ou grandiosa", ela lembrou mais tarde. Sua principal memória, como ela colocou de maneira elegante, era de "sopas, coloridas delicadamente como vestidos de verão, coral, marfim ou verde claro, uma salada de arroz e tomates".

A jovem Elizabeth ficou especialmente impressionada com Denise, a filha da família. Ela a descreveu como "a menina mais gulosa que já vi. Ela trabalhava como secretária para um cirurgião parisiense de fama internacional e voltava todos os dias para almoçar em casa... Falando enquanto mastigava duas porções de cada coisa, ela nos divertia com detalhes horríveis das operações que seu chefe fazia".

Aos 19 anos de idade, ela ganhou o primeiro livro de culinária, *The Gentle Art of Cookery* (A Delicada Arte da Culinária), de Hilda Leyel, uma evocação da comida do oeste do Mediterrâneo e do mundo árabe. David disse: "Se eu tivesse recebido um livro padrão da sra. Beeton em vez das maravilhosas receitas da sra. Leyel, provavelmente nunca teria aprendido a cozinhar". Ela era uma mulher independente fora do comum. Primeiro achou que gostaria de ser pintora, mas depois voltou-se para o teatro e encontrou trabalho no Regent's Park Open Theatre. Ali morou sozinha em um apartamento onde não apenas precisava cozinhar para si mesma, mas onde começou a cozinhar para os amigos. Suas viagens para Malta ofereciam uma fuga da insossa Londres. "Naqueles dias", escreveu, "a comida era incrivelmente barata em Malta, as bebidas não eram taxadas e o entretenimento fácil e imensamente divertido."

Sua vida foi pontuada por diversos casos amorosos que culminaram, quando ela tinha 25 anos, em um caso mais sério com Charles Gibson Cowan, um homem casado de reputação duvidosa. Em 1939, em uma terrível sincronia, eles decidiram comprar um pequeno barco e seguir para o Mediterrâneo pelas vias fluviais da França. A Segunda Guerra Mundial estava para estourar, mas eles tinham outras coisas na cabeça. Tudo correu bem até chegarem à Itália, onde o barco foi confiscado, pois sua chegada coincidiu com a declaração de guerra da Itália contra o Reino Unido. O infeliz casal foi acusado de espionagem e deportado para a ilha grega de Syros, onde se juntou a uma comunidade de expatriados boêmios que incluía celebridades como os escritores Lawrence Durrell e Norman Douglas.

Então os nazistas invadiram a Grécia, e eles precisaram se mudar novamente, agora para Creta, um refúgio temporário antes de fugir para o Cairo, capital do Egito. No Cairo, David se juntou ao esforço de guerra e começou a trabalhar na biblioteca de referência do Ministério da Informação e rapidamente sentiu-se confortável em meio a uma comunidade eclética e criativa de expatriados na qual passou a ser protegida por Norman Douglas, descrito de maneira maravilhosa como "velho libertino atrevido que escapou para a Europa depois de ser acusado de molestar um menor de idade".

Ele também se interessava por culinária. No Cairo, o charme de seu amante logo desapareceu, e ela terminou com ele. Logo depois, ela entrou em um casamento de conveniência com Anthony (conhecido como Tony) David, um oficial da cavalaria indiana. Como tenente-coronel, ele ficou lotado na Índia por oito meses depois de se casarem. Sua nova esposa ficou feliz em vê-lo partir e esse foi o fim do casamento, apesar de ela ter mantido o seu nome.

Quando a guerra acabou, David voltou para o Reino Unido e ficou deprimida com a monotonia que encontrou. Em Londres, ela se envolveu com um antigo caso, George Lassalle, e foi viver em um hotel em Ross-on-Wye. Era pura miséria. Houve um inverno rigoroso entre 1946-47, a comida estava racionada, enchentes cobriram o país e ela estava empacada em um hotel que servia comida realmente péssima.

Ao escrever sobre isso, David disse: "Comecei a aplacar uma necessidade agonizante de sol e uma revolta furiosa contra aquela comida terrível, desanimada e sem coração escrevendo receitas da culinária mediterrânea e do

Oriente Médio... palavras como damasco, azeitonas e manteiga, arroz e limões, azeite e amêndoas... Depois me dei conta de que, na Inglaterra de 1947, aquelas eram palavras de baixo calão".

David começou a colocar os seus pensamentos no papel, encorajada por Lassalle. Isso se tornou a base de seu primeiro livro, *Mediterranean Food*. Antes de o livro ser publicado, ela deu o primeiro passo no mundo da escrita culinária fazendo com que algumas revistas aceitassem suas receitas. Em 1949, o editor John Lehmann deu a ela um adiantamento no valor de cem libras para uma obra então intitulada como *A Book of Mediterranean Food*. Jill Norman, sua editora, escreveu após sua morte que esse livro "era completamente diferente de qualquer coisa que existira antes. Ele não apenas descrevia ingredientes e pratos aromáticos pouco conhecidos, seu estilo era bastante novo. Eu, como muitos outros, fui atraída pela graça de sua escrita e a facilidade com que ela evocava mercados ou restaurantes, ou descrevia as formas e as texturas dos alimentos". Ele foi publicado no ano seguinte.

Apesar de ela ter tido um pequeno derrame, a década de 1950 foi um período extremamente produtivo para David. Ela terminou cinco livros e escreveu muito sobre comida e viagens para a revista *Vogue*. A produção de livros de David diminuiu consideravelmente nas décadas seguintes. Seus primeiros livros tinham uma aparência diferente e traziam inesquecíveis ilustrações de John Minton. Depois descobriu-se, quando seus papéis particulares foram reunidos, que ela odiava esses desenhos. Em uma carta particular, escreveu: "Tenho que lhe dizer que na verdade eu nunca dei muita importância para as ilustrações que John Minton fez para o meu livro. Elas são tão poluídas e bagunçadas. Elas me envergonham hoje tanto quanto o fizeram na década de 1950".

Isso é algo no mínimo grosseiro de se dizer, mas ela não divulgava suas opiniões. Mais tarde, ela teve um relacionamento feliz com o fotógrafo de gastronomia Anthony Denny, que exibia os alimentos como eram servidos em contraste com as fotografias de estúdio muito estilizadas, que eram populares na época.

French Provincial Cooking (Culinária da França Provincial), publicado em 1960, é considerado por muitos o seu melhor trabalho. Foi uma proeza em muitos aspectos e confirmou o profundo conhecimento de David sobre o assunto e um jeito de tornar o seu entusiasmo contagiante. Também existem coletâneas de seu trabalho jornalístico como *An Omelette and a Glass of Wine* (Uma Omelete e uma Taça de Vinho), que deu uma ideia melhor do alcance de seus interesses gastronômicos, apesar de eles estarem em grande parte restritos à culinária do Mediterrâneo.

No final de sua vida, os seus interesses eram mais acadêmicos, e ela começou a estudar a culinária de seu próprio país. Um produto notável desse interesse foi *Spices, Salt and Aromatics in the English Kitchen* (Condimentos, Sal e Ervas na Cozinha Inglesa), seguido por *English Bread and Yeast Cookery* (Culinária Inglesa de Pães e Fermento), publicado em 1977. Seu último livro, publicado postumamente, foi *Harvest of the Cold Months* (Colheita dos Meses Frios), uma obra considerada acadêmica sobre alimentos feitos com gelo.

Em 1963, quando tinha 49 anos, David teve uma hemorragia cerebral. Esse foi um golpe sério porque, apesar de ela ter se recuperado, seu paladar e libido ficaram comprometidos de maneira irreparável. Dois anos depois, David abriu a Elizabeth David Cookshop em Londres. Foi um sucesso imediato, e ela trouxe os utensílios franceses para o Reino Unido, onde desde então se tornaram muito mais populares. No entanto, David se desentendeu com os sócios, e a loja foi vendida para outro comerciante em 1973 e então tornou-se uma pequena rede.

No final da década de 1960, David continuava a ser uma figura reverenciada no mundo culinário do Reino Unido, mas sua fama diminui com o surgimento dos programas culinários de televisão e dos chefs-celebridades. Mesmo assim, entre os devotos mais sérios da culinária, a influência de David cresceu. Em 1979, ela apoiou a publicação de Alan Davidson, *Petits Propos Culinaires* (Pequenas Proposições Culinárias), que por sua vez lançou o primeiro Simpósio sobre Comida de Oxford, dois anos depois.

O reconhecimento oficial primeiro veio na forma da Ordem do Império Britânico concedido em 1977, seguida por sua indicação como Chevalier du Ordre

Mérite Agricole da França e depois, em 1986, se tornou Commander da Ordem do Império Britânico. Estranhamente, ela ganhou apenas um prêmio para autores de gastronomia, mas em 1982 foi nomeada membro da Royal Society of Literature, uma honra que provavelmente a agradou mais do que as outras.

Elizabeth David morreu em 1992. O obituário no *Daily Telegraph* notava que "os livros de culinária da sra. David mereceram seu espaço nas prateleiras das cozinhas desde as Ilhas Ocidentais até a Tasmânia. Eles tiveram um apelo universal imediato, tanto como guias de cozinha, que ficaram com marcas de dedo e manchas de molho com o uso, como pela prosa incisiva."

Do outro lado do Atlântico, o *New York Times* juntou-se aos tributos exagerados, citando a chef americana Alice Waters (capítulo 20), que dissera que David "era sua maior inspiração". "Voltando a ler seus livros agora", disse a sra. Waters, "sinto que os plagio. Tudo isso está muito enraizado, tenho vergonha de lê-los agora."

Receitas de David

As receitas a seguir foram escolhidas para mostrar, no primeiro exemplo, como um prato preparado em muitos lares pode se tornar mais sofisticado. O segundo exemplo, a receita de omelete de David mostra que ela também era bastante capaz de sugerir pratos simples mas deliciosos, e o terceiro exemplo foi incluído com a explicação que ela dava. Ele demonstra como David elevou a redação das receitas do nível da simples tecnicalidade para uma área em que o contexto e a compreensão de como a receita surgiu oferecem conhecimento além de orientação.

ESPAGUETE À BOLONHESA

6 porções

Ingredientes

- 225 g de carne moída magra
- 115 g de fígado de frango
- 85 g de presunto cru (gordo ou magro)
- 1 cenoura
- 1 cebola
- 1 pedaço pequeno de salsão
- 3 colheres (chá) de purê e tomate concentrado
- 1 taça de vinho branco
- 2 taças de caldo ou água
- manteiga
- sal e pimenta-do-reino
- noz-moscada

Modo de preparo

Corte o bacon ou o presunto em pedaços bem pequenos e doure levemente em uma panela pequena com cerca de 15 g de manteiga. Acrescente a cebola, a cenoura e o salsão, tudo muito bem picado. Quando estiverem dourados, acrescente a carne moída crua, e então mexa muitas vezes para que ela doure por igual. Acrescente os fígados de frango picados, e depois de 2 ou 3 minutos, o purê de tomate, e então o vinho branco. Tempere com sal (levando em conta que o presunto ou o bacon já são salgados), pimenta-do-reino, e uma pitada de noz-moscada, e acrescente o caldo de carne e a água.

    Tampe a panela e cozinhe o molho em fogo bem baixo por 30 a 40 minutos. Alguns cozinheiros em Bolonha acrescentam uma xícara de creme de leite fresco ou de leite ao molho, o que o deixa mais suave. Outra variação tradicional é o acréscimo de ovos encontrados ainda dentro das galinhas, em especial na primavera quando as galinhas estão pondo. Eles são acrescidos no mesmo momento que os fígados de galinha e formam pequenos glóbulos dourados quando o molho está pronto. Quando o ragu é servido com espaguete ou talharim, misture-o com a massa quente em um prato aquecido para que a massa fique completamente impregnada pelo molho, e acrescente um pedaço generoso de manteiga antes de servir. Sirva o queijo ralado à parte.

De: *Italian Food*, Penguin Classics, 1999 – com introdução de Julia Child.

Omeletes

Como todos sabem, existe apenas uma receita infalível para a omelete perfeita: a sua. Mas para qualquer um que ainda esteja no estágio experimental, apresento os seguintes pontos, que imagino serem os principais responsáveis pelo fracasso quando aquela frigideira de ferro, que não foi tocada pela água por 20 anos, é tirada da despensa.

Primeiro, muitas vezes os ovos são batidos de maneira muito agressiva. Na verdade, eles não deveriam ser realmente batidos, mas misturados, e alguns círculos firmes feitos com dois garfos são o suficiente. Em segundo lugar, a simplicidade e o frescor evocados pela deliciosa palavra "omelete" será alcançada apenas se for lembrado que são os ovos a parte essencial do prato; o recheio, de importância secundária, deve ser em uma proporção muito menor que os ovos. Devem ser colocados levemente sobre o centro da omelete pronta, em vez de escorrer de maneira abundante pelas bordas; ela deve fornecer o segundo de dois diferentes sabores e texturas; o sabor de ovo puro e da manteiga cozida do exterior e das pontas da omelete, então o interior macio e um pouco mole, com seu segundo sabor de queijo ou presunto, cogumelos ou ervas frescas.

No que diz respeito à panela, uma frigideira de 25 centímetros faz uma omelete com três ou quatro ovos. Bata-os imediatamente antes de fazer a omelete, de maneira leve como descrito acima, com dois garfos, acrescentando um tempero suave de sal e pimenta. Use 15g de manteiga. Aqueça sua frigideira, mas não a deixe ficar vermelha de tão quente. Então aumente o fogo o máximo que puder. Coloque a manteiga e quando ela estiver derretida e estiver a ponto de mudar de cor, derrame os ovos.

Acrescente o recheio, e veja se está bem envolto pelos ovos. Incline a frigideira na sua direção e com um garfo ou espátula puxe um pouco da mistura da outra ponta. Agora incline a frigideira para longe de você de modo que os ovos escorreguem para o espaço que você criou para eles.

Quando um pouco da parte que ainda não endureceu continuar na superfície, a omelete está pronta. Dobre-a em três com seu garfo ou faca sem serra, segure a frigideira em ângulo e escorregue a omelete para o prato à espera. Ele deve ter sido aquecido, mas apenas um pouco, ou a omelete vai continuar a cozinhar.

Uma omelete não é coisa de muita frescura. O principal erro é colocar recheio demais e fazê-la muito elaborada. Coisas gordurosas como foie gras e lagosta em molho de creme são inapropriadas. Na verdade, moderação em todos os aspectos é o melhor conselho quando se trata de omeletes. Molhos e outros adornos são supérfluos, um pouco mais de manteiga derretida no prato aquecido ou colocada sobre a omelete na hora de servir é a única adição que não cai bem.

Omelete com ervas
Prepare uma colher (sopa) de salsinha, estragão, cebolinha e, se possível, cerefólio bem picados e misturados. Misture metade disso, com sal e pimenta, em uma tigela com os ovos, e a outra metade quando os ovos estiverem na frigideira. Se quiser, coloque uma pequena bolinha de manteiga sobre a omelete quando for levado à mesa.

Omelete de tomate
Um tomate, sem pele e bem picado, mal cozido por não mais de um minuto na manteiga, com sal e pimenta, é acrescido aos ovos já na frigideira.

Omelete de Bacon
Acrescente uma colher (sopa) de bacon bem picado amolecido por cerca de um minuto em sua própria gordura aos ovos já na frigideira; cuidado para não salgar os ovos demais. Suficiente para uma pessoa.

De: *At Elizabeth David's Table*, de Elizabeth David, Ecco, 2011

FRANGO COM ESTRAGÃO

A dona de casa francesa mistura a carne de porco fresca ou da linguiça de porco pura com ovos e ervas para rechear uma ave grande e gorda. Ela a cozinha com legumes e um bouquet de ervas e o resultado é aquele poule au pot que o bom rei Henrique de Navarra queria que todos os seus súditos comessem todos os domingos do ano. Ou talvez a mesma dona de casa cozinha seu frango sem recheio e serve com um prato de arroz e um molho cremoso; ou se for uma ave jovem e gordinha, ela simplesmente irá assá-la na manteiga e servi-la no prato oval da família com um tufo de agrião em cada ponta e os sucos amanteigados em uma molheira à parte. A mulher do fazendeiro, diante de uma galinha velha que já não serve mais para dar ovos, irá (se tiver herdado as receitas de sua avó e tiver um senso apropriado do que é adequado) desossar a ave, recheá-la com carne e vitela e até, talvez, trufas se for uma ocasião especial, e cozinhar a ave com vinho e um pé de bezerro para fazer uma geleia límpida e salgada, para que a velha galinha seja transformada em uma linda gelatina adequada para celebrações e dias festivos.

4 porções

Ingredientes
- 1 quilo de frango
- 30 g de manteiga
- 1 colher (sopa) de folhas de estragão
- metade de um dente de alho, picado
- conhaque
- creme de leite fresco (opcional)

Modo de fazer
Para um frango assado gordinho, misture a manteiga com as folhas de estragão, metade do dente de alho, sal e pimenta. Coloque dentro da ave, que deve ser bem coberta por azeite de oliva. Asse a ave de lado sobre uma grade em uma assadeira. Vire na metade do tempo (45 minutos em um forno quente de 200 ºC ou uma hora em um forno moderado a 180 ºC deve ser suficiente); aqueles que tiverem uma churrasqueira espaçosa podem tentar grelhá-lo, o que leva cerca de 20 minutos e dá muito mais a impressão de um frango assado no espeto, mas ele deve ser vigiado de maneira constante e virado com muito cuidado, para que as pernas fiquem tão bem passadas quanto o peito.

Quando a ave estiver assada, aqueça uma pequena taça de conhaque em uma concha, ateie fogo, e derrame as chamas sobre o frango, virando o prato de modo que as chamas se espalhem e continuem a flambar pelo maior tempo possível. Leve a ave novamente ao forno em temperatura baixa a 150 º e conte de 2 a 5 minutos, tempo durante o qual o molho de conhaque vai amadurecer e perder o sabor cru. Nesse momento você pode, se quiser, enriquecer o molho com algumas colheres de creme de leite fresco e, no restaurante parisiense La Mère Michel, de onde a receita veio originalmente, eles acrescentam vinho madeira ao molho. Ainda que isso seja muito bom, parece-me uma complicação desnecessária.

De: *At Elizabeth David's Table*, de Elizabeth David, Ecco, 2011

O mestre
GEORGES AUGUSTE ESCOFFIER

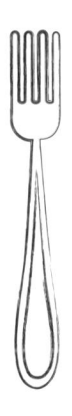

O diminuto Georges Auguste Escoffier, que normalmente renunciava a seu primeiro nome, nasceu em 1846. Ele foi um dos chefs mais influentes do final do século XIX, atingindo o auge de sua carreira no começo do século XX, quando foi aclamado como o chef mais refinado da história pelo fundamental *Larousse Gastronomique*; o "rei dos chefs, o chef dos reis", título antes dado a Antonin Carême (capítulo 6) e com igual razão.

Escoffier realizou muito a partir do trabalho pioneiro de Carême e é com razão visto como um dos mestres da alta gastronomia, reconhecida como a culinária complexa e luxuosa vista em restaurantes franceses renomados. No entanto, um dos seus maiores objetivos era simplificar esses pratos e produzir receitas que pudessem ser feitas em cozinhas domésticas.

Escoffier tem o crédito de ter criado impressionantes 10 mil receitas durante a vida. De um jeito verdadeiramente francês, ele não era modesto a respeito de suas receitas. Na introdução do *Le Guide Culinaire* (O Guia Culinário), escreveu: "Ao longo de mais de quarenta anos de experiência como chef, fui responsável por milhares de cardápios, alguns dos quais se tornaram clássicos e estão entre os mais refinados servidos nos tempos modernos; e posso assegurar que, apesar da familiaridade ao trabalho que tal período de tempo deve dar a alguém, a criação de um cardápio apresentável raramente é conseguida sem trabalho prolongado e muita elaboração, e por tudo isso o resultado nem sempre me satisfaz".

Ele não era apenas um perfeccionista; também ignorava de certo modo as exigências por novidade, ressaltando que, apesar do desejo pela novidade na comida "ser exigido de maneira imperiosa por todos", a realidade dita que "a quantidade de substâncias alimentares é comparativamente pequena, o número de suas combinações não é infinito, e a quantidade de matéria-prima colocada à disposição de um cozinheiro, seja pela arte ou pela natureza, não aumenta de acordo com os pedidos do público". Em outras palavras: seja realista a respeito das limitações de novas criações.

Escoffier insistia em obedecer e criar as regras básicas da preparação do prato, começando com seu sistema de classificação para os "molhos mãe" ou caldos nos quais o trabalho do restante do prato se baseava. Em seu livro, *Fonds de Cuisine* (Bases da Culinária), escreveu: "Apesar do fato de ser um procedimento usual, em questões culinárias, insistir na importância do papel desempenhado pelo caldo, sinto-me compelido a me referir a ele no começo dessa obra, e ressaltar ainda mais o que já foi escrito sobre o assunto. Na verdade, o caldo é tudo na culinária, pelo menos na culinária francesa. Sem ele, nada pode ser feito. Se o caldo de alguém é bom, o que resta do trabalho é fácil; se, por outro lado, é ruim ou apenas medíocre, quase não tem sentido esperar por algum resultado satisfatório".

Os livros mais conhecidos de Escoffier começaram com *Le Guide Culinaire*, publicado em 1903, que se tornou uma bíblia nas cozinhas profissionais. Três décadas mais tarde, em 1934, ele publicou *Ma Cuisine* (Minha Cozinha), uma obra para chefs amadores que se tornou igualmente influente. Mas as conquistas de Escoffier não terminam por aí; ele literalmente revolucionou a organização das cozinhas profissionais e o serviço de um modo que hoje é tido como normal. O cardápio *a la carte*, por exemplo, é uma criação de Escoffier, e ele foi o chef que finalmente deu fim ao clássico estilo francês de servir pratos juntos em uma espécie de bufê. Ele preferia o método de serviço *a la Russe*, que na verdade havia sido introduzido na Europa Ocidental um século antes, mas que demorou a pegar. O método russo impunha um sistema de serviço de pratos em ordem para que a mesa não ficasse cheia com um conjunto de pratos que não poderiam ser consumidos na melhor temperatura e não combinavam uns com os outros necessariamente.

Além disso, Escoffier se tornou famoso por sua insistência em instituir condições de trabalho mais humanas em suas cozinhas, melhorando muito a vida de uma classe de empregados que, naquela época, tinha um status humilde e muitas vezes sofria abusos. A parte central disso tinha a ver com a organização da cozinha em brigadas, conhecidas como *chefs de parties*.

Antes dessa época, as cozinhas eram lotadas de chefs preparando pratos inteiros sozinhos ou em pequenas equipes. Isso envolvia duplicação considerável de esforço e entrega lenta dos pratos. Escoffier percebeu que esse trabalho poderia ser racionalizado se chefs especializados em vários aspectos da produção de comida garantissem que diversos componentes de um único prato fossem feitos por chefs especializados com conhecimento preciso de seus ingredientes. Essa nova forma de trabalho em equipe produzia comida de melhor qualidade e mais rápido.

O processo acabava com um chef responsável pela montagem final e pela apresentação, uma questão que Escoffier considerava ser da maior importância. Ele era o microadministrador da apresentação, dando muita atenção não apenas à aparência da comida mas também à louça, aos talheres, aos copos e à colocação da mesa. Lá atrás na cozinha, ele também se envolveu na melhoria do desenho dos utensílios. Como efeito colateral de seu trabalho, ele introduziu a frigideira comum nas cozinhas britânicas.

Como cresceu em cozinhas, tinha muita consciência do pouco status de seus funcionários e das duras condições de trabalho. Essas condições tinham, e ainda têm, grandes consequências para a saúde dos chefs, que muitas vezes lançam mão de grandes quantidades de álcool para aliviar a tensão. Escoffier pediu ajuda a um médico para criar uma bebida saudável a base de cevada, que era oferecida a todos os chefs que trabalhavam em suas cozinhas como parte de uma tentativa de encorajar a equipe a não consumir álcool. Ele nunca bebeu e nem fumou, diferentemente de seus pares, temendo que isso interferisse em suas papilas gustativas.

Os chefs principais podiam ser brutais com seus subordinados, mais acostumados a gritar do que a falar com eles. Xingar era algo comum, e tolerava-se uma cultura bastante explícita de perseguição da equipe mais jovem. No entanto, Escoffier baniu os palavrões de suas cozinhas, exercitou um autocontrole de aço e raramente perdia a paciência enquanto trabalhava. Junto com o controle do comportamento de seus chefs vinha a insistência com a limpeza e o incentivo de serem cidadãos bem vestidos e bem comportados tanto dentro quanto fora da cozinha. Os mais jovens eram encorajados a adquirir melhores conhecimentos sobre os alimentos e realizar treinamentos, e tinham oportunidade de fazer isso.

Escoffier era um oportunista no melhor sentido da palavra, usando sua fama e a das grandes personalidades de seu tempo para promover pratos e restaurantes que entraram na moda. Assim como muitos grandes chefs, ele tinha formação acadêmica limitada, mas passou por um treinamento rigoroso. Nascido em 1846 na pequena cidade de Villeneuve-Lobet, perto de Nice, Provença, era filho de um ferreiro. Talvez mais importante, foi a avó quem o apresentou inicialmente à culinária, transmitindo-lhe o entusiasmo.

Aos 12 anos de idade, ele saiu da escola e aos 13 começou a trabalhar no Le Restaurant Françaises do tio em Nice. Na escola, mostrara aptidão para as artes, mas a pragmática família Escoffier achou que era melhor ele aprender uma profissão com grandes possibilidades de emprego. Trabalhar para o tio não foi uma opção fácil; ele começou de baixo e passou por um cansativo treinamento, como esfregar o chão e as panelas antes de ter a permissão de se tornar um *commis saucier*, um preparador de molhos júnior. Ele também frequentava a escola noturna; mais tarde, Escoffier disse que esse aprendizado um tanto duro deu a ele as sólidas bases de sua carreira.

Aos 19 anos, Escoffier demonstrava aptidão considerável como chef e estava subindo na cozinha do restaurante do tio. Àquela altura, teve a oportunidade de mudar para Paris e trabalhar em um dos restaurantes mais prestigiados da capital francesa, o Le Petit Moulin Rouge. Ele começou como sous chef e, no espaço de três anos, se tornou o chef principal.

Em 1870, começou a Guerra Franco-Prussinana e jovens da idade de Escoffier foram convocados para o serviço militar. Ele já tinha tirado licença do restaurante para fazer o serviço militar, mas o exército, demonstrando um bom senso nem sempre visto nos círculos militares, percebeu que ele poderia dar uma grande contribuição ao esforço de guerra nas cozinhas, nomeando-o Chef de Cuisine.

Aquela foi uma oportunidade não apenas de experimentar as exigências do serviço de massa, mas de estudar e desenvolver técnicas de fazer conservas de alimentos. Isso garantia que a comida transportada para a frente de batalha não necessitava de muito preparo. Parece não haver um registro do resultado do trabalho de Escoffier no que diz respeito ao sabor, mas ele é reconhecido como um pioneiro do processo de conservas em lata (outros serão discutidos no capítulo a seguir).

No final da guerra, ele voltou para o Le Petit Moulin Rouge e foi para outros restaurantes famosos de Paris. Em 1871, abriu o seu próprio restaurante em Cannes, o Le Faisan d'Or. Mas foi no Maison Chevet, no hotel Palais Royal, que ele fez seu nome com a apresentação de banquetes espetaculares, muitos dos quais para ocasiões oficiais.

Escoffier mudou dali para o igualmente famoso Maison Maire. Mas foi na Suíça que ele iria estabelecer o relacionamento que transformou a sua vida profissional ao ser nomeado pelo dono de hotéis Cesar Ritz para administrar as cozinhas do Hotel National, em Lucerna. Ritz, um cidadão suíço, era um mestre da hotelaria e Escoffier era um mestre das cozinhas; juntos, formavam uma equipe formidável.

A partir da Suíça, a dupla se mudou para Londres em 1890 onde deram nova vida ao Hotel Savoy durante um período de oito anos. Ritz era o diretor geral do hotel e Escoffier o chefe dos serviços de restaurante. Foi no Savoy que Escoffier criou uma de suas receitas mais famosas: o Pêssego Melba, em homenagem à cantora australiana Nellie Melba, que morava no hotel.

Escoffier era um entusiasta da Ópera e queria surpreender a estrela com um tributo culinário apropriado à sua arte. Ao assistir a sua interpretação do Cisne Majestoso em *Lohengrin*, ele imaginou um prato de pêssegos servidos em uma cama de sorvete dentro de um bloco de gelo no formato de um cisne. O prato era então coberto com açúcar de confeiteiro e calda de framboesa.

O grande chef teria outras oportunidades de misturar celebridades com culinária. Seu famoso prato com pernas de rã, Cuisses de Nymphe Aurore, por exemplo, foi batizado em homenagem ao príncipe de Gales. Pode-se dizer, portanto, que ele foi o pioneiro desse tipo de prato pelos quais os chefs são famosos hoje em dia.

No entanto, a permanência de Escoffier no Savoy terminou de modo vergonhoso quando ele e Ritz foram demitidos sob a acusação de terem relação com o desaparecimento de vinhos e bebidas no valor de 3.400 libras, e a suspeita de que Escoffier teria recebido subornos dos fornecedores do hotel. Escoffier ficou mortificado com essa experiência, mas Ritz não perdeu tempo para se reerguer e, em 1898, lançou o que no seu tempo foi o inovador Hotel Ritz em Paris. A designer Coco Chanel moraria ali por três décadas. Ritz trouxe Escoffier de volta de Londres para se juntar a ele. O Ritz rapidamente tornou-se um sucesso, não apenas pela comida. Ele também se tornou um lugar da moda para o chá da tarde, um hábito que deixou Escoffier perplexo. "Como alguém pode comer geleia, bolos e doces, e degustar o jantar – a rainha das refeições – uma ou duas horas depois?" – perguntava, "Como alguém pode apreciar a comida, o cozimento ou os vinhos?"

A permanência de Escoffier no Ritz foi curta e ele voltou para a capital britânica para se juntar ao luxuoso hotel Carlton, onde ficou por trinta anos. Cesar Ritz também parece ter tido uma reação tardia à questão do Savoy, pois sofreu um ataque de nervos em 1901 e aposentou-se logo depois. Foi a vez de Escoffier se reerguer, tornando as cozinhas do Carlton mundialmente famosas e dando início a uma carreira editorial que deslanchou com seu segundo livro, o *Guide Culinaire*, que foi seguido por mais oito grandes obras.

Uma interessante nota de rodapé para o tempo de Escoffier no Carlton foi a contratação do revolucionário vietnamita Ho Chi Mihn como chef de confeitaria. Ele estava exilado em Londres antes de voltar a seu país para liderar a derrubada dos colonizadores franceses e na sequência se tornar presidente de uma pequena nação que humilhou os poderosos Estados Unidos em uma prolongada guerra.

O Carlton permitiu que Escoffier se envolvesse em outro trabalho que aumentava a reputação dele e do hotel. A empresa alemã de transporte marítimo de passageiros Hamburg-Amerika Lines o convidou para criar um serviço de restaurante para seus passageiros, em 1904. Ele ficou conhecido como os restaurantes Ritz-Carlton. Isso também se tornou motivo de lenda quando um pouco antes do começo da Primeira Guerra o imperador

Guilherme II viajou no navio *Imperator* e provou a comida de Escoffier. Conta-se que o imperador disse a ele: "Sou o imperador da Alemanha, mas você é o Imperador dos chefs".

Escoffier presidiu as cozinhas do Carlton até 1919 quando tinha 73 anos e pretendia se aposentar com sua esposa em Monte Carlo. No entanto, esses planos evaporaram quando a viúva de Jean Giroix, um colega do restaurante Petit Moulin Rouge, em Paris, onde trabalhara quando jovem, ofereceu a ele uma parte do Hotel l'Ermitage. Como se isso não fosse suficiente ele também abriu outro hotel, o Riviera, em Monte Carlo.

Em 1920, ele se tornou o primeiro chef a receber o título de Cavaleiro da Legião de Honra, e então em 1928 ele foi nomeado Oficial da Legião de Honra, o primeiro chef a receber essa condecoração. Escoffier morreu em 1935 aos 89 anos de idade, apenas alguns dias depois de sua esposa. Um museu em honra ao trabalho de sua vida foi criado em sua cidade natal, Villeneuve-Loubet.

O nome de Escoffier é sinônimo de boa comida. Sociedades Escoffier, dedicadas à alta gastronomia, estão espalhadas pelo mundo em reconhecimento a esse fato. Ele certamente teria gostado disso porque buscava reconhecimento e trabalhou como um cão durante a vida. O tributo mais duradouro a Escoffier é o que pode literalmente ser visto todos os dias quando os clientes entram nos restaurantes e pegam cardápios cujos formatos derivam do grande chef, cujo serviço emula seu sistema e onde as receitas se originam de sua influência. Em outras palavras, praticamente todos os aspectos do atual serviço nos restaurantes retêm a influência de Georges Auguste Escoffier.

Receitas de Escoffier

Escoffier começa sua ladainha de "molhos mãe" com o clássico roux, a base para muitos pratos, e um molho que existe em três formas: escuro, pálido e branco. A receita de um roux escuro, usado para pratos como cozidos, é a seguinte:

ROUX ESCURO

Rende 450 g.

Ingredientes
225 g de manteiga clarificada
250 g de farinha de trigo da melhor qualidade

Modo de preparo
Misture a farinha e a manteiga em uma panela de fundo grosso e coloque-a do lado da boca do fogão ou em forno médio. Mexa a mistura repetidas vezes para que o calor seja distribuído por igual por todo o seu volume.

O tempo de cozimento de um roux escuro não pode ser determinado com precisão, pois depende do grau de calor empregado. Quanto mais intenso, mais rápido será o cozimento, enquanto que o molho precisará ser misturado com mais velocidade. Sabe-se que o roux escuro está pronto quando adquire uma delicada cor marrom, e quando emana um odor que lembra a avelã, característico da manteiga cozida.

É muito importante que o roux escuro não cozinhe rápido demais. Na verdade, entre os diversos elementos que constituem a farinha, apenas o amido age como princípio de aderência. O amido está contido em pequenas células, o que o limita bastante, mas que são porosas o suficiente para permitir a infiltração de líquidos e substâncias gordurosas. Sob a influência do fogo moderado e da manteiga infiltrada, as células estouram com o inchamento do amido, e com isso ele se mistura completamente com a manteiga, formando uma massa capaz de absorver seis vezes o próprio peso em líquido quando cozida.

Quando o cozimento acontece em temperatura inicial muita alta o amido queima dentro de suas células secas, e o inchamento então só é possível nas partes que foram menos queimadas.

O princípio de aderência é portanto destruído, torna-se necessário o dobro ou o triplo de roux para obter a consistência necessária. Mas esse excesso de roux nos molhos os satura sem criar aderência, e evita que eles parem de espumar ou tornem-se límpidos. Ao mesmo tempo, a celulose e o amido queimado emprestam amargor ao molho, e nenhum tratamento subsequente pode livrá-lo disso.

Nesse caso, como o amido é o único entre os diversos constituintes da farinha que realmente afeta a aderência dos molhos, seria uma vantagem considerável preparar o roux a partir de sua forma pura, ou de substâncias com propriedades semelhantes, como a fécula, a aratura, etc. É apenas o hábito que faz a farinha ainda ser usada como elemento espessante do roux, e, na verdade, não está distante o momento em que as vantagens da mudança que proponho serão mais bem compreendidas – mudanças que já foram recomendadas por Favre em seu dicionário.

Com um roux bem feito com o amido mais puro – caso em que o volume do amido e da manteiga seriam cerca de metade da quantidade de farinha e manteiga utilizados no método antigo – e com um caldo de carne forte e suculento, pode-se fazer um molho espanhol em uma hora. E esse molho será mais límpido, mais brilhante e melhor que o feito no processo antigo, que precisava de pelo menos três dias para clarificar.

De: *The Escoffier Cookbook and Guide to the Fine Art of Cookery: For Connoisseurs, Chefs, Epicures Complete With 2973 Recipes*, de Georges Auguste Escoffier, Crown Publishers, Inc., 2000.

POULETS SAUTES OU FRANGO SALTEADO

Os livros de receitas modernos fornecem aos leitores detalhes precisos de quantidade, tempo de cozimento e coisas como temperatura do forno. Escoffier e seus contemporâneos assumiam que todos tinha um alto nível de conhecimento do preparo de alimentos e por isso excluíam alguns desses detalhes, concentrando-se no método de preparo. Escoffier começava com uma explicação genérica de como certos tipos de alimento deveriam ser preparados e então dava diversas receitas que aplicavam os princípios gerais a pratos específicos. O exemplo dado aqui é de frango salteado para o qual ele recomendava que o frango deveria ser "a la Reine", ou seja, de tamanho médio, com muita carne e macio. A receita original é a seguinte:

A ave que será salteada deve ser cortada da seguinte maneira: depois de esvaziada, chamuscada e cuidadosamente limpa; corte suas coxas – uma questão bastante simples, desde que basta desprender a junção dos ossos da coxa, depois de ter cortado a pele. Corte os pés do frango logo abaixo da junção da tíbia, e corte as unhas. Agora corte a tíbia acima da junção, e remova a sobrecoxa.

Corte as partes inferiores da asa na primeira junção; remova as partes superiores, depois de ter feito um corte arredondado em parte do peito de maneira que cada asa fique presa apenas pela metade; finalmente, solte o pedaço central do peito, que deve ser deixado inteiro se a ave for pequena e cortado em dois em outro caso.

A carcaça, portanto, permanece. Corte em dois, e recorte cada pedaço dos dois lados.

Antes de começar a cozinhar, tempere de maneira moderada os pedaços de ave com sal e pimenta. Seja quais forem as exigências de uma receita em particular, o princípio de preparação do frango salteado é o seguinte:

Pegue uma frigideira grande na qual caibam todos os pedaços de ave, e aqueça nela 55 g de manteiga clarificada; ou, de acordo com as circunstâncias, metade de manteiga e metade de óleo. Quando a gordura escolhida estiver bem quente, coloque os pedaços de ave; deixe-os dourar rapidamente, e vire-os de vez em quando, para que dourem por igual. Agora tampe o utensílio, e coloque-o em um forno suficientemente quente para garantir o cozimento completo da ave. Alguns pedaços mais macios, como as asas e o peito, devem ser retirados depois de alguns minutos e mantidos aquecidos; mas as coxas, cuja carne é mais firme e espessa, deve cozinhar por sete a oito minutos a mais, pelo menos.

Quando todos os pedaços estiverem cozidos, retire-os; escorra a manteiga e limpe o fundo da frigideira com o líquido prescrito, que deve ser algum tipo de vinho, caldo de cogumelos com licor ou caldo de frango. Esse suco da frigideira forma, como já ressaltei, uma parte essencial do procedimento, tendo em vista que seu objetivo é dissolver essas porções de molho solidificado que aderem ao fundo da frigideira.

Reduza esse suco à metade, e acrescente o molho dado na receita. Coloque os pedaços de carcaça, os pés, as partes inferiores das asas e as coxas nesse molho, e cozinhe em fogo baixo por alguns minutos. Juntam-se então os outros pedaços, isto é, as partes superiores das asas e o peito, mas quando o molho estiver reduzido o suficiente, deve parar de borbulhar. Quando os pedaços estiverem completamente cozidos, é obviamente desnecessário que o molho borbulhe, já que eles só iriam endurecer a partir daí.

Alguns minutos antes de servir, coloque os pedaços em um prato de serviço fundo (com tampa) na seguinte ordem: os pedaços de carcaça, os pés e as partes inferiores das asas no fundo do prato, sobre eles as coxas e o peito e, no final de tudo, as asas.

O molho é então finalizado de acordo com as instruções da receita e derramado sobre os pedaços de ave.

Alguns frangos são preparados sem ganhar cor – isto é, os pedaços são meramente endurecidos na manteiga sem dourar, e seu cozimento é terminado no forno como descrito acima. Nesse caso, o suco da frigideira é invariavelmente branco, assim como os molhos suplementares, que são finalizados com creme de leite.

Esse método é então aplicado a diversos pratos de frango salteado como os seguintes:

POULET SOUTÉ ARCHIDUC

Frite os pedaços de ave sem dourar, isto é, apenas os endureça. Acrescente 110 g de cebolas previamente cozidas na manteiga, e termine o cozimento das cebolas e da ave juntas.

Retire os pedaços; coloque-os em um prato; tampe o prato e mantenha-o aquecido. Umedeça as cebolas com uma pequena taça de conhaque; reduza; acrescente 80 g de creme de leite e 80 g de velouté, e misture bem.

Reduza esse molho até obter uma consistência grossa; finalize-o, longe do fogo, com 45 g de manteiga, o suco de um quarto de um limão-siciliano e uma colher (sopa) de vinho madeira, e derrame sobre a ave.

Coloque cerca de dez fatias de trufa sobre ela e sirva.

SOBREMESAS

Escoffier tinha uma extensa lista de sobremesas. Junto com os pratos clássicos franceses, criou receitas para todos os clássicos ingleses como o rocambole, o arroz doce e o bolo de Natal. Uma de suas receitas, que continua popular e já foi vista como uma sobremesa simples mas sofisticada é o Jubilee Cherries (Cerejas do Jubileu), que aparece abaixo em sua forma original:

JUBILEE CHERRIES

Tire a semente de algumas cerejas boas; mergulhe-as em calda, e então coloque-as em pequenas tigelas de prata. Reduza a calda e engrosse-a com um pouco de araruta diluída com água fria; usando uma colher (sopa) de araruta para cada 240 mililitros de calda. Cubra as cerejas com a calda engrossada; derrame uma colher de café de kirsch aquecido em cada tigela, e flambe cada uma na hora de servir.

De: *The Escoffier Cookbook and Guide to the Fine Art of Cookery: For Connoisseurs, Chefs, Epicures Complete With 2973 Recipes*, de Georges Auguste Escoffier, Crown Publishers, Inc., 2000.

PÊSSEGOS MELBA

Esta receita é baseada na receita original de Escoffier, criada em homenagem à cantora Dame Nellie Melba, mas é apresentada na forma de uma receita moderna e rende 4 porções.

Ingredientes

3 xícaras de água

½ xícara de açúcar

casca de 1 limão-siciliano cortada em tiras

1 fava de baunilha cortada ao meio

½ xícara mais 2 colheres (sopa) de licor de pêssego

4 pêssegos médios quase maduros

Para o molho de framboesa

Rende 1 xícara

- 1,2 litro de framboesas frescas
- ½ xícara de açúcar
- 1 colher (sopa) de suco de limão-siciliano fresco
- sorvete de creme
- ramos de hortelã frescos para decorar

Modo de preparo

Para cozinhar os pêssegos, coloque a água, o açúcar, as cascas de limão e a fava de baunilha em uma panela que seja grande o suficiente para conter os pêssegos com o líquido apenas os cobrindo. Deixe a mistura levantar fervura em fogo alto, mexa para dissolver o açúcar. Abaixe bem o fogo e acrescente ½ xícara de licor de pêssego e os pêssegos. Tampe a panela e cozinhe em um fogo bem baixo até os pêssegos ficarem macios quando furados com uma pequena faca (10 a 15 minutos, dependendo do tamanho dos pêssegos).

Retire os pêssegos do líquido com uma escumadeira e coloque-os em um prato para esfriar. Os pêssegos podem ser guardados na geladeira, cobertos, por até três dias. Antes de servir, corte a fruta ao meio e retire o caroço. Tire a casca com cuidado e descarte.

Retire as tiras de limão e a fava de baunilha do caldo de cozimento, descartando-as. Leve a panela a fogo alto e reduza o líquido a cerca de ¾ de xícara para concentrar os sabores. Deixe descansar em temperatura ambiente e então acrescente o restante das 2 colheres (sopa) do licor de pêssego. Guarde a calda na geladeira, tampada, por até 1 semana.

Para a calda de framboesa, lave as frutas e coloque-as em uma panela pequena com açúcar. Coloque a panela em fogo médio e cozinhe até as frutas amolecerem e começarem a despedaçar (cerca de 10 minutos). Passe a mistura por uma peneira fina e descarte as sementes. Acrescente o suco de limão-siciliano à calda e leve-a à geladeira, tampada, por até três dias.

Para montar a sobremesa, coloque uma bola de sorvete em uma tigela. Coloque duas metades de pêssego por cima. Derrame um pouco da calda de cozimento sobre o sorvete e então regue os pêssegos com a calda de framboesa. Decore com ramos de hortelã, se quiser. Sirva imediatamente.

De: *The Escoffier Cookbook and Guide to the Fine Art of Cookery: For Connoisseurs, Chefs, Epicures Complete With 2973 Recipes*, de Georges Auguste Escoffier, Crown Publishers, Inc., 2000.

O homem da lata
HENRY HEINZ

Henry John Heinz (1844-1919) ocupou um lugar fundamental e inovador no desenvolvimento da indústria alimentícia como produtor de alimentos e molhos em conserva, além dos famosos produtos enlatados e engarrafados de sua empresa.

Heinz criou um império de fabricação de alimentos em âmbito mundial, cujas vendas ultrapassam os 10 bilhões de dólares e que emprega cerca de 32.500 pessoas. Sua engenhosidade não está na invenção dos conservantes alimentícios, mas em anunciar e oferecer um apelo universal a produtos que se tornaram parte essencial do consumo de alimentos do século XX.

Muito antes de Heinz nascer, conservar alimentos era uma preocupação de pessoas que não tinham certeza se seu suprimento de comida era suficiente para durar além das colheitas imprevisíveis. Elas também enfrentavam problemas de disponibilidade sazonal de alimentos e limitações de transporte. Antes das técnicas modernas de conservação serem adotadas, conservantes como sal e salmoura junto com métodos de armazenamento em recipientes de couro e pedra já eram conhecidos e usados há séculos.

O que aconteceu no século XIX foi que esses processos foram levados a um novo nível, literalmente transformando as opções alimentares de milhões de pessoas que, pela primeira vez, podiam comer produtos fora da estação e fazer longas viagens com diversos alimentos. Essas opções seriam impensáveis antes da introdução dos processos de engarrafamento e enlatamento.

O século XX passou por desenvolvimentos extraordinários no processo de embalagem de alimentos e a conservação o acompanhou. Com o desenvolvimento dos alimentos prontos, tornou-se possível preparar uma refeição simplesmente abrindo uma lata, descongelando um legume pré-cozido ou colocando um prato pronto no micro-ondas.

Henry Heinz foi um dos pioneiros nessa área e está entre aqueles que percebeu o imenso potencial do mercado de alimentos prontos. Heinz também se mostrou o fabricante de alimentos norte-americano com a cabeça mais internacional ao espalhar a rede de produção e a distribuição de sua empresa de maneira mais extensa fora dos Estados Unidos do que qualquer um de seus antecessores. Na verdade, em alguns países, os produtos Heinz se tornaram algo tão comum que muitas pessoas compravam a marca Heinz achando que estavam comprando de um produtor local e não de um conglomerado norte-americano. Henry Heinz começou no negócio alimentício em 1875 e logo percebeu que variedade era o que as pessoas realmente queriam. Ele também reconheceu que aditivos podiam transformar os pratos comuns em algo empolgante. Como todo gênio do marketing, não apenas entendeu o que as pessoas queriam, mas foi capaz de antecipar desejos.

Consequentemente, ele conseguiu criar uma demanda de alimentos que antes seus clientes nem sabiam que desejavam. Hoje em dia, o produto mais famoso da Heinz é o catchup, que está presente em praticamente todos os estabelecimentos de fast-food. O catchup demonstrou ser versátil como aditivo e como condimento, muito além de qualquer coisa que o próprio Heinz pudesse ter imaginado.

Quando Heinz entrou no ramo de alimentos no final do século XIX, ele rapidamente reconheceu que era tempo de mudar a indústria de alimentos e bebidas. Alimentos prontos saborosos eram desenvolvidos em ritmo acelerado e o apetite americano por esses produtos estava para explodir. Houve uma proliferação de novos produtos como Coca-Cola (1886), que veio logo em seguida ao desenvolvimento da primeira batata-frita, em 1853, e do chiclete, na década de 1870. Surgiram também os cereais matinais, desenvolvidos em 1863 por James Caleb e levados a um novo nível por John Harvey Kellogg.

Em 1869, uma pequena empresa fundada por Joseph Campbell e Abraham Anderson ocupava-se com a produção de tomates e sopas enlatados, entre outros produtos alimentícios. Em 1876, essa empresa se tornou a

Joseph A. Campbell Preserve Company, que mais tarde seria a maior rival da Heinz no setor de sopas, e menos em outras áreas nas quais os dois monstros da alimentação competem. Apesar da Campbell ter saído na frente, a Heinz logo a alcançou.

Antes de explorar a contribuição de Henry Heinz ao desenvolvimento dos alimentos processados, vamos dar uma olhada rápida nas origens dos alimentos embalados e processados porque, sem o trabalho pioneiro de outros, Heinz talvez tivesse passado grande parte da vida colhendo legumes no quintal de sua mãe e procurando maneiras de conservá-los, ou talvez tivesse assumido a olaria do pai, uma possibilidade mais provável pois foi ali que ele começou sua vida profissional.

Atribui-se a Nicolas Appert, um confeiteiro francês, um método para evitar que a comida estragasse por meio do engarrafamento. Ele descobriu que qualquer tipo de alimento se conservaria em vidros fechados à vácuo. Antes de engarrafar, o alimento era cozido e a maior quantidade possível de ar precisava ser retirada dos vidros, que eram fechados com rolhas presas por arames, assim como as garrafas de champanhe são fechadas hoje em dia. Sob a tampa havia uma mistura de queijo e limão. Os vidros eram então submersos em água fervente. Appert publicou um livro detalhando esse processo em 1810 e montou uma fábrica para produzir alimentos em conserva.

Na Inglaterra, Brian Dorkin trabalhou na mesma linha que Appert, mas teve a idcia de colocar os alimentos cozidos em latas. Enquanto ele estava desenvolvendo esse produto, e acabou se tornando fornecedor da marinha, dois outros empreendedores, Auguste de Heine e Peter Durand, patentearam a fabricação de vasilhames de ferro e estanho.

Então parece que as empresas britânicas criaram um método de armazenamento que melhorou a ideia de Appert, cuja embalagem ficava restrita ao vidro, que corria o risco de quebrar. Em 1813, Durand abriu uma fábrica em Londres para fazer alimentos enlatados e também começou a fornecer para a marinha.

O que não se sabia na época era que a comida estragava por causa de microrganismos e que era o aquecimento que destruía as bactérias. Esses pioneiros conseguiram o resultado, mas não compreendiam a ciência de como isso tinha sido alcançado. Essa descoberta foi feita por, entre outros, Louis Pasteur, que emprestou seu nome ao processo de pasteurização.

Os alimentos enlatados só chegaram aos Estados Unidos em 1819, mas causaram pouco impacto até a Guerra Civil começar e haver uma demanda por estoques de alimentos enlatados para o exército. Os Estados Unidos acabaram se tornando o principal alvo desse mercado, mas isso levou algum tempo. Os alimentos enlatados não eram baratos, portanto, seu uso era limitado.

A marinha, por exemplo, geralmente usava alimentos enlatados apenas para suprimentos de emergência. E também havia os problemas causados pelo preparo inadequado dos alimentos antes de serem enlatados, fazendo com que estragassem. Outro problema tinha a ver com a qualidade das latas, que eram feitas à mão e tendiam a enferrujar.

As coisas começaram a mudar com a introdução das latas feitas por máquinas, primeiro nos Estados Unidos e depois na Europa, no final da década de 1860. Os americanos assumiram o trabalho pioneiro dos europeus e introduziram produtos, como leite condensado, à variedade de alimentos disponíveis em latas. No final do século, pesquisadores do MIT descobriram maneiras de melhorar a qualidade dos alimentos enlatados e engarrafados. A invenção do abridor de latas também aumentou muito a atratividade das latas para os consumidores domésticos.

Mas as latas de alumínio só apareceram na década de 1960, diminuindo muito o peso dos alimentos enlatados. Uma década mais tarde, surgiram tampas que dispensavam o uso de abridores, completando o ciclo de facilidades para os produtos enlatados.

Apenas na década de 1880 os alimentos enlatados começaram a figurar como produtos de massa. Até aquela época havia preocupações com o sabor e a segurança dos alimentos em latas e garrafas feitos em processos industriais. Além disso, esses alimentos embalados industrialmente não tinham uma aparência atraente. As empresas tendiam a usar garrafas opacas verdes e as latas tinham uma aparência rudimentar. Quando Henry Heinz entrou no ramo com raiz-forte ralada em vidros, uma das primeiras coisas que fez foi colocar o produto em vidros transparentes que faziam a comida parecer mais apetitosa. Ele logo descobriu que a apresentação era o segredo e ajudou a criar diversas embalagens atraentes que chamavam a atenção dos clientes nos mercados.

Heinz, como o nome sugere, era filho de imigrantes alemães que vieram de Karlstad. Era um entre oito filhos de uma família que se fixou em Pittsburgh, Pensilvânia. O jovem Henri demonstrou interesse por negócios e comida ainda bastante jovem. Aos seis anos de idade, ajudava a mãe a cuidar da horta da família. Aos oito, começou a vender legumes para os vizinhos, carregando-os em um pequeno cesto. Quando tinha nove anos, ele plantava, ralava e engarrafava o próprio molho de raiz-forte para vender. Acabou demonstrando um grande talento para ralar raiz-forte. Os pais reconheceram a sua iniciativa e capacidade, e aos dez anos de idade ele ganhou um pedaço de terra: três quartos de um acre para plantar legumes. Ele logo passou do cesto para um carrinho de entregas.

Três anos mais tarde, ele cultivava três acres e meio e usava um cavalo e uma carroça para entregar a produção nos mercados locais. Aos dezessete anos, Heinz ganhava 2.400 dólares por ano com o seu negócio, uma quantia impressionante para a época.

Talvez seja óbvio que os Heinz tinham na família um empreendedor em formação, mas os seus pais profundamente protestantes acharam que ele se sairia melhor na vida religiosa; por isso, aos 14 anos, ele foi enviado para o Allegheny Seminary.

A religião talvez ocupasse os seus pensamentos durante as horas escolares, mas isso não impediu o jovem Henry (chamado de Harry pela família) de levar os negócios em paralelo. Seus pais acabaram tendo que reconhecer que Henry não estava destinado ao ministério, e ele se matriculou em aulas de contabilidade na Duff's Business College, em Pittsburgh. Depois disso ele foi trabalhar na olaria do pai, e aos 21 anos já tinha dinheiro suficiente para entrar como sócio, enquanto mantinha o negócio com os legumes em paralelo.

Depois de trabalhar por cerca de quatro anos com o pai, Henry Heinz decidiu que realmente queria ter um negócio próprio, e seria com as conservas de raiz-forte. O negócio tomou impulso e, em 1869, Henry sentiu que tinha atingido uma posição de estabilidade financeira suficiente para ter uma família. Ele se casou com Sarah Sloan Young, uma filha de imigrantes irlandeses. Eles tiveram cinco filhos. Um deles morreu logo depois do nascimento e dois dos outros filhos se juntaram aos negócios do pai. Sarah Heinz morreu em 1894 de pneumonia. Sua morte marcou o final de um casamento de 25 anos.

O ano de seu casamento também foi o ano em que a Heinz Noble & Company foi criada. Heinz tinha 25 anos e estava ansioso para expandir as suas operações. Ele se juntou a L. Clarence Noble, filho de uma rica família de Pittsburgh, que forneceu muito do capital necessário para expandir os negócios. Heinz criou mais produtos para acompanhar a sua famosa conserva de raiz-forte e desenvolveu um molho e uma conserva de salsão, e uma variedade de outros produtos que foram lançados sob a marca Anchor. A nova empresa declarou que seus alimentos em conserva e outros produtos engarrafados eram "puros e superiores". Heinz assumiu o papel de diretor de vendas em Pittsburgh e era o diretor de processamento de alimentos. Noble e seu irmão focaram nas vendas em Woodstock, Illinois e St. Louis e lidavam com as finanças. O negócio cresceu rapidamente: uma fábrica de vinagre foi construída em St. Louis e um depósito foi estabelecido em Chicago.

Em 1875, a empresa estava produzindo 15 mil barris de picles por ano e parecia destinada a crescer cada vez mais. No entanto, na economia como um todo, uma tempestade estava se formando. O pânico atacou o sistema financeiro depois da falência do Cooke & Co em 1873, um dos maiores bancos dos Estados Unidos. A empresa de Heinz não foi afetada imediatamente, mas dois anos depois o vírus da falência chegou à Heinz, Noble & Company. A colheita de raiz-forte de 1875 foi enorme e em consequência os preços caíram muito. Infelizmente, a empresa havia se comprometido de antemão a comprar com preços praticados antes da colheita, portanto, teve de pagar muito mais por sua matéria-prima do que o que ganhava com a venda do produto final. Os preços de outras matérias-primas também começaram a balançar, e a empresa foi forçada a pedir a falência. Em 1877, o jogo tinha acabado.

No entanto, Heinz não era homem de aceitar derrota e mobilizou os recursos financeiros da família para voltar aos negócios. Heinz é um dos muitos empreendedores de sucesso que sofreram um revés desse tipo, aprenderam com ele e deram a volta por cima. Ray Kroc (capítulo 11), por exemplo, não foi exatamente à falência antes de comprar o McDonald's; ele estava à procura de um negócio que estivesse falindo. Os que se saíram bem aprenderam com o fracasso em vez de sucumbir à depressão.

Por causa da falência não executada, Heinz não pôde abrir uma empresa própria, mas juntou-se ao seu primo Frederick e o irmão John para fundar a F & J Heinz. A empresa se expandiu, e Heinz deu início a um programa de vendas internacionais, fazendo contato com parentes na Alemanha e conseguindo que seus produtos fossem aceitos pela Fortnum & Mason, uma refinada loja de Londres. Um escritório de representação foi aberto em Londres em 1896, o primeiro fora dos Estados Unidos, seguido por uma fábrica britânica em 1905. Antes disso, no entanto, em 1888, Heinz conseguiu pagar as dívidas e transformar a empresa, comprando a parte de seus parentes e reestabelecendo-a com o seu nome: H. J. Heinz Company.

A fábrica, que continua a ser o coração da empresa no bairro North Shore em Pittsburgh, começou a ser construída em 1890 e foi concluída em 1898. Muitas outras fábricas de alimentos prontos foram construídas nessa época, mas a engenhosidade de Heinz estava no marketing. Ele rapidamente tornou-se conhecido como o "Rei do Picles", com a reputação de fazer picles de qualidade, além de catchup, mostarda e vinagre.

Heinz tinha um entusiasmo aparentemente sem fim pelas ideias promocionais. Em 1900, encomendou a construção do maior cartaz de propaganda de Nova York, que consistia em 1.200 luzes iluminando um pepino em conserva de 12 metros de altura. Ele também garantia que os veículos de entrega fizessem propaganda de seus produtos e comprou 200 cavalos pretos idênticos para fazer as entregas.

Em outro golpe de publicidade, ele apresentou o famoso "picle pin" (um broche em forma de pepino em conserva) na Feira Mundial de Chicago de 1893. Foram distribuídos milhares de broches, e eles se tornaram item de colecionador em homenagem à sua enorme popularidade. E foi Heinz quem teve a ideia, agora amplamente aceita, de uma turnê na fábrica para promover a empresa, permitindo a quem quisesse observar o processo de produção.

Heinz entendia de embalagem e de *branding*. Seus produtos eram facilmente reconhecíveis nas prateleiras dos mercados. Em 1896, ele criou o *slogan* "Heinz 57 Varieties". Essa estranha, porém eficiente ferramenta de marketing ainda é empregada hoje em dia apesar de ser ainda menos precisa do que era quando Heinz a criou, pois a empresa já produzia mais de sessenta variedades de produtos. Há muitas explicações para esse slogan, mas o mais provável parece ser que a ideia surgiu quando ele visitou uma loja de sapatos em Nova York que anunciava "21 estilos" à venda. Gostou da ideia de apresentar os produtos de maneira numérica. Mas por que o número 57? Mais tarde ele explicou que gostava do som do 7 por causa da "influência psicológica desse número e seu significado duradouro para pessoas de todas as idades". Quanto ao número 5, nenhuma explicação satisfatória foi dada para a escolha, mas Heinz atribuiu um significado quase mítico ao número 57, e o público também parece gostar dele.

Seria errado atribuir o sucesso da empresa somente ao marketing porque Heinz também entendia do processo de manufatura e percebeu que os alimentos processados não precisavam de corantes ou conservantes em excesso, ou, em muitos casos, não precisavam de nada. Ele chocou muitos de seus pares na indústria alimentícia quando se tornou um defensor entusiasmado do Pure Food and Drug Act de 1906, que determinou padrões de produção que muitos acreditavam não serem realistas e desnecessariamente caros. Heinz tinha uma opinião diferente e praticava o que pregava quando se tratava de higiene na produção, na verdade o próprio manual de higiene alimentícia da empresa tornou-se um modelo no ramo.

Heinz também fazia parte da tradição de empregadores paternalistas. Suas fábricas eram conhecidas pelas boas condições e os funcionários tinham acesso a diversos serviços gratuitos, como assistência médica, instalações esportivas e aulas. Depois de visitar uma fábrica de Heinz, Harry W. Sherman, importante líder sindical e secretário geral do National Brotherhood of Electrical Workers of America, disse que ela era uma "utopia para o trabalhador".

Heinz também tinha uma boa reputação pelos relacionamentos que mantinha com fornecedores e clientes. Uma de suas máximas favoritas era, "Trate o vendedor de maneira tão justa que ele vai querer vender para você de novo." Em termos de administração moderna, isso torna a H. J. Heinz uma "empresa ética". E funcionava. Conforme a empresa crescia, seu fundador se tornou muito rico e tinha todos os acessórios da riqueza que incluíam uma grande mansão e grandes doações para instituições de educação com o seu nome. Em sua famosa autobiografia, Edith Warton descreveu Heinz como um dos "Lordes de Pittsburgh", junto com Henry Clay Frick e Andrew Carnegie.

O produto mais bem-sucedido da empresa foi seu catchup de tomate, que, durante a vida de Heinz, garantiu metade do mercado mundial para esse tipo de molho. Ele continua a ser o produto símbolo da empresa e vende cerca de 650 milhões de vidros ao redor do mundo todos os anos. O tomate está muito presente em outros produtos, e a Heinz se tornou a maior processadora de tomates do mundo. Heinz iniciou a expansão internacional da empresa, que agora está presente em cada continente habitado, e é líder de mercado em muitos desses lugares.

Hoje ela opera em 200 países e territórios e fabrica cerca de 6 mil variedades, das quais 150 a empresa afirma estarem no primeiro ou no segundo lugar de vendas em mais de 50 países. A Heinz foi bem mais além dos alimentos enlatados e, por meio de aquisições e desenvolvimentos internos, passou a produzir alimentos congelados, secos e comida para bebês. A Heinz também tem linhas de alimentos saudáveis, incluindo uma linha dos Vigilantes do Peso nos Estados Unidos, que foi vendida em 1999.

Henry Heinz morreu aos 74 anos em 1919. Na época de sua morte, a empresa tinha 6.500 funcionários e 25 fábricas. O sucessor foi o seu filho Howard, que fez a empresa atravessar a Grande Depressão da década de 1930, em grande parte diversificando para comida de bebês e sopas prontas. Howard Heinz foi sucedido pelo filho Jack, que se mostrou um homem de negócios habilidoso e abriu o capital da empresa em 1946.

Apenas em 1969 alguém que não era membro da família assumiu o reinado da empresa quando R. Burt Gookin foi indicado como diretor geral, enquanto Jack Heinz continuou presidente até a sua morte, em 1987. Nessa altura, a empresa teve seu primeiro presidente não americano, Anthony ou Tony O'Reilly, um irlandês. Já não há mais ninguém com o nome Heinz na diretoria da empresa.

  H. J. Heinz talvez já não domine tanto a indústria alimentícia quanto antigamente, mas continua a ser um dos mais importantes fabricantes de alimentos do mundo e é diferente em muitas maneiras. Henry Heinz morreu em 1919, mas sua sombra ainda pode ser percebida e sua influência sobre o desenvolvimento de alimentos ultrapassa a de qualquer outro fabricante de alimentos.

O restaurateur mais bem-sucedido do mundo

RAY KROC

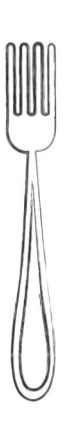

Ray ou Raymond Arnold Kroc (1902-1984), para dar o seu nome completo, transformou a rede fast-food McDonald's em uma gigante tão popular mundialmente que seus arcos dourados são quase tão reconhecidos quanto a cruz cristã. Mas isso faz de Kroc um guru da alimentação?

A resposta está em inverter a pergunta e questionar como é possível ignorar o trabalho de um homem que provavelmente fez mais do que qualquer outra pessoa para influenciar os hábitos alimentares e os métodos de produção de alimentos em restaurantes em todo o mundo. É perfeitamente possível criticar o produto de seu trabalho, e não é nem um pouco difícil encontrar os críticos, que incluem Carlo Petrini (capítulo 15), cuja raiva contra o estabelecimento de uma filial do McDonald's em Roma deu início à criação do movimento Slow Food.

Com frequência se diz que a genialidade de Kroc está em aplicar à indústria dos alimentos o tipo de técnicas de produção que Henry Ford usou para transformar a indústria automotiva. Kroc gostava de proclamar que havia "colocado o hambúrguer na linha de montagem". Essa afirmação está aberta a discussões, porque os fundadores do negócio americano de fast-food foram Walter Anderson e Edgar Waldo "Billy" Ingram, que criaram o White Castle Hamburger, em 1921, e estabeleceram um protótipo amplamente copiado que embasou os padrões do ramo do fast-food. Apesar de seu negócio ter sido bem-sucedido, seu crescimento foi limitado pela falta de vontade de tomar crédito ou de expandir por meio de franquias.

Kroc era, em primeiro lugar e acima de tudo, um homem de negócios que gostava de vender, e, em segundo lugar, um mestre nas técnicas de produção.

Foi essa combinação de habilidades que fizeram do Mac Donald's a empresa mundial que é hoje, enquanto o White Castle continuou a ser um negócio estritamente doméstico nos Estados Unidos.

A verdade é que Kroc não foi um inovador e nem mesmo o fundador da empresa com a qual seu nome agora está ligado para sempre. Ele foi, no melhor sentido da palavra, um oportunista inspirado. Kroc viu oportunidades que os pioneiros do fast-food falharam em reconhecer e tinha a determinação de transformar essas oportunidades em realidade.

Apesar de Kroc não ter nenhuma formação em engenharia alimentar, ele se aplicou com vigor às questões que precisavam ser resolvidas para criar um negócio cujo produto seria completamente padronizado e consistente e que pudesse ser feito em qualquer lugar, do Alasca à Ancara. "Não existe ciência em fazer e servir um hambúrguer", disse Kroc. Os bolinhos de carne, o coração do hambúrguer, eram feitos a partir de especificações precisas, ou seja, o hambúrguer padrão pesava 45,35 g e tinha 9,84 centímetros de diâmetro, com um teor de gordura abaixo de 19%.

Kroc chegou a construir um laboratório no subúrbio de Chicago, que criou o que ele via como a batata frita perfeita, um produto comprido e frito em imersão de maneira moderada colocado em recipientes de papelão de forma cônica que deixavam pouco resíduo de gordura.

Além das técnicas de produção de alimentos, também havia os rígidos padrões de serviço, o que significava que qualquer cliente que não recebesse o pedido em cinco minutos receberia o dinheiro de volta. Kroc também era implacável quando insistia na limpeza, e fazia visitas inesperadas às lojas, onde a primeira coisa que fazia era verificar os padrões de higiene dos banheiros até o chão da cozinha, passando pelos uniformes da equipe. Ele dizia à equipe que "se tinham tempo para se encostar, tinham tempo para limpar".

Kroc estava convencido de que os clientes não voltariam a um restaurante sujo, uma questão óbvia agora enfatizada amplamente nos manuais que governam as operações dos fast-food. O manual operacional de Kroc tinha 75 páginas.

Hoje em dia, assim como no tempo dele, existe um produto padrão que parece ter saído de uma linha de produção do tipo que pode fabricar qualquer produto padronizado, e muitos dizem ter o gosto disso. Eis o foco da repulsa que muitos amantes da comida sentem pelo McDonald's. Não há necessidade de discutir se a comida é boa ou não, mas vale a pena perguntar o que esses milhões de pessoas que consomem hambúrgueres do McDonald's todos os dias da semana comeriam se não fosse o Big Mac ou outro produto de suas lojas. Podemos imaginar que a alternativa também não seria especialmente nutritiva e talvez não estivesse disponível com os preços incrivelmente baratos oferecidos pelas lojas do McDonald's.

Uma vez que um sistema completo para administrar um restaurante padronizado está estabelecido, o caminho mais óbvio é expandir o negócio por meio de franquias. Novamente, essa não foi uma ideia de Kroc, mas ele se tornou um dos maiores especialistas nesse assunto no mundo. Na verdade, as franquias começaram nos Estados Unidos, na década de 1850, com a Singer Sewing Machine Company vendendo franquias para a comercialização de suas máquinas. O franqueamento se estendeu para a indústria de fast-food depois da Segunda Guerra Mundial, especialmente por meio do Dunkin' Donuts, que, na década de 1950, era a franquia de fast-food mais bem-sucedida dos Estados Unidos.

Aparentemente, Ray Kroc entendeu como isso funcionava melhor que os inovadores. Ele nunca afirmou ter sido um inovador no ramo das franquias, e nem ter inventado o hambúrguer, mas insistia que "apenas tinha levado tudo mais a sério do que todas as outras pessoas". Na verdade, Kroc nem inventou o McDonald's, que, como o nome sugere, foi criado pelos irmãos Maurice e Richard McDonald. Os irmãos que haviam saído de New Hampshire, em 1930, ficaram hipnotizados pelas tentações de Hollywood. No entanto, não deram certo no *show business*, mas se saíram bem abrindo um simples restaurante drive-in em San Bernardino, 90 quilômetros a leste de Los Angeles.

O restaurante atendia à necessidade dos americanos suburbanos que ansiavam pela prosperidade e pelas mudanças decorrentes da Segunda Guerra Mundial. Essa geração buscava gratificação imediata e facilidade em todas as coisas, o que certamente incluía comida. Ray Kroc entendeu que os americanos não queriam necessariamente comer em casa e estavam dispostos a sair se pudessem pagar por isso. Não procuravam restaurantes refinados e formais, mas lanchonetes simples com preços baratos, serviço rápido e uma atmosfera informal.

O que essa geração mais queria era o que seus pais não tinham tido. No entanto, os seus pais também desejavam novas experiências e novas maneiras de fazer as coisas. O fast-food já estava estabelecido como fenômeno. A&W, Dairy Queen, Tastee Freez e Big Boy já estavam no mercado e Burger King (então conhecido como InstaBurger King) estava se fazendo conhecido como a rede de hambúrgueres líder de mercado.

Foi um ato de genialidade de Kroc perceber que só a comida não era o único fator que diferenciava um restaurante de sucesso de outro. Um restaurante precisava de marketing, e ele percebeu que o marketing precisava refletir o sonho americano de uma vida melhor. Isso parece bastante vago, mas Kroc acertou na mosca quando disse: "o comércio se define como sendo a delicada arte de deixar que o cliente faça como você quer". O McDonald's projetava a imagem de ser a maneira americana progressiva e fundamental de comer.

Kroc teve uma espécie de epifania quando se deparou com os restaurantes dos McDonald em 1954. "Alguma coisa definitivamente estava acontecendo ali, disse para mim mesmo", escreveu na autobiografia *Grinding It Out*. "Era a operação de merchandising mais incrível que já tinha visto."

O que viu foi um restaurante muito movimentado, com um enxuto cardápio de nove itens voltado para hambúrgueres, batatas-fritas, milk-shakes e tortas. Também não havia onde sentar, louça nem talheres, tudo era servido e consumido em papel e plástico. Os preços eram impressionantes de tão baixos, 15 centavos por hambúrguer e 10 centavos pelas batatas-fritas. E o serviço era ágil, sendo a comida servida em cerca de um minuto. Kroc lembra: "Quando vi aquilo funcionando naquele dia de 1954, me senti como um Newton moderno que tinha acabado de receber uma batata de Idaho na cabeça". Ele digeriu a informação e, "naquela noite, no meu quarto de hotel, pensei muito sobre o que havia visto durante o dia. Imagens de restaurantes McDonald's se espalhando por todo o país passavam pela minha cabeça".

Kroc não era um estranho na indústria alimentícia. Ele visitou muitos restaurantes, vendendo copos de papel feitos pela Lily-Tulip Cup Company. Era um vendedor por natureza e se saía bem no trabalho. Aos 37 anos de idade, havia se convencido de que seria melhor abandonar os empregadores e se aventurar sozinho. Sua decisão de pedir demissão foi acelerada pela associação com um de seus clientes, Earl Prince, que inventara uma máquina de misturar milk-shakes de cinco espátulas chamada Prince Castle Multi-Mixer. Prince lhe vendeu os direitos exclusivos de marketing, e ele passou os 17 anos seguintes viajando pelo país e vendendo essas máquinas para restaurantes e drogarias com máquinas de refrigerante. Conforme se deslocava pelo país, observava o que via nessas operações. "Considero-me um conhecedor de cozinhas", Kroc dizia, "me orgulho de ser capaz de dizer quais operações teriam apelo junto ao público e quais fracassariam." E ele não tinha vergonha de dar conselhos sobre o que via como as falhas de administração de seus clientes.

O restaurante McDonald's originalmente chamou-lhe a atenção porque, em uma época em que a venda de suas máquinas estava caindo, eles compraram oito de uma só vez. No restaurante, ele descobriu que o agente de franquias dos donos, Bill Tansley, estava indo embora e rapidamente se ofereceu para substituí-lo, pensando inicialmente que essa seria uma boa maneira de vender máquinas para as franquias.

Havia oito restaurantes na época, incluindo duas franquias em Phoenix e em Sacramento, que davam pouco dinheiro para os McDonald. Kroc sabia que se sairia melhor, mas os irmãos pareciam satisfeitos em continuar com um negócio relativamente pequeno mas lucrativo.

Kroc tinha certeza de que a operação dos irmãos poderia ser muito bem-sucedida se fosse expandida. Então fez uma oferta a eles: "Por que vocês não abrem uma série de unidades como essa?". Os irmãos se opuseram. As franquias em Phoenix e Sacramento não tinham se mostrado lucrativas nem trazido grandes benefícios. Kroc admirava o funcionamento delas, mas sentia que lhes faltava ambição e que eles estavam deixando de explorar o potencial do que tinham criado. "Os irmãos McDonald", escreveu, "simplesmente não estavam na mesma sintonia que eu. Eu estava obcecado com a ideia de fazer do McDonald's o maior e o melhor. Eles estavam satisfeitos com o que tinham; não queriam se incomodar com mais riscos e mais demandas."

Ele, por outro lado, tinha uma visão clara do que o McDonald's podia se tornar e estava determinado a não deixar essa oportunidade escorregar pelas suas mãos. Percebeu que um acordo com os irmãos significaria algo que não tivesse nenhuma desvantagem e lhes trouxesse muitas vantagens. Então ele propôs um acordo que dava aos McDonald 0,5% das vendas totais das franquias, enquanto ele ficaria com 1,4%, mas se incumbiria de todos os custos de marketing e despesas gerais, enquanto os McDonald receberiam sua parte sem deduções. As franquias seriam oferecidas por modestos 950 dólares cada. Os McDonald não tinham nada a perder, então aceitaram.

Foi uma grande aposta para Kroc, que na época ganhava confortáveis 12 mil dólares por ano vendendo mixers, mas percebia que o negócio evaporaria com a competição da marca Hamilton Breach, que estava engolindo parte do mercado. Kroc tinha 52 anos e, como se lembra: "Eu tinha diabete e um pouco de artrite. Tinha perdido minha vesícula e grande parte da minha tireoide em batalhas anteriores, mas estava convencido de que o melhor ainda estava à minha frente".

Kroc tinha a exuberância e o otimismo do vendedor por natureza. Como muitos americanos, vinha de uma família de imigrantes motivada, que tinha deixado a Tchecoslováquia e ido parar no Oak Park em Chicago, onde ele crescera. Novamente, como é típico dos grandes homens de venda, começou cedo vendendo limonada em uma barraquinha do lado de fora de sua casa na adolescência. Quando tinha apenas 15 anos, mentiu sobre a idade para poder se alistar como motorista de ambulância na Primeira Guerra Mundial. Um de seus companheiros de treinamento no exército foi Walt Disney, com quem tentou fazer negócios mais tarde. Quando a guerra acabou, ele estava em dúvida entre se tornar um vendedor ou um músico de jazz. Tinha alguma aptidão musical e muita para as vendas, mas foi apenas com o negócio de venda de copinhos de papel que ele finalmente se estabilizou, entrando para a Lily Tulip Company em 1922.

As três décadas que passou como vendedor podem ser vistas como sua preparação para o sucesso no McDonald's. A primeira loja de Kroc foi no subúrbio de Chicago, em Des Plaines. Ela foi aberta em 15 de abril de 1955 e obteve um respeitável lucro de 336,12 dólares no primeiro ano. Kroc era o tipo de dono que colocava a mão na massa. Um de seus primeiros empregados foi Fred Turner, inicialmente empregado como fritador de hambúrgueres; ele acabou se tornando seu braço direito e era visto por Kroc como um filho. Em um ano, Kroc havia vendido 18 franquias do McDonald's.

No entanto, ele não estava ganhando muito dinheiro porque a sua parte dos lucros depois dos descontos era minúscula. Mesmo assim, o negócio estava se expandindo rapidamente; em 1958, 79 franquias haviam sido vendidas. Ele parecia estar obtendo uma fortuna, mas, em 1960, com muito mais lojas se abrindo e as vendas totalizando 75 milhões de dólares, Kroc só ganhava 159 mil dólares por ano.

O acordo que havia feito com os McDonald o encurralara. Era como se expandir aumentasse muito pouco a sorte de Kroc. No entanto, ele conseguiu atrair os serviços de Harry Sonneborn, um ex-executivo financeiro da Tastee Freez que concordou em trabalhar pelo modesto salário de 100 dólares por semana. O outro membro da sua equipe administrativa era June Martino, que havia sido seu secretário nos tempos dos mixers. Kroc simplesmente não conseguia lhes dar aumentos, apesar da carga de trabalho estar aumentando, então deu a eles 30% das ações da empresa. Outros 22% do total foram para duas seguradoras em pagamento por um empréstimo de 1,5 milhão de dólares feito em 1961.

Mais de 200 lojas haviam sido abertas, mas a relação com os irmãos McDonald estava se deteriorando. Os padrões de suas lojas eram mais baixos do que Kroc esperava e ele temia a contaminação da marca. Além disso, eles haviam vendido uma franquia no condado de Cook, Illinois, para um concorrente direto de uma de suas lojas. Kroc percebeu que tinha que comprar a parte dos fundadores, e garantir a propriedade de seus nomes se quisesse ser bem-sucedido. O preço dessa compra foi de 2,7 milhões de dólares. Em retrospecto, isso parece uma barganha para Kroc, mas essa foi uma quantia incrível para o empreendedor incansável. Kroc já estava endividado e foi forçado a fazer empréstimos com juros que comeriam boa parte de seus lucros.

As negociações não foram amigáveis porque os McDonald, no último minuto, insistiram que o acordo não incluía o restaurante original em San Bernardino. Kroc teve de abrir mão desse restaurante, mas disse a um de seus funcionários: "Normalmente não sou um homem vingativo, mas dessa vez vou pegar aqueles filhos da mãe". Como os McDonald haviam vendido os direitos de seu nome, tiveram de renomear o restaurante como The Big M. Kroc retaliou abrindo um novo McDonald's a uma quadra de distância e rapidamente acabou com o negócio dos rivais.

O mais importante era que Kroc tinha controle total da empresa agora e podia administrá-la exatamente como queria. Felizmente, Sonneborn havia mostrado a ele como se livrar dos problemas que estavam impedindo o desenvolvimento financeiro da empresa. Em 1956, uma empresa subsidiária chamada Franchise Reality Corporation foi estabelecida com o objetivo de comprar pontos comerciais em potencial ou alugá-los e, por sua vez, vender franquias que pagariam uma taxa inicial de 20% das vendas, subindo para 40% ou um pagamento completo do aluguel se o aluguel nominal fosse menor que as vendas pretendidas. Essa foi a fundação da fortuna do McDonald's, e pela primeira vez deu a Kroc uma parte considerável das vantagens em seu negócio de franquias. Kroc passava grande parte de seu tempo explorando principalmente bairros na periferia para encontrar pontos comerciais em potencial a bordo de um pequeno avião que possuía.

Ray Kroc tinha o objetivo de abrir mil restaurantes nos Estados Unidos, um objetivo que já tinha sido alcançado pela rede Kentucky Fried Chicken. Em 1956, apenas quatro anos depois de fechar o negócio com os McDonald, ele já tinha aberto mais de 700 restaurantes em 44 estados e a empresa havia se tornado a primeira rede de fast-food com ações na bolsa de Nova York.

Kroc percebeu que o segredo do sucesso era trabalhar com os franqueados como se fossem sócios. Ele disse: "Acreditava que eu tinha que ajudar o operador individual a ser bem-sucedido de qualquer maneira. O êxito dele garantiria o meu sucesso. Mas eu não podia fazer isso e, ao mesmo tempo, tratá-lo como cliente". Os franqueados correspondiam ao entusiasmo da matriz e grandes inovações no cardápio, como o Big Mac, o Mac Fish e o Egg McMuffin, foram desenvolvidas como resultado de suas iniciativas.

Foi também o dono de uma franquia de Washington que teve a ideia do Ronald McDonald. Kroc era astuto o suficiente para perceber logo uma boa ideia e também protegia os clientes do McDonald's como se pode ver quando, depois de assumir o controle da empresa, perguntou a Walt Disney se gostaria de ter os restaurantes em seus parques temáticos. Disney gostou da ideia, mas insistiu que o preço das batatas-fritas dentro do parque subisse de dez para quinze centavos para ter mais lucro. Kroc se recusou, pois acreditava que isso significaria explorar clientes fieis.

À frente da expansão da empresa havia uma campanha publicitária agressiva. A primeira campanha publicitária nacional foi lançada em 1967, gastando o valor sem precedentes para a época de 1% das vendas. Em 1972, haviam 2.200 lojas nos Estados Unidos, com vendas acima de 1 bilhão de dólares, o que fazia do McDonald's a maior rede de fast-food do país.

Ainda em 1967, Kroc percebeu que o McDonald's corria o risco da saturação do mercado e começou um cauteloso programa de expansão internacional, primeiro para o Canadá e depois para a Europa. Ir para o exterior forçou a empresa a andar na corda bamba, atendendo às demandas dos mercados locais enquanto mantinha um rígido sistema operacional que não permitia desvios, nos Estados Unidos.

O modelo básico continuou em ação, mas variações locais eram permitidas. Quando, por exemplo, o McDonald's abriu na Alemanha, a rígida política da empresa contra o álcool foi quebrada, ela passou a vender cerveja. Nas Filipinas, o macarrão McSpaghetii entrou no cardápio, e na Noruega, a paixão local pelo salmão foi contemplada com um sanduíche de filé de salmão chamado McLak. Em países muçulmanos, o McDonald's se transformou em um restaurante halal. E quando se trata de marketing, os vendedores do McDonald's se esforçaram para que esse produto essencialmente americano não fosse visto como um alienígena nos novos lares estrangeiros. No Japão, por exemplo, a empresa trabalha com o nome japonês de *Makudonaldo*, o nome também foi trocado no mercado chinês onde, quando escrito em caracteres chineses, ele se tornou, no dialeto mandarim, *Macdonlo*. Na verdade, agora a China é o mercado que cresce mais rápido para a empresa. O resultado líquido aponta que dois terços dos lucros da empresa são agora gerados no exterior.

Kroc continuou a administrar a empresa até 1974, quando deixou de ser o CEO. No entanto, ele manteve a função de presidente e depois de presidente sênior até morrer de falência cardíaca em 1984, aos 81 anos de idade. Em sua velhice, ele finalmente se tornou o que sempre quis ser – um homem muito rico, com uma fortuna estimada em 500 milhões de dólares, e usou parte dela para comprar o time de baseball de San Diego, o Padres.

Para todos os efeitos, quando Kroc deixou a direção da empresa, ele o fez no auge de seu sucesso. Apesar da considerável expansão depois de sua partida, o brilho nos arcos dourados do McDonald's começou a se apagar. A empresa tornou-se sinônimo do que agora é conhecido como "junk food" e não tem o sabor, o valor nutricional e a consistência que Kroc tanto valorizava. Suas práticas trabalhistas e sua maneira de fazer as coisas têm sido muito criticadas. Na verdade, o termo "McJob" (McEmprego) tem sido amplamente usado para se referir a empregos que pagam pouco e não têm nenhuma perspectiva.

Cerca de 1,7 milhão desses empregos são no próprio McDonald's. Houve também uma inquietação entre os franqueados, que criticaram o McDonald's por uma agressiva política de expansão que ameaçava a sua sobrevivência.

A empresa tentou reinventar a si mesma de diversas maneiras, até mesmo oferecendo saladas como parte do seu mix de produtos e abrindo os McCafés, uma operação bem-sucedida e mais sofisticada. O interior de suas lojas é modernizado de tempos em tempos e, mais recentemente, o McDonald's até mesmo tentou embarcar na onda verde. Nos Estados Unidos, por exemplo, uma das inovações mais recentes foi oferecer um serviço de recarga de carros elétricos.

Esses esforços para mudar a imagem da empresa não conseguiram aplacar muitos críticos. Mas grande parte das críticas ao McDonald's vem de pessoas que nunca sonhariam em entrar em uma de suas lojas. Elas certamente não vêm dos 47 milhões de clientes que serve todos os dias nos 119 países dos seis continentes em que opera. Em março de 2011, a rede Subway afirmou que tinha finalmente conseguido superar o McDonald's em termos de número de filiais ao redor do mundo. O Subway afirmou estar funcionando em 33.749 lojas, comparadas com 32.737 do McDonalds. Isso ainda não faz do Subway tão famoso ou bem-sucedido quanto o seu rival do ramo dos hambúrgueres e seus lucros estão bem atrás dos do McDonald's.

Redes de fast-food internacionais, que oferecem esses produtos, são comuns hoje em dia e atendem milhões de pessoas cotidianamente. Muitas delas devem a forma de organização e as práticas à influência de Ray Kroc. Como muitos empreendedores, ele não foi um verdadeiro inovador e certamente não foi um inventor, mas tinha olho para boas ideias e talento para colocá-las em prática, isto é, sabia como transformar essas ideias em negócios rentáveis.

Se Kroc ainda estivesse vivo, o presidente da empresa, hiperativo e obcecado com as vendas, provavelmente estaria arrancando os cabelos enquanto seus concorrentes mordem a fatia de mercado do McDonald's. Diferente da maioria dos gurus da alimentação deste livro, seu objetivo principal não tinha a ver com produzir melhores alimentos, ele queria as melhores vendas. Em seu mundo, o melhor produto alimentício veio de uma fórmula de sucesso, cuja essência está na habilidade de ser reproduzido pelo cozinheiro menos habilidoso. Mas Kroc, como os outros chefs que habitam estas páginas, era louco por perfeição. Ele disse: "A perfeição é muito difícil de alcançar, e a perfeição era o que eu queria no McDonald's. Tudo o mais era secundário".

A mãe da culinária francesa

CATARINA DE MÉDICI

A Catarina Maria Romola di Lorenzo de' Medici (1519-1589), conhecida simplesmente como Catarina de Médici, atribui-se de maneira controversa a transformação da culinária francesa ao importar a culinária superior de sua terra natal, a Itália, e introduzir uma revolução nos hábitos alimentares franceses.

Tais afirmações a respeito dessa descendente da famosa família Médici não foram feitas a sério até o século XVII, quando escritores franceses intensificaram os seus esforços para fazer a crônica do desenvolvimento da culinária francesa. Na época, é claro, eles tinham certeza de que ela havia superado qualquer outra culinária na Europa e, aos seus olhos, a Europa era o que importava. Se é verdade que Catarina construiu os fundamentos para a predominância da culinária francesa, que prevaleceu pelo menos até parte do século XX, então pode-se dizer que ela foi a pioneira de um dos movimentos culinários mais significativos da história. Deve-se ressaltar a essa altura que essa afirmação é recebida com considerável ceticismo. Alan Davidson, o compilador do definitivo *Oxford Companion to Food*, descreve as afirmações feitas em nome de Catarina como um dos maiores "mitos gastronômicos".

No entanto, há um considerável conjunto de opiniões do outro lado do argumento. Na famosa *Encyclopédie* de Denis Diderot, publicada em 1754, Le Chevalier de Jaucourt ofereceu um apoio dúbio para a contribuição de Catarina ao desenvolvimento da culinária francesa: foram os italianos, escreveu, que "fizeram os franceses se familiarizarem com a arte de comer bem, cujos excessos tantos de nossos reis tentaram reprimir... Os italianos herdaram a arte da culinária dos romanos; foram eles a apresentar a cozinha refinada aos franceses... Durante o reinado de Henrique II, cozinheiros de além dos Alpes se fixaram na França, e teremos eternamente uma dívida com esse bando heterogêneo que serviu na corte de Catarina de Médici... Os franceses, bem sintonizados com os sabores que deveriam dominar cada prato, rapidamente ultrapassaram os seus mestres, que logo foram esquecidos. A partir de então, como se tivessem atingido com sucesso o objetivo de ressaltar o que era importante, puderam se orgulhar da ideia de que o sabor de sua culinária havia ultrapassado o de todas as outras e imperava absoluto em reinos opulentos do Norte e do Sul".

Aqui temos um resumo de uma visão comum no século XVIII, isto é, a de que os italianos, na figura de Catarina de Médici, deveriam receber os créditos de parte do trabalho pioneiro de elevar a culinária francesa, mas foram os próprios franceses que aperfeiçoaram a prática. É interessante notar que a maioria das afirmações mais importantes a respeito da contribuição de Catarina de Médici vem de fontes francesas, não de italianas, e foram aceitas com alegria, especialmente no Reino Unido, onde a rivalidade e a animosidade em relação aos franceses é um passatempo nacional inofensivo.

Muito da controvérsia a respeito do papel de Catarina vem da escassez de registros escritos contemporâneos que especifiquem como ela teria transformado a culinária francesa. Além disso, também existem evidências de que, antes de sua chegada, os franceses (isto é, a aristocracia francesa) já se deliciava com uma culinária sofisticada.

No entanto, é impossível acreditar que os autores sobre gastronomia francesa tenham conspirado, por razões completamente desconhecidas, para gerar uma fantasia a respeito de como uma estrangeira moldou a culinária nacional. Pelo contrário, as autoridades gastronômicas francesas que fazem afirmações sobre Catarina tendem a fazê-lo com uma admiração reticente e não com elogios empolgados para a jovem italiana que chegou na França em 1533, aos 14 anos de idade, a fim de se casar com Henrique de Orleans, o segundo filho do rei Francisco I.

Nas cinco décadas em que Catarina morou na França, ela se tornou uma das rainhas mais famosas do país. Aqui nos ocupamos de sua contribuição para a culinária francesa, mas ela era mais conhecida pelo envolvimento nas guerras religiosas francesas e por apresentar ao seu país adotivo muitos aspectos da ciência e das artes, especialmente o balé. Seu papel em todas essas coisas ainda é controverso e quando se trata de afirmar que "ela ensinou os franceses a comer", não há dúvidas de que há uma grande dose de exagero.

Antes da chegada de Catarina na França, havia uma literatura gastronômica francesa e muitos chefs produzindo pratos sofisticados. No entanto, os chefs franceses não eram reconhecidos entre os principais da Europa no campo da culinária. A Itália, por outro lado, tinha uma reputação sólida pela cozinha da época. Apesar de ainda não ser a nação unificada que um dia se tornaria, o que pensamos como Itália foi imposto pelo Renascimento, que começou em Florença no século XIV sob o mecenato da família Médici. O Renascimento teve um impacto importante nas artes, mas o novo movimento também influenciou todas as atividades sociais. Os italianos foram os pioneiros de muitas coisas que agora chamamos de vida refinada. Isso se refletiu na arquitetura e nos fabulosos jardins ornamentais da época, bem como na alimentação. O que também incluiu uma busca por novos alimentos e o nascimento de intrincados métodos de apresentação dos pratos, que impressionavam os estrangeiros em visita à Itália.

Os livros de receitas eram comuns na Itália e a primeira escola de culinária moderna foi fundada em Florença no começo do século XVI. Catarina saiu do coração desse movimento renascentista, que chegou à França na mesma época em que ela chegou na corte francesa.

Existem algumas evidências, principalmente por meio de livros publicados na época, de que os franceses eram, se muito, influenciados pela culinária alemã, não italiana; mas em termos de métodos de apresentação e consumo, a influência italiana é mais evidente. Portanto, talvez Catarina pudesse receber apenas o crédito de ter influenciado a apresentação dos pratos, mas como Antonin Carême (capítulo 6) iria demonstrar dois séculos mais tarde, a apresentação é o segredo da culinária refinada. Carême, por acaso, está entre os que acreditavam que Catarina havia apresentado a refinada culinária italiana à corte francesa.

Catarina nasceu em Florença, filha de Lourenço II de Médici e da francesa Madalena de la Tour d'Auvergne. Seu avô foi Lourenço, o Magnífico. Apesar de vir dessa família grandiosa, ficou órfã logo após o nascimento, o que a deixou de alguma maneira em uma situação de pobreza. Diante desse revés, ela cresceu cercada pelo luxo em uma cidade em que o refinamento e a cultura eram muito valorizados e ela estava no seio de uma família que representava a riqueza e a arrogância da posição dominante da Itália nas questões sociais da Europa.

Não havia nada de incomum em enviar um descendente dessa família para se casar com um integrante de uma família real quando ainda muito jovem, apesar de que não se esperava que Catarina fosse se casar com um rei. Henrique, assim como sua futura esposa, tinha apenas 14 anos quando se casaram, em 1533. Ele era o segundo filho de Francisco I e herdou o trono em 1547 depois que seu irmão mais velho morreu de maneira misteriosa enquanto jogava tênis.

Quando Catarina chegou à França, seu marido não gostou dela imediatamente porque não era bonita e tinha pouco dinheiro. A união aconteceu por motivos políticos e nada mais. O pai de Henrique organizara o casamento para agradar o papa Clemente VII, tio de Catarina, mas mesmo esse plano foi por água abaixo, pois o papa morreu logo depois do casamento.

Então Henrique a ignorava a maior parte do tempo e alardeava o relacionamento com a muito mais velha Diana de Poitiers, sua concubina, que agia como rainha apesar de não ter o título. Talvez como reflexo da confiança que sentia em sua posição, Poitiers insistia que o amante dormisse de vez em quando com a esposa para produzir herdeiros. A corte também desdenhava de Catarina e por muito tempo ela não conseguiu engravidar. Ela também não era popular entre o público francês em geral, que a chamava de "mercadora italiana". Sua posição parecia insignificante, mas tudo mudou quando ela começou a ter filhos. Ela acabou tendo dez filhos com o marido, três dos quais se tornaram reis da França e uma rainha.

Durante a vida de seu marido, ela permaneceu isolada na corte e quase sem amigos no país de adoção. Catariana contava em grande parte com um séquito italiano de serviçais e amigos que a haviam acompanhado em sua viagem para a França. Entre os serviçais estavam cozinheiras florentinas, que haviam trabalhando nas grandiosas cozinhas dos Médici, e parece que acharam as condições na França bastante primitivas. Aparentemente, Catarina, uma espécie de glutona, podia causar boas impressões na área da gastronomia. Promovia banquetes magníficos, que talvez tenham ajudado a convencer o marido de que não era tão inútil quanto ele pensava. Há o registro de um banquete que ela organizou em 1549, onde foram servidos 30 pavões, 33 faisões, 21 cisnes, 20 grous, 66 galinhas-d'angola, 30 galetos, 99 codornas e uma seleção de lebres, coelhos e porcos. Sem esquecer das 60 saladas e 26 pratos doces. Esse banquete foi oferecido para apenas 50 convidados.

Catarina ficava tonta com a quantidade. Não era a culinária francesa que era primitiva, longe disso, mas ela ainda seguia tradições medievais e havia uma falta de disciplina na maneira como as cozinhas eram organizadas. Jean Orieux, um biógrafo de Catarina, escreveu: "Foi exatamente uma florentina que reformou a antiga culinária francesa de tradição medieval: e ela renasceu como a moderna culinária francesa". Os italianos também trouxeram legumes que eram populares em seu país como alcachofras, feijões, brócolis, ervilhas e talvez tomates, que tinham acabado de causar alguma impressão na culinária italiana.

Os florentinos também recebem o crédito por terem apresentado os franceses a pratos que agora são vistos como clássicos, como a sopa de cebolas e o pato com laranjas, junto com os clássicos molhos franceses, o bérnaise e o mornay. Mas parece que a impressão mais profunda foi causada pela confeitaria italiana. Florença era famosa por seus sorbets e sorvetes, mas havia também os doces de confeitaria, as compotas de fruta e as tortas, que impressionavam muito quem nunca tinha visto comidas daquele tipo antes.

Novamente, deve-se ressaltar que há controvérsia a respeito de se Catarina e sua comitiva introduziram esses alimentos na França ou se eles foram adotados ao longo do tempo. Também é bem possível que não tenha sido Catarina, mas outro cidadão italiano na França quem apresentou a culinária italiana aos franceses. Por exemplo, dizem que ela introduziu os sorbets e os sorvetes na corte, mas foi Francisco Procopio, um siciliano que morava em Paris, quem abriu a primeira sorveteria na França. É certo que os alimentos populares na Itália se tornaram populares na França, e que mesmo esses pratos e ingredientes não tenham sido completamente adotados como resultado da influência de Catarina, deve ter havido alguma coincidência.

Há menos controvérsia a respeito do modo como Catarina influenciou os hábitos alimentares da aristocracia francesa de maneiras que se espalharam pelo resto da população. Embora não se possa dizer que fosse feminista, foi Catarina quem insistiu que as mulheres deveriam poder frequentar os grandes banquetes da corte. Elas não precisavam mais ficar confinadas em suas dependências enquanto esses banquetes aconteciam.

Ela banhou a corte francesa com a elegância dos seus banquetes e substituiu os jogos de mesa comuns por objetos elaborados que incluíam prata e cristal, coisas comuns nas cortes italianas, mas não na França. Ela também parece ter introduzido a prática de comer com garfo, acrescentando-o às colheres e facas usados até então. Além disso, introduziu o conceito de separar os pratos doces dos salgados. A antiga prática de colocar toda a comida ao mesmo tempo na mesa era comum e datava da Idade Média. Na Itália, a distinção entre o que se tornou conhecido como pratos estava começando a se estabelecer. Por mais extraordinário que isso possa parecer hoje em dia, foi só no final do século XIX, sob a influência do grande chef Escoffier (capítulo 9), que surgiu um novo sistema de separação completa dos pratos.

O marido de Catarina, Henrique II, morreu em 1559, e ela se tornou rainha regente por três décadas, exercendo um poder considerável durante os reinados de seus três filhos bastante ineficientes. Na época, ela tinha 40 anos e uma vida frustrante até então. Agora era capaz de fazer muitas coisas com as quais não poderia nem sonhar quando o marido reinava. Uma das primeiras coisas que fez foi banir a amante do marido, Diana. E de maneira ainda mais controversa, ela teve um papel importante na aparentemente interminável guerra entre huguenotes e católicos. Do lado mais leve, porém, também ficou famosa pelos bailes e eventos teatrais que organizou na corte e que eram acompanhados por abundantes banquetes, dando um exemplo de opulência que atingiria o auge na corte de Luís XIV.

Catarina morreu em 5 de janeiro de 1589 de causas naturais enquanto dormia. Ela foi muito desprezada por seu papel no massacre dos huguenotes na Noite de São Bartolomeu, em 1572; apesar disso, a história foi um pouco gentil com ela. Em relação à sua contribuição para a culinária francesa, ainda há controvérsias. Há uma tendência crescente de ignorar a sua obra, mas um convincente conjunto de evidências sugere que ela fez muita coisa para influenciar a evolução da culinária francesa.

Receitas dos Médici

Diversos pratos com o nome de Catarina ainda existem hoje em dia. Dizem que o primeiro dos apresentados abaixo foi sua invenção, mas aqui foi atualizado para uma versão mais moderna.

PERAS À CATARINA

Ingredientes
- 4 ½ xícaras de açúcar
- 1 colher (chá) de essência de baunilha
- 6 a 8 peras
- 4 xícaras de framboesas ou amoras
- 2 colheres (sopa) de kirsch
- 3 colheres (sopa) de amêndoas em lascas

Modo de preparo
Prepare a calda dissolvendo 4 xícaras de açúcar em 4 ½ xícaras de água e deixando levantar fervura. Coe, acrescente a essência de baunilha e filtre por várias camadas de musseline. Coloque a calda em uma panela limpa e cozinhe as peras nessa calda até ficarem macias, mas tome cuidado para não cozinhar demais de modo que elas fiquem murchas.

Em uma tigela, amasse as framboesas ou as amoras. Acrescente o restante do açúcar, misture bem e passe por uma peneira. Acrescente o kirsch. Para servir, derrame o purê de frutas sobre as peras e polvilhe com amêndoas em lascas.

BOMBE[3] DOS MÉDICI

Dizem que esse prato foi preparado em homenagem ao 70º aniversário de Catarina, pouco antes de ela falecer. Ela teria dito: "depois de experimentar algo tão maravilhoso, podemos ter certeza de que realmente há um paraíso a nossa espera".

8 a 12 porções

Ingredientes
- 4 xícaras de peras ou laranjas em fatias
- 2 xícaras de pêssegos descascados e cortados em cubos
- ½ xícara de kirsch
- 8 ½ xícaras de açúcar
- 6 pêssegos grandes sem caroço cortados ao meio
- 32 gemas de ovo
- 1 colher (chá) de essência de baunilha
- cerca de 3 xícaras de creme de leite batido bem firme

Modo de preparo
Forre uma forma de bombe ou tigela de cerâmica com as fatias de frutas e coloque no freezer até solidificarem. Em uma tigela pequena, deixe os pêssegos em cubos de molho no kirsch por 1 a 2 horas. Em uma panela pequena, dissolva 1 ½ xícara de açúcar em 2 xícaras de água e deixe levantar fervura. Nessa calda, cozinhe os pêssegos cortados ao meio até ficarem macios. Escorra e faça um purê com os pêssegos.

---

[3] Bombe é uma sobremesa feita a base de sorvete em uma forma esférica que lembra uma bola de canhão, daí o nome. (N.T.)

Em uma tigela, dissolva o restante do açúcar em 4 xícaras de água. Deixe levantar fervura, coe e filtre. Em uma tigela grande em banho-maria, em água não muito quente, misture a calda e as gemas de ovos, mexendo sempre com um batedor. Quando a mistura atingir a consistência de um creme espesso, passe por uma peneira fina sobre uma tigela. Acrescente a essência de baunilha e continue a mexer até a mistura esfriar completamente. Junte à mistura o purê de pêssego e os pêssegos em cubos e então acrescente a mesma quantidade de creme de leite batido. Coloque a mistura em um recipiente de pedra ou cerâmica, cubra e deixe na geladeira até esfriar completamente (4-5 horas).

Quando a mistura estiver fria, recheie o centro da bombe. Sele a forma e deixe descansar no freezer até ficar completamente sólido (2 a 3 horas) antes de desenformar e servir.

SALADA CATARINA

Dizem que essa era uma de suas saladas favoritas.

4 a 6 porções

Ingredientes
- folhas verdes mistas (pelo menos 3 tipos)
- queijo pecorino toscano macio (queijo de cabra)
- ovos cozidos (1/2 por pessoa)
- anchovas em óleo
- alcaparras
- vinagre
- azeite de oliva
- sal e pimenta-do-reino

Modo de preparo
Lave as folhas verdes, seque bem e coloque em uma saladeira grande (uma tigela de madeira é ideal e típica desse prato).

Acrescente o queijo cortado em cubinhos, pequenos pedaços de filé de anchova e algumas alcaparras. Tempere levemente com sal e pimenta-do-reino, regue com azeite e vinagre, misture bem e sirva imediatamente, decorada com os ovos cozidos.

O defensor da comida
JAMIE OLIVER

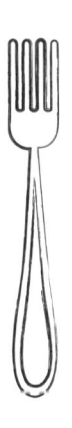

Jamie Oliver, o cara simpático com um tufo de cabelo voando, atingiu o nível em que o seu primeiro nome provavelmente é mais reconhecido que o seu verdadeiro nome: James Trevor Oliver. Ele parece tão familiar e acessível que é difícil lembrar que provavelmente não é quem afirma ser, isto é, um chef. A verdade é que sua culinária não explica sua contribuição extraordinária para a categoria dos gurus da alimentação.

Não há nada que possa ser descrito como um estilo culinário de Jamie Oliver e ele certamente não inventou um tipo de culinária como alguns dos outros gurus da alimentação deste livro. Esses outros chefs passaram a maior parte de seu tempo cozinhando em um restaurante, mas nunca houve um restaurante em que Jamie fosse o chef principal em tempo integral. Não se trata de fazer a afirmação absurda de que Jamie Oliver não seja um bom cozinheiro, mas é igualmente difícil afirmar que ele fez o nome em uma cozinha na qual tenha desenvolvido um estilo de culinária distinto e que possa ser reconhecido de maneira imediata. Sua genialidade está em outro lugar.

Genialidade não é exagero, porque é difícil encontrar outro sujeito que tenha causado um impacto tão profundo e imediato nos hábitos alimentares e culinários de sua geração, e que praticamente sozinho transformou a questão da alimentação saudável em parte da agenda nacional. O alarde em torno de suas conquistas e a hipérbole de sua linguagem, que lamentavelmente inclui o uso excessivo de pontos de exclamação, tende a tirar a atenção de suas verdadeiras conquistas.

Ele acredita piamente na comida preparada a partir do zero e com ingredientes de boa qualidade. Essa fórmula aparentemente óbvia de boa alimentação foi praticamente abandonada por uma geração criada a base de fornos de micro-ondas e alimentos prontos e industrializados. Muita gente simplesmente não tem segurança para usar ingredientes frescos, pois transformar alimentos crus em refeições parece muito difícil e demorado.

Nisso reside a genialidade de Jamie. Ele compreende essa falta de segurança e a relutância em preparar refeições diante da proliferação de alternativas fáceis e ataca esse dilema de maneira inteligente e tranquila, além de dominar a habilidade dos vendedores de convencer um comprador relutante a adquirir algo que nunca tinha imaginado comprar antes.

Talvez apenas os seus compatriotas possam reconhecer completamente como a personalidade dele ajudou a quebrar as barreiras que separavam o Reino Unido da boa alimentação, deixando o hábito de cozinhar em casa em um estado deplorável, especialmente entre os menos favorecidos. Comentando os seus esforços muito divulgados para mudar os hábitos alimentares da classe trabalhadora da cidade de Rotherham, no Norte da Inglaterra, Jamie disse: "Eles achavam que preparar uma refeição e oferecê-la à família era algo de pessoas chiques".

Os chefs britânicos famosos costumavam ter o sotaque das classes elevadas e eram associados a um estilo de vida praticamente desconhecido da maioria da população. Mesmos os famosos chefs da tevê pareciam ter vindo do "Planeta Esnobe", mas Jamie esforça-se para ser um homem comum. Ele usa o que parece um "mockney" não muito verdadeiro – uma espécie de sotaque da classe trabalhadora de Londres, pontuado livremente por aliterações engraçadinhas como "lovelly jublly" e leva jeito para se conectar com pessoas que estavam bastante convencidas de que cozinhar e se interessar por comida não era para elas.

Uma vez estabelecido como personalidade televisiva, ele usou a fama para melhorar os hábitos alimentares no Reino Unido e depois nos Estados Unidos, em especial entre os jovens. Está ativamente envolvido no treinamento de novos funcionários para restaurantes e os busca entre aqueles que nunca pensaram que poderiam seguir essa direção. Por trás de seu exterior simpático e despreocupado está um homem de negócios habilidoso que já ganhou uma pequena fortuna.

Ser um chef é algo trabalhoso, envolve um aprendizado longo, muitas vezes acompanhado por um alto nível de exploração por parte dos restaurateurs e chefs, que têm ciúmes de suas posições e sempre procuram maneiras de conseguir mais de uma equipe por um custo mínimo.

No entanto, Jamie Oliver não apenas teve muita sorte de ter um mentor na figura de Gennaro Contaldo, com quem ainda trabalha, mas também de tirar proveito de uma feliz coincidência que o catapultou da função de um simples sous chef no bem quisto River Café de Londres (administrado por duas chefs bastante conhecidas: a falecida Rose Grey e Ruth Rogers) para o estrelato na televisão. Isso aconteceu quando os produtores do programa gravado no restaurante viram Oliver e, como fazem as pessoas de televisão, rapidamente reconheceram uma formidável personalidade para a telinha.

Levou muito pouco tempo para ele ser retirado da cozinha e levado aos estúdios de gravação, onde a carreira de Jamie Oliver foi lançada com a série *Naked Chef*. Ele passou muitos anos tentando explicar que: a) não havia inventado o título e b) não era o chef quem estava nu, mas a comida – simples e sem disfarces.

O fato de um chef relativamente inexperiente ter sido catapultado para esse tipo de fama revela muito do culto das celebridades na era da comunicação instantânea, mas Jamie Oliver tem personalidade e as habilidades instintivas que o tornam atraente na tela. Algumas pessoas suspeitam de que esse personagem tenha sido cuidadosamente cultivado apenas para a televisão, mas é uma crença de base muito frágil.

No Reino Unido obcecado pelas classes sociais, há um interesse compreensível pelas origens e pelo sotaque de Jamie, que sugerem uma origem nas classes trabalhadoras. A verdade é que Jamie Oliver, nascido em 1975, é filho de uma família de classe média (ok, talvez de classe média baixa, para aqueles obcecados com as minúcias da questão) que administra um pub-restaurante de sucesso chamado "The Cricketers", em Essex, nos arredores de Londres. Ali ele foi apresentado ao mundo das cozinhas e, por conta própria, começou a ajudar aos sete ou oito anos de idade, e aos onze "não era muito ruim na preparo dos legumes", o que significa picar e limpar os legumes antes do cozimento.

Sob o olhar atento do pai, que tinha uma ética de trabalho rigorosa, Jamie passou cada vez mais tempo na cozinha. Aos treze anos, estava cozinhando de verdade ao lado do chef principal. As coisas não iam muito bem para ele na escola, onde sua dislexia e hiperatividade o transformaram em uma criança com "necessidades especiais" que não tinha nenhum futuro acadêmico. Aos dezesseis anos, ele não passou de ano, com exceção de artes, disciplina na qual tirou "A", e geologia, em que tirou "C".

Obviamente, nenhum futuro acadêmico acenava para Jamie, mas ele já havia descoberto que o seu interesse verdadeiro estava em cozinhar. Entrou na Westminster Catering College, uma das escolas profissionalizantes de Londres que tem uma certa reputação por gerar futuros chefs. Depois fez um pequeno estágio na França, mas de fato se estabilizou ao se tornar chef de confeitaria, sob as asas do chef Contaldo, do Neal Street Restaurant de Antonio Corluccio, um restaurante italiano chique e muito conhecido. Dali, ele foi para o River Café, que também é especializado em culinária italiana. Jamie ficou três anos e meio na formidável cozinha de Grey e Roger antes de ir para a televisão.

Em outras palavras, Jamie Oliver passou menos de uma década nessas duas cozinhas como profissional antes de aparecer na telinha e dizer ao público britânico como cozinhar. O antigo sous chef logo se viu preparando um jantar para o primeiro ministro Tony Blair, em 1999, e assinando um acordo de um milhão de libras como o rosto da rede de supermercados Sainsbury.

Não surpreende que outros chefs que passaram por aprendizados mais longos, o que é considerado a norma, tenham desdenhado do sucesso de Jamie Oliver, acusando-o rapidamente de teatralidade e superficialidade. Mas eles não consideram o que de fato importa, pois a qualidade dele é justamente essa teatralidade. A série *Naked Chef* teve impacto imediato por causa do estilo falante de Jamie: enquanto outros chefs enfatizavam a precisão, ele favoreceu termos como "enfiar" e "pegar um punhado" de ervas. Ele diz "eu só queria tornar a culinária acessível a todos, mostrar que a gente pode errar – eu erro o tempo todo – mas isso não importa".

A ideia era tornar as receitas menos impressionantes, porém mais fáceis. Ao ler as receitas nos livros que acompanham os programas, fica claro que há precisão suficiente para que um cozinheiro novato saiba o que fazer, apesar de existirem alguns saltos irritantes. Leitores do livro *Jamie Oliver – O chef sem mistérios* aprendem a não ficar nervosos sobre a maneira de temperar – Jamie é da escola do quanto mais, melhor. Claro que a culinária italiana ainda é a sua maior influência, apesar de ele ter desenvolvido um forte, e até mesmo panfletário, interesse pela culinária britânica.

Jamie incentiva seus seguidores a gastar mais dinheiro para conseguir ervas frescas ou produtos orgânicos, a usar azeite de oliva e a comprar cortes de carne sobre os quais talvez não se tenha pensando antes. "Como regra geral", Jamie escreve em sua introdução a *Jamie's Dinners*, "se a comida é barata não vai ser tão boa... tudo se resume a sua percepção de valor – é melhor comprar as coisas mais baratas que conseguir, ou gastar um pouco mais e ter algo com um sabor melhor, um cheiro melhor e que em troca faz a gente se sentir melhor?".

Se as críticas são de que as receitas de Jamie não são especialmente originais, ele deveria se declarar culpado, mas ao fazer isso, poderia acrescentar que todos os chefs devoram as receitas de outros chefs e as modificam. É assim que a culinária se desenvolve, e pronto. A genialidade está na adaptação e, quando se dirige a um público não profissional, nos métodos empregados. Jamie é um mestre do atalho e com frequência oferece maneiras de eliminar passos complicados desnecessários. Muitas vezes ele sugere, por exemplo, não fazer um molho bechamel, que é um pouco trabalhoso, mas substituí-lo por creme de leite fresco – não é a mesma coisa, mas certamente funciona.

O mais importante, no entanto, é que Jamie Oliver se tornou um defensor da comida. Ele logo se exime de dizer que não faz "sermões" sobre o assunto, e não quer que ninguém pense que é "agressivo". No entanto, insiste que "chegamos a um estágio crucial na história – a maneira como produzimos e cozinhamos a nossa comida vai afetar radicalmente o desenvolvimento da próxima geração.

Ou voltamos para os métodos naturais de produção de alimentos ou as coisas ficarão cada vez mais falsificadas e produzidas em massa."

A primeira grande manifestação dos esforços de Jamie Oliver foi o lançamento da Fifteen Foundation, em 2002. A ideia era ajudar jovens de origem humilde a entrar no ramo dos restaurantes, abrindo um restaurante com quinze chefs completamente novatos. Não por acaso, isso também se tornou material ideal para um *reality show* chamado *Jamie's Kitchen*.

Não se tratava de nenhuma novidade, claro. As cozinhas de restaurantes têm longa tradição de atrair jovens de origens humildes, sem qualificação formal. O treinamento de um chef é uma forma clássica de aprendizado, e mesmo o lado humanitário, de atrair crianças com envolvimento na criminalidade, não é incomum. Qualquer um que conheça cozinhas profissionais dirá que tráfico de drogas, bebidas em excesso e jogo não são desconhecidos. A campanha de Oliver, no entanto, acrescentou um objetivo, que sem dúvida foi alcançado. Ele inspirou muitos jovens a pensar nas cozinhas como uma carreira desejável e mostrou a eles que essa não era uma opção fácil ou antiquada. O primeiro restaurante Fifteen em Londres deu origem a projetos semelhantes em Amsterdam, Cornualha e Melboune. Deve-se dizer que não são apenas bons projetos de caridade, mas também servem uma comida excelente.

A Fifteen Foundation acabou sendo apenas um esboço se comparada com a campanha, bem mais ambiciosa, para mudar a comida servida nas escolas às crianças britânicas, lançada em 2004. As refeições nas escolas seguem um longa tradição no Reino Unido, datando da década de 1870, quando foram criadas iniciativas para lutar contra a desnutrição entre as crianças pobres.

Em 1944, o fornecimento de refeições pelas escolas por preços nominais tornou-se obrigatório pelo governo para melhorar a alimentação das crianças. Ao longo do tempo, essas refeições ganharam uma reputação terrível por causa de seu sabor, qualidade e finalmente por causa do baixo valor nutricional. Jamie Oliver achou que poderia fazer alguma coisa e decidiu provar que não custaria muito mais oferecer comida de maior qualidade e mais nutritiva. Novamente, com as câmeras em punho, ele se ofereceu para assumir a cozinha de uma escola em Greenwich, no sudeste de Londres, para mostrar como isso poderia ser feito. A partir daí, assumiu o sistema de refeições escolares de toda a região. Quando o projeto chegou às telas da tevê em 2005, houve uma reação enorme. Um total de 271.677 pessoas assinaram uma petição online exigindo uma comida melhor nas escolas. O governo foi forçado a reagir rapidamente, prometendo mais dinheiro e treinamento para as equipes de cozinha. Um programa de tevê feito um ano e meio depois manteve o impulso para as melhorias nas refeições escolares e trouxe um investimento público adicional de até 650 milhões de libras.

Os fabricantes do conhecido Turkey Twizzlers, um prato congelado muito famoso, foram forçados a retirá-lo do mercado, e aumentou a consciência em relação a alimentos fritos e insalubres, muitos dos quais tinham nomes enganadores. Estudos feitos em Greenwich mostraram que as faltas não autorizadas (principalmente por doença) caíram em 15% no auge da campanha. Outras evidências mostraram uma melhora no desempenho acadêmico.

No entanto, também houve uma avalanche de reclamações sobre a nova dieta. Crianças criadas a base de fast-food acharam difícil se ajustar aos sabores novos e mais sutis, e um grande número de alunos se retirou do programa de alimentação escolar. Os funcionários das cozinhas, que antes não cozinhavam de verdade, apenas descongelavam e fritavam, também acharam difícil se adaptar. O golpe final veio quando um estudo mostrou que os verdadeiros beneficiários da campanha por uma alimentação melhor não eram as crianças das famílias mais pobres que podiam receber refeições gratuitas, mas as crianças dos pais mais ricos. Os menos favorecidos tinham mais probabilidade de sair do programa.

Em 2010, a nova coalisão do governo britânico repentinamente diminuiu os padrões nutricionais para as refeições escolares que haviam sido introduzidos como resultado da campanha. O jornal *Daily Mirror*, um grande apoiador da campanha original, diz "foi dada a luz verde para as escolas começarem a servir *junk food* novamente".

Jamie Oliver logo se deu conta de que se as refeições escolares não eram feitas a partir do zero, era provável que em casa as coisas não fossem melhores. Então lançou a Revolução na Cozinha, dessa vez levando as câmeras para a cidade de

Rotherham, no Norte da Inglaterra, onde começou a dar aulas semanais, que se transformaram em um livro best-seller com receitas simples: *Revolução na Cozinha*.

Por sua vez, um projeto parecido chegou aos Estados Unidos, e Jamie seguiu para Huntingdon, Virginia, apelidada de "a cidade mais gorda dos Estados Unidos", para estabelecer um novo programa de refeições escolares. (Alice Waters, capítulo 20, está envolvida em projetos similares, mas longe das câmeras.) Ali, os desafios foram tão grandes quanto no Reino Unido e o resultado, diferente. Em 2011, quando um projeto parecido foi proposto aos alunos de Los Angeles, foi proibido pelas autoridades locais, que citaram preocupações sobre a controvérsia que provavelmente causaria. Eles não estavam sozinhos em seu ceticismo; mesmo antes de os projetos com as escolas começarem, o apresentador David Letterman disse a Jamie, ao vivo na televisão, que ele iria fracassar, e que nos Estados Unidos apenas pílulas de emagrecimento diminuiriam o peso.

O veredito final ainda está em aberto nos projetos americanos bem como para o projeto em Rotherham, mas a atenção que os dois programas receberam, e a discussão que estimularam são, por si só, um indicativo de sucesso. O fato de esses projetos terem sido feitos para a televisão não significa que não tiveram outros resultados benéficos. Nem tudo na tevê faz mal. Mesmo assim, pode-se citar um ligeiro vexame se lembrarmos da turnê *Happy Days Live*, que começou em 2001 na tevê, mostrando o grande chef pulando do fogão para uma bateria, misturando de maneira nada convincente música pop com culinária.

A impressionante teatralidade de Jamie às vezes mascara que ele tem um império de respeito e que emprega mais de 2 mil pessoas. Ele se tornou um multimilionário com os lucros dos programas de tevê, livros de receita, lojas, licenciamento de marcas e os 14 restaurantes italianos de que é dono e com outros a caminho (os restaurantes Fifteen não têm fins lucrativos).

Jamie Oliver ganhou diversas honrarias, incluindo o reconhecimento real de seu trabalho. Em 2010, recebeu o prestigiado prêmio TED dado às pessoas que mudaram a sociedade de maneira significativa. "Jamie Oliver está transformando a maneira como alimentamos nossas crianças, e nós mesmos", disseram os organizadores, resumindo a sua conquista. Esse é um fato, apesar das críticas. Na verdade, justamente por ele atrair críticas é que estimula o debate, e o debate em si gera a discussão necessária para, pelo menos, examinar qualquer que seja a melhor maneira de alimentar nações prósperas que há muito tempo abandonaram dietas de subsistência, mas por uma ironia trágica voltaram-se para os níveis nutricionais pobres encontrados em nações onde é difícil conseguir alimento. Jamie participa desse debate com inteligência e estilo, e boa comida.

Receitas de Oliver

Aqui estão três receitas que ilustram de maneira clássica a abordagem de Oliver; elas são reproduzidas em sua forma falante original. A receita de canelone mostra como um processo complicado pode ser ajustado sem comprometer o sabor; na verdade, pode-se dizer que esse método produz algo bem mais interessante. Um cozinheiro novato pode fazer um cozido de carne e cerveja sem a menor dificuldade, é exatamente o tipo de prato que Jamie Oliver sugere para as pessoas que não estão acostumadas a cozinhar. Já o Pudim de Pãozinho e Manteiga é uma adaptação muito inteligente do clássico Pudim de Pão e Manteiga, mas muito mais saboroso e fácil de fazer que o original, e com resultados mais recompensadores.

Todas as receitas também podem ser encontradas em inglês no site: *www.jamieoliver.com*

INCRÍVEL CANELONE DE ESPINAFRE E RICOTA

Jamie Oliver escreve: "Este é um canelone deliciosamente leve e saboroso, e mais uma vez evitei fazer o frustrante e difícil molho bechamel e dei a você uma versão muito saborosa e mais simples. Você só precisa encher bem o canelone com a mistura de ricota e espinafre para que não fique cheio de ar. O que é delicioso nele é que fica crocante e dourado por cima, mas continua macio e úmido por baixo. Você vai adorar!"

4 porções

Ingredientes
- 2 bolinhas de manteiga
- azeite de oliva
- 2 dentes de alho sem casca e cortados em fatias finas
- um bom punhado de manjerona ou orégano fresco, picado grosseiramente
- ¼ de noz-moscada ralada
- 8 punhados grandes de espinafre bem lavado
- um punhado de manjericão fresco com os talos picados e as folhas rasgadas
- 2 latas de 400 g de tomates pelados picados
- sal marinho e pimenta-do-reino moída na hora
- 1 pitada de açúcar
- 400 g de ricota em pedaços
- 2 punhados de queijo parmesão ralado na hora
- 16 tubos de canelone
- 200 g de mussarela em pedaços

Para o molho branco
- 500 ml de creme de leite fresco
- 3 anchovas bem picadas
- 2 punhados de queijo parmesão ralado na hora

Modo de preparo
Preaqueça o forno a 180 ºC. Encontre uma assadeira de metal ou uma travessa refratária na qual os canelones caibam em uma camada só, bem apertadinhos. Assim você irá conseguir a cobertura certa do molho e a crocância certa por cima. Quando faço isso em casa, uso só uma panela para diminuir a louça! Pegue sua assadeira ou panela, leve ao fogo alto e acrescente a manteiga, um pouquinho de azeite de oliva, um dos dentes de alho picados, um punhado de manjericão ou

orégano e a noz-moscada ralada. Quando a panela estiver quente, o alho deve estar macio. Coloque o quanto puder de espinafre na panela. Fique mexendo; ele vai murchar rapidinho, então você poderá colocar mais espinafre até ele acabar. O espinafre vai perder água, não tem problema. Ao cozinhar desse jeito, você não perde nenhum dos nutrientes que perderia se o cozinhasse na água.

Depois de 5 minutos, coloque o espinafre em uma tigela grande e deixe esfriar. Leve a panela de novo ao fogo, acrescente um pouco de azeite, o outro dente de alho picado, os ramos de manjericão e os tomates. Então encha uma das latas de tomate vazia com água fria e acrescente também. Deixe levantar fervura, abaixe o fogo, acrescente uma pitada de pimenta-do-reino e de açúcar, e cozinhe por cerca de 10 minutos, até obter uma consistência de molho de tomate mais líquida. Tire a panela do fogo e acrescente as folhas de manjericão.

A essa altura, o espinafre já esfriou, então esprema qualquer excesso de líquido e deixe escorrer dentro da tigela. Pique o espinafre finamente e coloque de volta na tigela. Misture com o líquido, acrescente a ricota e um punhado de queijo parmesão, e então use um saco de confeiteiro para encher os canelones com a mistura. Você pode fazer um saco de confeiteiro próprio com um saquinho plástico limpo e colocando a mistura de espinafre em uma das pontas. Então torça o saquinho e corte a ponta. Esprema com cuidado o recheio dentro dos tubos de canelone de modo que cada um fique bem cheio – é muito fácil.

Coloque os canelones sobre o molho de tomate na panela. Ou você pode derramar o molho de tomate em sua vasilha refratária e colocar os canelones por cima. Para fazer o molho branco, misture o creme de leite fresco, as anchovas e 2 punhados de queijo parmesão com um pouco de sal e pimenta-do-reino, então coloque um pouco de água até ser possível jogar por cima dos canelones com uma colher. Regue com azeite, polvilhe com o restante do queijo ralado e os pedaços de mussarela, e asse por 20 a 25 minutos até ficar dourado e borbulhante.

De: *Jamie's Dinner* de Jamie Oliver, Penguin Books, 2004.

PICADINHO DE CARNE E CERVEJA

Jamie Oliver escreve: "Você vai amar essa receita de picadinho de cozimento lento, porque é muito simples e sempre dá bons resultados. A carne deve ser cortada em cubinhos de aproximadamente 2 centímetros. Normalmente é possível achar embalagens com esse tamanho no supermercado. Nas receitas de ensopado, muitas vezes se diz para dourar a carne primeiro. Mas fiz vários testes e descobri que a carne fica deliciosa e macia mesmo sem dourar, então tirei essa etapa da receita".

4 a 6 porções

Ingredientes
- 3 folhas de louro frescas ou secas
- 500 g de carne para picadinho cortada em cubos
- 500 ml de cerveja do tipo ale, bock ou stout
- 2 talos de salsão
- 2 cebolas médias
- 2 cenouras
- azeite de oliva
- 1 colher (sopa) bem cheia de farinha de trigo
- 400 g de tomate em lata picado
- sal marinho e pimenta-do-reino moída na hora

Modo de preparo

Se for usar o forno para cozinhar seu picadinho, preaqueça-o a 180ºC. Corte as pontas do salsão e pique os talos grosseiramente. Descasque e pique as cebolas grosseiramente. Descasque as cenouras, fatie no comprimento e pique grosseiramente. Leve uma panela ao fogo médio. Coloque todos os legumes e as folhas de louro na panela com dois goles de azeite de oliva e frite por 10 minutos.

Acrescente a carne e a farinha. Acrescente a bebida e os tomates. Mexa bem, tempere com uma colher (chá) de sal marinho (use menos se for sal comum) e um pouco de pimenta-do-reino. Deixe levantar fervura, tampe e cozinhe em fogo baixo no fogão ou deixe no forno por 3 horas. Tire a tampa durante a última meia hora de cozimento, no fogão ou no forno. Quando estiver pronto, a carne deve estar macia e deliciosa. Lembre-se de tirar as folhas de louro antes de servir, e veja se é preciso colocar mais sal e pimenta. Você pode comer o picadinho assim, ou pode acompanhá-lo com alguns deliciosos bolinhos.

De: *Jamie's Ministry of Food: Anyone Can Learn to Cook in 24 Hours*, de Jamie Oliver, Michael Joseph, 2008.

PUDIM DE PÃOZINHO E MANTEIGA

6 porções

Ingredientes
- 600 ml de leite semidesnatado
- 600 ml de creme de leite
- 1 fava de baunilha
- 4 ovos médios, de preferência caipiras ou orgânicos
- 170 g de açúcar
- 6 pãezinhos sovados cortados ao meio (passe um pouco de manteiga em cada metade)
- 3 colheres (sopa) de conhaque
- um punhado de damascos secos picados
- raspas de 1 laranja
- um pouco de açúcar de confeiteiro

Modo de fazer

Preaqueça o forno a 170 ºC. Para a base de creme, deixe o leite e o creme de leite levantarem fervura em uma panela e desligue. Corte a fava de baunilha ao meio, raspe as sementes e acrescente à panela. Bata os ovos com o açúcar até ficar clarinho, então acrescente à mistura de leite e creme de leite e misture, retirando a fava de baunilha.

Mergulhe as metades de pão na mistura e coloque em uma vasilha retratária. Regue com o conhaque e polvilhe com damascos e raspas de laranja. Passe o creme por uma peneira, derramando sobre os pãezinhos, e deixe tudo de molho por pelo menos 15 minutos.

Coloque a vasilha sobre uma assadeira de metal, encha a assadeira com água quente até a metade e então asse o pudim por cerca de 45 minutos. Quando estiver cozido, ele terá uma leve crosta por cima, mas estará um pouco molenga por dentro. Polvilhe com açúcar de confeiteiro e sirva.

Fazendo a parte dela

MARGUERITE PATTEN

Hilda Elsie Marguerite Patten, nascida Brown em 1915 e ainda firme para os seus 90 anos, é mais conhecida como Marguerite Patten. Essa grande dama da culinária britânica com frequência insiste que não passa de uma economista doméstica, mas ela escreveu um grande número de livros de culinária que praticamente todo mundo no Reino Unido conhece e dificilmente pode ser descrita como menos do que um gênio culinário. Existem 165 livros de receitas escritos por Patten, com vendas que passam dos 17 milhões, assim como cartões de receita que venderam mais de 500 milhões de cópias.

Patten também enfrentou a ambiciosa tarefa de se tornar uma historiadora da gastronomia com a publicação de seu livro *A Century of British Cooking* (Um Século de Culinária Britância), em 2001, que mapeia o desenvolvimento dos hábitos alimentares por meio de receitas do último século.

Sempre prática e consciente dos desenvolvimentos dos equipamentos de cozinha, Patten também escreveu o primeiro livro específico sobre comidas feitas com panelas de pressão e mixers. Desde então, escreveu sobre processadores de alimentos, micro-ondas e, no espírito de seu papel como economista do lar, deu conselhos sobre o melhor jeito de usar máquinas de lavar.

Patten foi uma das primeiras cozinheiras de televisão, se não a primeira, como alguns acreditam. A própria Patten afirmou: "Fui a primeira a cozinhar na televisão, mas não acho que sou uma chef e definitivamente não sou uma celebridade". Na verdade, nem mesmo a BBC tem certeza de quem pode afirmar ter sido o primeiro chef da televisão britânica. Sua assessoria de imprensa tentou sugerir que Moira Meighn fora a primeira cozinheira a aparecer na tevê e Marcel Boulestin o primeiro a estrelar uma série. No entanto, Philip Harben, que depois apresentou um programa junto com Patten, teve um impacto maior. Patten desfrutou de uma longa carreira na tevê, era extremamente prática em sua abordagem, e deixou que a entusiasmada Fanny Cradock desse início ao culto dos chefs celebridades na tevê.

Patten com frequência descartava qualquer interesse em ser uma celebridade. Ela via seu papel na televisão como o de "dar conselho às pessoas" e disse: "A comida sempre foi mais importante do que nós. O problema com os chefs celebridades de hoje em dia é que a personalidade anula a comida".

O estilo televisivo de Patten parece quase inconcebível para os telespectadores modernos porque é completamente livre da teatralidade que se espera dos atuais chefs celebridades. Além disso, ela tem um sotaque cortante e completamente fora de moda, que hoje em dia só é permitido na televisão na forma de paródia. Mesmo assim, seus programas de tevê funcionavam bem e atraíam grandes audiências para um meio que na época ainda era relativamente subdesenvolvido.

No começo de sua carreira, ela era mais conhecida por suas participações na rádio BBC, primeiro durante a guerra em uma série no começo da manhã, *Home Front* (Front Doméstico) e então no programa *Women's Hour* (Hora das Mulheres), que começou em 1946 e ainda existe na segunda década do século XXI.

No entanto, o que realmente fez sua carreira culinária deslanchar foi o trabalho que realizou para melhorar a alimentação do país durante e depois da Segunda Guerra Mundial. De muitas maneiras, Patten personifica a evolução da alimentação britânica na segunda metade do século XX. Ela é uma pragmática *nonsense* que reconhece as limitações e as possibilidades do que poderia ser feito nas cozinhas domésticas. Delia Smith, cuja carreira é examinada no capítulo 19, segue mais ou menos o mesmo modelo que Patten, mas ainda não desenvolveu o currículo de sua antecessora.

O que liga essas duas mulheres incríveis é o nível de popularidade e a maneira como foram tratadas com condescendência por alguns autores e chefs que veem a si mesmos operando em um nível mais sofisticado, enquanto essas duas mulheres teriam uma maneira um tanto sem gosto e populista. Patten e Smith têm os pés firmes no chão e nunca se sentiriam insultadas com a ideia de serem populistas, distantes da elite do mundo culinário. Suas habilidades estão em tornar esse mundo complexo acessível a cozinheiros domésticos que têm dificuldades para colocar algo interessante e talvez gostoso na mesa.

Patten disse que sua década favorita em relação à comida foi os anos 1960, quando a escassez de alimentos finalmente acabou e as pessoas começaram a viajar para o exterior. Esse apetite pelas viagens levou a um entusiasmo por novos tipos de comida. Ela é mais filosófica sobre o que está acontecendo hoje em dia quando há ainda mais opções, certamente mais exposição a influências estrangeiras e uma explosão no interesse pela gastronomia, que se reflete na proliferação de programas de culinária na tevê.

Ainda assim, em muitos lares cozinha-se muito menos do que nunca simplesmente por causa do agitado estilo de vida moderno. Em uma entrevista, Patten disse: "Entendo a falta de tempo, não quero começar a castigar o público britânico por serem preguiçosos. Prefiro que eles comprem uma refeição pronta do que tenham um colapso... mas digo que se você conseguir achar um pouquinho mais de tempo, você pode comer mais barato e melhor, mesmo que isso signifique apenas cozinhar alguns legumes no micro-ondas".

Ela disse ao *Financial Times*: "Se hoje em dia as pessoas não cozinham e não comem bem, não têm desculpas. Existe muitos alimentos bons por aí". Ela também ressalta que, com a disponibilidade de melhores métodos de armazenamento e descongelamento hoje em dia, é irônico que os lares não usem esses aparelhos para preservar uma grande variedade de alimentos frescos, mas para ter alimentos processados à mão.

Outros gurus da alimentação deste livro, especialmente Jamie Oliver e Delia Smith, também tratam desse tema das oportunidades desperdiçadas em termos de alimentação. Os dois estão em uma missão de incentivar o público britânico a cozinhar e de persuadi-los de que é fácil preparar bons alimentos nutritivos e que eles são uma alternativa excelente e mais saudável aos alimentos processados. Quando Patten começou a escrever livros de culinária, ela os via como manuais de instrução criados para dar confiança aos nervosos iniciantes que pudessem ter se sentido inibidos pela complexidade de outros livros disponíveis na época. Mesmo o famoso trabalho da sra. Beeton (capítulo 4) deve ter desencorajado os temerosos que se aventuravam na cozinha. O livro de Beeton figura ao lado de trabalhos de grandes chefs franceses e outros que também poderiam muito bem ser rotulados como "não amadores" não só porque continham listas de ingredientes que eram difíceis de achar, mas as receitas também muitas vezes eram um tanto imprecisas, quando se tratava do detalhamento dos métodos de preparo. Marguerite Patten, por outro lado, não estava tentando impressionar, procurava ensinar, fazendo isso com um toque de destreza. "Considero-me uma informante que dá conselhos às pessoas", disse.

Às vezes Patten dá a impressão de vir de uma família um tanto abastada, mas na verdade nasceu em circunstâncias bastante modestas em Bath e cresceu nos arredores de Londres, em Barnet. A jovem Marguerite aprendeu sobre a perda ainda aos 12 anos de idade quando o seu pai morreu em decorrência dos ferimentos que sofrera na Primeira Guerra Mundial. Seu falecimento forçou a mãe a voltar a trabalhar como professora de inglês, assumindo a responsabilidade de sustentar a família e criar três filhos. Como Marguerite era a mais velha, ela ficou com a incumbência de ajudar a mãe na cozinha. Ela diz que a mãe e a avó paterna eram boas cozinheiras, o que prova que seu talento culinário corre nas veias. Apesar de ela nunca ter conhecido a avó, que morreu quando ela ainda era bebê, a sua mãe parecia acreditar que ela havia herdado os talentos dela e parabenizava a jovem Marguerite por ser como a avó, quando fazia algo bom na cozinha.

Elas viviam em um lar tradicional no qual era servida a comida convencional britânica, usando frutas e legumes que vinham do jardim da família. No final da vida, Patten muitas vezes lamentou que as famílias não se sentassem mais à mesa para comer juntas, fazendo uma comparação com o tempo em que ela era criança e sua mãe trabalhadora cozinhava todos os dias e fazia as refeições com os filhos, incentivando-os a valorizar a comida e os benefícios sociais que vinham junto com ela.

"As refeições não se resumem apenas ao ato de comer", Patten disse em uma entrevista, "elas tem a ver com conversar, trocar ideias, ouvir, não apenas as mães e os pais, mas as crianças também. É assim que aprendemos a nos comunicar." E ela se preocupa: "Se as crianças e os jovens comem separados, como você sabe que estão comendo bem?".

A mãe de Patten queria que ela seguisse a carreira de professora, mas ela queria ser atriz, de preferência de Shakespeare, e foi admitida na Royal Academy of Dramatic Art, apesar de não ter os meios para aceitar a oferta. A educação não a atraía, mas ela acabou seguindo o conselho da mãe e fez um treinamento em culinária, o que a levou ao seu primeiro emprego como economista doméstica na Eastern Electricity Board.

O sonho de atuar perdurou e Marguerite devia ter algum talento pois acabou conseguindo um emprego como atriz, usando o nome de Marguerite Eve, primeiro no Everyman Theatre no bairro boêmio de Hampstead e depois no Oldham Repertory, no norte da Inglaterra. Isso durou nove meses, então a temporada acabou e não houve outras ofertas de trabalho. "Não tinha dúvidas de que queria voltar a ser uma economista doméstica", ela afirmou em uma entrevista, "adorava conhecer pessoas."

É igualmente possível que a prática jovem Miss Brown tenha decidido que era melhor encontrar um emprego mais estável e se candidatou a um trabalho como economista doméstica na Frigidaire. Mais tarde ela relembrou a entrevista de emprego: "Eles fizeram uma coisa terrível para a maioria das pessoas, pediram às pessoas que fizessem uma demonstração, mas sem uma geladeira, uma panela de pressão ou uma mesa. Depois de ensaiar no teatro, estava acostumada a me apresentar com acessórios não existentes, então comecei fingindo que eu tinha uma geladeira. Eu realmente não sei como consegui aquele emprego, eu não tinha experiência suficiente, mas é como tudo na vida, se você tem algo a ganhar, rapidamente aprende a atender ao desafio".

Foi um grande desafio convencer os consumidores britânicos de que precisavam de uma dessas geladeiras americanas chiques quando estavam se virando muito bem armazenando alimentos em despensas geladas. As vendas de geladeiras podiam estar lentas, mas Patten se divertiu viajando, ficando em hotéis de primeira e fazendo demonstrações, muitas das quais tinham a ver com alimentos armazenados em aspic[4]. "Éramos loucos por aspic", ela lembrou em uma entrevista em 2010.

---

[4] Gelatina salgada feita com caldo de carne, frango ou peixe. (N.T.)

Com o início da Segunda Guerra Mundial, a Frigidaire parou de produzir refrigeradores sem motor, e Patten perdeu o emprego. Mas a guerra deu a ela duas grandes oportunidades. Para começar, ela se mudou para Lincoln onde, em 1942, o Ministério da Alimentação a contratou como economista doméstica. Foi lá que conheceu o futuro marido, conhecido como Bob Patten, apesar de seu nome verdadeiro ser Charles. Ele era artilheiro da força área que pilotava um Lancaster e que alcançou o incrível recorde de sobreviver a 84 operações, incluindo três quedas. Foram 54 anos de casamento, até "Bob" Patten morrer, em 1997.

Enquanto isso, o Reino Unido, diferentemente da Alemanha, estava mobilizando completamente a população civil e obrigando-a a viver com porções restritas de alimentos. O racionamento começou em 1940 e, no ano seguinte, o Reino Unido evitou com muita dificuldade grandes faltas de alimentos graças às entregas emergenciais vindas dos Estados Unidos. Àquela altura já estava claro que a guerra não iria terminar logo e o Ministério da Alimentação focou sua atenção no controle de suprimentos, mas também na enorme tarefa de convencer o público britânico a pensar de maneira diferente a respeito de como comiam e de como tirar o melhor do que estava disponível.

Patten se juntou aos quadros do Ministério da Alimentação, fazendo turnês pelo país e dando palestras sobre a melhor maneira de usar os alimentos e de extrair o maior nível nutricional deles. A tarefa de Patten e seus colegas não era nada menos que ensinar os britânicos a revolucionar sua alimentação. Cada demonstração começava com o preparo de uma grande tigela de legumes e verduras crus transformados em salada. Os participantes eram estimulados a comer cenouras, repolho e outros tubérculos crus para extrair o máximo de vitaminas possível desses alimentos. Comer alimentos crus era pouco comum na época, mas certamente era saudável. Patten analisa a maneira como o governo está tentando transformar os hábitos alimentares hoje e compara com sua experiência no tempo de guerra: "Hoje em dia o governo tem uma postura de apontar que alimentos deveríamos comer, o que não está nada certo. No Ministério da Alimentação, fomos ensinados a nunca dar lições, mas a seduzir as pessoas, a atraí-las. Esse é o melhor conselho que já recebi. Costumávamos ficar em pé nas cantinas de fábrica e dizer 'Oh, que pudim maravilhoso! Não é uma benção que ele tenha sido feito com apenas um ovo?'".

De alguma maneira, a guerra ajudou as pessoas a valorizar melhores maneiras de cozinhar. O deprimente método britânico de cozinhar os legumes em água até a morte foi banido em uma campanha para convencer o público de que menos cozimento resultava em melhores valores nutricionais e sabor.

No final de 1943, Patten foi alocada na loja de departamentos Harrods, em Knightsbridge, para montar um escritório de aconselhamento alimentar, e um ano mais tarde suas habilidades artísticas foram utilizadas no programa de rádio do Ministério da Alimentação chamado *Kitchen Front*.

Patten ainda vê o trabalho que fez durante a guerra como o mais importante de sua vida. "Fizemos um ótimo trabalho", disse. O racionamento continuou no Reino Unido até a década de 1950 e houve uma considerável reação contra o fato de o governo intervir no fornecimento de alimentos. O ministério fechou o escritório de alimentação, mas Patten continuou na Harrods onde o escritório de aconselhamento alimentar foi transformado no Harrods Food Advice Bureau (Escritório de Aconselhamento Alimentar da Harrods). Por sua vez, ele se tornou o ponto principal de demonstração de novos equipamentos culinários.

Enquanto isso, Patten estava ficando bastante conhecida por meio de suas aparições na televisão em 1947. Mas havia um público maior conquistado por diversos programas de rádio, especialmente o programa da BBC *Woman's Hour*.

Seu primeiro livro foi lançado em 1947, *Harrods First Book of Recipes* (Primeiro Livro de Receitas da Harrods), que foi rapidamente seguido por um segundo livro e então por um livro sobre como cozinhar com panelas de pressão. Em 1951, ela decidiu sair da Harrods e embarcar em uma carreira autônoma como autora de livros de culinária e apresentadora.

Um editor sênior da editora Hamlyn ofereceu a ela uma chance de escrever as próprias obras sem o manto da Harrods. Isso marcou o começo de um relacionamento de quatro décadas com a editora, começando com o seu imensamente bem-sucedido *Cookery in Colour* (Culinária em Cores), que vendeu de cara 30 mil cópias em capa dura e inovou com o uso de papéis de cores diferentes, ofuscando os livros de receitas generosamente ilustrados da época. Sua produtividade editorial era prodigiosa. A certa altura ela lançou três livros por ano junto com todas as outras atividades, o que incluía demonstrações culinárias, programas de tevê e rádio, artigos para jornais e revistas e consultoria para empresas de alimentos. Essas demonstrações lotavam o London Palladium na década de 1950, um lugar mais conhecido pelos seus shows de variedades.

A duração da influência de Marguerite Patten é demonstrada por uma nova geração, que está descobrindo seus livros e suas reedições. Alguns desses livros, como *The Spam Cookbook* (O Livro de Receitas da Spam), parece ser menos sério, mas sua obra como um todo é uma enciclopédia da culinária no Reino Unido, algumas de interesse histórico, ao mesmo tempo que outros aspectos são contemporâneos e refletem novas preocupações com alimentação saudável e infantil. Patten colaborou com um médico, Jeanette Ewin, em um livro sobre alimentos que combatem a artrite, voltado para os idosos, uma descrição que ela renega, mas conselhos sobre como ter uma saúde robusta como a dela e sempre ser magra podem ser encontrados em *Eat Well – Stay Well* (Coma Bem – Fique Bem).

Patten também pode exigir o título de "mais antiga apresentadora de *podcast*", no qual ela dá dicas e oferece receitas. Além disso, diversos chefs e jornalistas conhecidos ainda vão a Brighton, Sussex, onde ela mora e oferece chás suntuosos a seus visitantes. Ela também foi banhada de honras, que parecem apropriadas para alguém que tem o status de ser um tesouro nacional. O reconhecimento oficial veio na forma de duas honrarias concedidas pela rainha. Em 1991, recebeu a Ordem do Império Britânico (OBE) e, em 2010, ela se tornou Comandante da Ordem do Império Britânico (CBE). Ao longo do tempo, recebeu muitos prêmios de seus pares da indústria alimentícia pelas suas conquistas, e em 2007 recebeu o prêmio de Mulher Britânica do Ano.

Como vimos no capítulo anterior sobre Jamie Oliver, e veremos no capítulo sobre Alice Waters, presta-se muita atenção nos hábitos alimentares e na educação dos jovens. Patten já tratava do assunto muito antes deles. Ela se envolveu com o Schools Food Trust, um ambicioso esquema apoiado pelo governo para criar 4 mil clubes para depois da escola que poderiam ser usados por alunos e pais, e ela tem orgulho de lembrar de uma experiência que liderou em 2003: "Durante duas semanas, fiz jantares do tempo da guerra para uma classe de trinta crianças de oito anos de idade. Era inverno, então tivemos de usar tubérculos e nenhuma dessas crianças havia visto uma chirivia[5] na vida – ou um nabo ou um couve-nabo – e menos ainda comido uma. Elas viram um repolho e estavam decididas a não comê-lo. No final das duas semanas, como não tiveram outra opção, todas estava comendo pratos como guisado irlandês e sheperd's pie[6] – com todos os legumes – e gostando. Acho que é uma questão de reeducar o paladar das crianças quando elas não estão acostumadas com alimentos saudáveis".

Patten acredita que as iniciativas governamentais para fazer as crianças comer melhor estão equivocadas. Ela diz: "Não se ensina mais economia doméstica nas escolas, o que é culpa do governo". Além disso, "Com sua sabedoria, introduziram essa matéria ridícula chamada 'Tecnologia Alimentar'. E tudo o que você aprende é como desenhar o bule perfeito ou como fazer uma embalagem de farinha, sem falar em como usar a farinha para cozinhar alguma coisa. É uma loucura".

Margueritte Patten é incansável, mesmo sofrendo de artrite e podendo se deslocar muito menos do que costumava ela quer continuar a "fazer a sua parte", um refrão da guerra e de uma geração acostumada a trabalhar duro.

---

[5] Tubérculo muito comum na Europa. Antes de a batata ser levada para o Velho Mundo, a chirivia era muito mais consumida. (N.T.)
[6] Uma espécie de escondidinho, feito com carne e coberto com purê de batata.

Receitas de Patten

Aqui estão algumas receitas que ilustram o tipo de praticidade pé no chão de Patten e destacam pratos que, à primeira vista, ainda são produzidos mas considerados uma piada. Na segunda receita, temos uma receita da época da guerra, reproduzida aqui pelo interesse histórico, apesar de ser improvável que seja preparada hoje em dia. Em terceiro lugar vem um prato substancioso que pode ser feito por qualquer um com pouca competência na cozinha.

SPAM[7] FRITO

Ingredientes
- 40 g de Spam
- óleo para fritura

Para a massa
- 125 g (1 xícara) de farinha de trigo
- 1 pitada de sal
- 1 ovo grande
- 125 ml (1/2 copo) de leite, ou leite e água, ou água, ou cerveja

Modo de preparo
Misture todos os ingredientes da massa em uma tigela. A mistura deve ficar grossa, nas proporções dadas acima, para cobrir bem o Spam. Corte o Spam em oito fatias. Enquanto isso, aqueça 2 a 3 colheres de óleo em uma frigideira ou wok, ou aqueça uma fritadeira a 170 °C ou até um cubo de pão dormido ficar dourado em 1 minuto. Mergulhe a fatia de Spam uma ou duas vezes na massa e então jogue no óleo quente. Se estiver usando a frigideira, deixe 2 a

---

[7] Spam é uma marca muito conhecida nos países de língua inglesa. Trata-se de presunto em conserva temperado acondicionado em latas. (N.T.)

3 minutos de cada lado; se estiver fritando por imersão deixe por um total de 3 a 4 minutos, virando quando necessário. Escorra sobre papel toalha. Sirva com purê de batatas.

De: *Spam Cookbook*, por Marguerite Patten, Hamlyn, 2011.

PÃO DE LÓ SEM OVOS

Essa é uma das famosas receitas do tempo da guerra, criada para um tempo em que os ovos eram escassos.

Ingredientes
- 170 g de farinha de trigo com fermento misturada como uma colher (chá) de fermento em pó, ou 170 g de farinha de trigo comum misturada com três colheres (chá) de fermento
- 70 g de margarina
- 60 g de açúcar
- 1 colher (sopa) de melado
- 120 ml de leite, ou leite e água
- geleia para rechear

Modo de preparo
Peneire a farinha e o fermento. Bata a margarina, o açúcar e o melado até ficar fofo e leve, acrescente um pouco de farinha, então um pouco de líquido. Continue até obter uma mistura homogênea.

Unte e enfarinhe duas formas redondas de 18 centímetros e divida a massa entre elas. Asse por aproximadamente 20 minutos, até ficar firme ao toque, um pouco acima do centro de um forno moderadamente quente. Desenforme e recheie com a geleia.

De: *Feeding the Nation: Nostalgic Recipes and Facts from 1940-1954*, de Margueritte Patten, Hamlyn, 2005.

GUISADO DE CORDEIRO

Uma receita mais convencional de um prato delicioso, do tipo que é mais comum de ser encontrado nos livros de receita de Patten.

4 porções

Ingredientes
- 750 g de carne de cordeiro cortada em cubos
- 2 colheres (chá) de açúcar
- 50 g de manteiga
- 25 g de farinha
- 1 bouquet garni
- 1 dente de alho amassado
- 3 tomates sem pele e picados
- 750 g de legumes jovens

Modo de preparo
Polvilhe a carne com sal, pimenta-do-reino e açúcar.

Aqueça a manteiga em uma panela grande, acrescente o cordeiro e cozinhe em fogo baixo, mexendo uma ou duas vezes, até ficar levemente dourado; o açúcar dá um leve sabor caramelado. Acrescente a farinha, depois a água e misture enquanto o líquido levanta fervura e engrossa um pouco.

Acrescente o bouque garni, o alho, os tomates e qualquer tempero extra necessário.

Cozinhe em fogo baixo por cerca de 45 minutos, então acrescente a seleção de legumes, como batatinhas, cenouras baby, favas jovens, nabos jovens cortados em cubos e ervilhas frescas.

Verifique se há líquido suficiente quando acrescentar e cozinhar os legumes.

Tampe a panela e cozinhe até a carne e os legumes ficarem macios.

De: *ocado.com*, Patten é consultora desse supermercado online britânico.

Saboreando o ritmo do caramujo
CARLO PETRINI

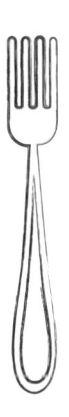

Diferentemente de outros gurus da alimentação presentes neste livro, Carlo Petrini, o presidente do movimento Slow Food, não é cozinheiro, restaurateur, produtor de alimentos e nem mesmo escreve sobre comida, mas é um dedicado defensor dos alimentos. No entanto, ele é a figura carismática por trás da criação de um movimento que oferece um contraponto explícito à cultura fast-food de produção em série. Não é por acaso que o movimento tenha como símbolo um caramujo, uma criatura que é ao mesmo tempo lenta e comestível.

A contribuição de Petrini para o desenvolvimento dos alimentos e dos hábitos alimentares está pelo menos no mesmo nível de quem têm história na produção de alimentos. Ao mesmo tempo em que ele é "apenas" um consumidor, odeia a ideia de as pessoas serem vistas como consumidores e, com certeza, não aceita que os consumidores sejam passivos. Personifica uma mudança profunda na maneira como a sociedade contemporânea está começando a abordar questões relacionadas à produção e consumo de alimentos.

A influência de Petrini se faz sentir em uma época em que parte significativa das pessoas está enfrentando as consequências do excesso e não da escassez. Este é um fato bastante conhecido, e não menos notável, porque, como vimos em capítulos anteriores, foi apenas na metade do século XX que a humanidade começou a se distanciar do esforço de adquirir comida suficiente para o sustento e teve que lidar com os complexos problemas da escolha.

Para muita gente no mundo, esse novo tipo de complexidade permanece sendo algo desconhecido, mas, no mundo desenvolvido, o estoque abundante de alimentos passou a ser visto como certo pela geração pós-Segunda Guerra Mundial, no Ocidente. Então apenas as sociedades economicamente desenvolvidas tiveram a oportunidade de elevar a comida a um nível no qual o prazer e a sofisticação superam as questões de subsistência.

Deve-se ressaltar que já havia preocupações com a alimentação saudável antes do momento atual, mas elas estavam quase que completamente confinadas a um estrato minúsculo de pessoas ricas. Obviamente, esse não é mais o caso. Comer de maneira saudável se tornou uma questão importante e muitas vezes se mistura com uma consciência ambiental mais ampla, que é manifestada por meio do ativismo social e político.

Mesmo quem não tem inclinação para o ativismo está preocupado com o consumo pessoal de alimentos e o efeito que eles têm sobre a saúde. A adoção generalizada das dietas é a manifestação mais óbvia dessas preocupações pessoais e, como vimos no capítulo 2, que analisa o trabalho de Robert Atkins, isso também é objeto de muito debate.

Carlo Petrini, no entanto, concentra-se principalmente nos aspectos sociais e políticos dos alimentos. Ele e seus colegas se preocupam com todo o universo do consumo, produção e atitudes em relação ao que comemos. Ninguém pode acusar Petrini de falta de ambição – na verdade, muitas vezes ele é aclamado como visionário – mas suas opiniões também atraíram críticas afiadas, estimulando um debate generalizado sobre a comida em todos os seus aspectos. É importante acrescentar um aviso vital a essa altura, contradizendo a noção segundo a qual os seguidores do Slow Food são puritanos e tendem a ignorar os aspectos prazerosos da alimentação. Pelo contrário, os membros do movimento Slow Food se orgulham de serem amantes da gastronomia, com profunda admiração pela culinária sofisticada. Petrini faz qualquer coisa para ressaltar esse ponto.

O *Manifesto Slow Food* original, lançado em Paris em 9 de dezembro de 1989, também deixava isso claro. Ele declarava ser um chamado "contra a loucura universal da vida rápida, precisamos escolher a defesa do prazer material tranquilo. Contra aqueles que, e existem muitos deles, confundem eficiência com frenesi, propomos a vacina de uma porção suficiente de prazer sensual tranquilizador, a ser praticado em uma apreciação lenta e prolongada".

O movimento Slow Food amadureceu e se expandiu muito desde sua conferência de fundação e ampliou sua área de interesse. O movimento agora afirma que: "todos têm o direito fundamental ao prazer e por consequência a responsabilidade de proteger a herança dos alimentos, da tradição e da cultura que tornam esse prazer possível. Nosso movimento baseia-se no conceito de ecogastronomia – um reconhecimento das fortes ligações entre o prato e o planeta".

A ecogastronomia, um conceito desenvolvido por Petrini, continua no primeiro plano do pensamento do movimento, pois ele continua a ressaltar seu compromisso com a qualidade de diversas formas: "Slow Food significa alimentos bons, limpos e justos. Acreditamos que os alimentos que comemos devem ter um bom sabor; devem ser produzidos de maneira limpa, que não prejudique o meio ambiente, o bem-estar animal ou nossa saúde; e que os produtores de alimentos devem receber compensações justas por seu trabalho".

O movimento fala em garantir que a "apreciação de alimentos e bebidas excelentes deva se combinar com os esforços para salvar os incontáveis grãos, legumes, verduras, frutas, espécies de animais e produtos alimentares tradicionais que estão desaparecendo por causa do predomínio dos alimentos prontos e do agrobusiness industrial".

Muito conscientes das acusações de que os apoiadores do Slow Food são essencialmente um bando de consumidores chatos, o movimento insiste que se considerem "coprodutores, e não consumidores, pois sabendo como os nossos alimentos são produzidos e apoiando aqueles que os produzem, passamos a ser uma parte e um parceiro do processo de produção". A extensão dessa parceria é bastante limitada, mas como veremos no capítulo 20, Alice Waters demonstra como isso pode ser feito.

Petrini cresceu como um adolescente nos dias vertiginosos da década de 1960, quando a Itália estava dividida de maneira amarga entre a longa trajetória das tendências políticas de esquerda e de direita. À esquerda, onde estava Petrini, houve uma colisão entre o bem estabelecido Partido Comunista Italiano e a nova esquerda, que rechaçava o estatismo e a atitude pró-soviética dos comunistas. Por outro lado, à direita, os remanescentes do movimento fascista ressurgiam com novos nomes e se viam em conflito com os democratas-cristãos estabelecidos, que eram conservadores, e não radicais. Essa confusão ideológica formou um terreno fértil para o surgimento de muitos ativistas que mais tarde se afastariam da política no sentido dos partidos políticos. Petrini estava entre eles. Ele havia sido um entusiasmado participante dos debates ideológicos dos anos 1960 e 70, posicionando-se entre a esquerda não comunista. Ao longo do caminho, ele adquiriu uma boa experiência com campanhas e no trato com a oposição. Foi o fundador da primeira estação de rádio radical independente da Itália e isso, combinado com outras experiências como ativista político, deram-lhe as armas para criar uma campanha alimentar.

O interesse de Petrini pelas questões ambientais, que muitos da esquerda demoraram a abraçar, aos poucos se voltou para os alimentos, no final da década de 1970. Outros ativistas de esquerda também acabaram percebendo que esse foco em questões alimentares era compatível com uma postura anticapitalista. Petrini diz que pode determinar o momento em que se convenceu de que tinha que se envolver com a questão. "Fui comer em um pequeno restaurante na região em que nasci, perto de Turim", disse, "comi pimentões grelhados com azeite de oliva e alho, uma especialidade da região do Piemonte. Ao experimentar, notei algo de errado. Não eram tão bons. Perguntei: 'De onde vêm esses pimentões?' e eles disseram 'Ah, da Holanda.' Eles haviam sido cultivados de maneira hidropônica. Eram todos idênticos. Havia 32 em cada caixa, não 31, nem 33. 'E eles custam menos que os nossos', o cozinheiro disse com orgulho. 'E duram mais que os nossos.' Mas, claro, não havia nenhum prazer no sabor. Então perguntei aos fazendeiros ao redor do restaurante: 'Ei, onde estão os pimentões que vocês costumavam ter aqui?' e eles disseram: 'Bem, não os cultivamos mais porque não temos mais lucro com eles.' E eu disse: 'Bom, dentro daquelas estufas nas quais vocês costumavam plantar pimentões, o que vocês têm agora?' e eles disseram: 'Bulbos de tulipas!'"

Petrini, nascido em 1949, tem orgulho de ser um italiano que, desde a infância, viveu fora das principais áreas metropolitanas. Bra, sua cidade natal, fica na região de Piemonte, onde ele ainda mora. Petrini descreve sua família como "em algum lugar entre a classe trabalhadora e a classe média".

Ele tem lembranças vívidas da cultura alimentar que prevalecia em sua casa. "Lembro de lanchar depois da escola um pouco de soma d'aj – um pedaço de pão torrado no forno, esfregado em alho, temperado com um pouco de sal e regado com um pouco de azeite. Poucos poderiam sonhar em preparar uma coisa dessas para os filhos nos dias de hoje, mas, para mim, foi uma espécie de 'educação para o alho', e certamente não me arrependo. Dois outros pratos foram importantes na minha infância: os raviólis de carne, feitos para durarem uma semana e completamente sublimes na delicadeza de sua massa, e os rolatines, tiras de carne enroladas em um recheio a base de ovo, legumes, queijo e farinha de pão, servidas com salsa verde piemontesa. Quase não se encontra mais esse último prato, mas quando o encontro, ele nunca deixa de me trazer uma enxurrada de memórias."

Petrini se formou em sociologia na Universidade de Trento e trabalhou como jornalista, principalmente para jornais de esquerda. Ele aponta o ano de 1977 como o ano em que seus interesses jornalísticos se voltaram para a comida. Os textos de Petrini sobre vinhos e gastronomia chamaram a atenção porque ele foi além da esfera tradicional da crítica gastronômica que se concentrava em restaurantes. Ele estava interessado em questões como a mudança dos sabores e em como eles eram influenciados por produtos artificiais utilizados na produção de alimentos; ficou horrorizado com o crescimento do agronegócio, a destruição das tradições gastronômicas, especialmente a erosão da especialização regional e o impacto da produção dos alimentos no meio ambiente. Seus primeiros textos foram publicados principalmente no jornal de esquerda *Il Manifesto*, mas ganharam uma audiência maior no jornal mais popular *La Stampa*. Ele continua a ser um prolífico autor de livros e artigos de jornal, que agora aparecem principalmente no *L'Espresso* e no *La Republica*.

Petrini se tornou um participante ativo da ARCI (Associazione Ricreativa Culturale Italiana), uma coalizão leve de esquerdistas. Em 1986, essa associação se transformou em uma nova organização chamada Arcigola, que lançou a revista *La Gola* (A Gula).

A princípio a Arcigola teve pouco impacto, mas as pessoas tomaram consciência dela de maneira dramática, em 1986, com um protesto contra a abertura de uma lanchonete McDonald's perto da Praça de Espanha, em Roma. Essa era a segunda loja do McDonald's na Itália, mas a primeira em um lugar histórico.

Mais tarde, Petrini lembrou que "a estratégia de penetração do McDonald's na Itália trouxe um antídoto próprio". Ele ressalta que em outros países a rede americana começou a penetrar no mercado espalhando-se das províncias para os centros metropolitanos, mas na Itália decidiu atrair um "público que já estivesse americanizado". Ele diz que isso deu tempo para os que estavam fora das cidades perceberem que a expansão do McDonald's apresentava um risco para os tradicionais restaurantes italianos.

Mais tarde Petrini explicou a ideia por trás do protesto contra o McDonald's no livro *Slow Food – Princípios da Nova Gastronomia*. Ele escreveu: "O Slow Food não é contra o McDonald's só porque odeia hambúrgueres e batatas fritas e porque acha essencial passar longas horas em volta de uma mesa... Não é apenas uma questão de contrapor o lento ao rápido, mas sim de destacar dicotomias mais importantes, como cuidado e falta de atenção, concentração e pressa: atenção na hora de selecionar os ingredientes e a sequência de sabores, como o alimento é preparado e o estímulo sensorial que promove quando consumido, a maneira como é apresentado e a companhia em que é compartilhado".

Os manifestantes do Arcigola, conhecedores da mídia, vieram armados com tigelas de penne, simbolizando a comida italiana básica e apelaram para elementos nacionalistas e nostálgicos da opinião pública combinados com uma mensagem contra os grandes negócios alimentícios. O momento do protesto também foi propício. Ele aconteceu no auge de um grande escândalo envolvendo vinhos adulterados com álcool industrial. O impacto desse escândalo foi imediato: as exportações de vinhos italianos caíram em um terço. Rapidamente percebeu-se que a reputação do país por sua comida e vinhos não podia ser tomada como certa e que a busca do lucro independentemente das consequências não podia deixar de ser desafiada.

Relatos sobre o protesto se espalharam pelo mundo, mas, naquele momento, Petrini e os colegas continuaram focados na Itália. O escândalo dos vinhos o levou a escrever em coautoria um guia sobre vinhos italianos, notável pelas críticas a alguns vinhos baratos do mercado italiano e com uma seleção cuidadosa de uma variedade de vinhos acessíveis, que ganharam popularidade considerável, assim como o livro.

A campanha baseada na Itália atingiu o palco mundial em 1989 quando delegados de vinte países, principalmente europeus, mas que incluíam a Argentina e o Japão, encontraram-se em Paris para lançar o *Manifesto do Movimento Slow Food*. Petrini foi escolhido presidente e mantém essa posição até hoje. Em 2011, o movimento já tinha se espalhado por 150 países e afirmava ter 100 mil membros organizados em 1.300 seções, que praticam a produção de alimentos em uma pequena escala sustentável.

No encontro de 1989, os delegados adotaram o caramujo como símbolo de seu movimento e declararam: "Nossa defesa deveria começar na mesa com o Slow Food. Vamos redescobrir os sabores da culinária regional e banir os efeitos degradantes do fast-food". Os objetivos determinados em seu manifesto são amplos, mas focam nas ideias da sustentabilidade na produção dos alimentos e no desenvolvimento do conceito de uma "Arca do Gosto" para preservar e promover as tradições culinárias locais. Também há uma ênfase considerável na educação do público, focada principalmente no impacto negativo do agrobusiness, do fast-food e da introdução de elementos não orgânicos na produção dos alimentos.

Conforme o movimento se desenvolveu, desdobrou-se em diversas iniciativas como a Fundação Slow Food para a Biodiversidade. Esse movimento é voltado principalmente para os países em desenvolvimento, com uma ênfase na biodiversidade e na preservação das tradições locais, e se espalhou para cerca de 500 projetos de produção local de alimentos. A Universidade de Ciências Gastronômicas, fundada em 2004, em grande parte por meio dos esforços de Petrini e de Massimo Montanari, é outra tentativa de espalhar a mensagem da boa comida por meio de um programa acadêmico sobre a ciência e a cultura dos alimentos. Ela tem um campus em Pollenzo, na província natal de Petrini e outra em Colorno, na Emília-Romana.

O movimento Slow Food organiza muitos encontros e programas em nível nacional, mas também organiza eventos internacionais, principalmente o Salone del Gusto (Salão do Gosto) e dois eventos especializados em queijos e peixes, além do grande encontro mundial Terra Madre.

Assim como o movimento cresceu, o mesmo aconteceu com as críticas ao slow food como conceito e a Petrini, como seu líder. Talvez seja inevitável acusá-lo de ser egocêntrico e de concentrar atividades demais em torno de sua cidade natal, Bra. Alguns criticam o movimento por ser muito centralizador, enquanto outros dizem que seus componentes, isto é, as seções, têm qualidade desigual, tornando as partes menos impressionantes que o todo.

No entanto, essas críticas podem ser vistas como simples ataques, as críticas mais substanciais têm a ver com a falta de viabilidade do conceito. Embora quem duvide do slow food consiga reconhecer que há um nicho para alimentos produzidos da maneira defendida pelo movimento, argumenta-se que, se a produção mundial de alimentos fosse conduzida de acordo com essa linha, isso resultaria em escassez e aumentaria o preço dos alimentos a níveis que representariam problemas reais para o consumidor médio. Além disso, os alimentos prontos e sim, fast-food, foram criados para acompanhar o ritmo e as demandas da sociedade moderna. Por que, argumentam, é errado sair e pedir um hambúrguer para viagem? Quem tem tempo de entrar na cozinha e fazer comida do zero? Nesse sentido, o slow food não seria apenas um movimento elitista com relevância mínima para a maioria das pessoas? E ainda há as críticas a respeito do que foi descrito como romantismo e nostalgia incuráveis de quem defende o movimento. Certamente, dizem, eles precisam acordar e perceber que estamos no século XXI, e que o consumo de alimentos não pode voltar a uma suposta era dourada.

O próprio Petrini é experiente nesse debate e tem uma resposta bem afiada para os seus críticos. Por exemplo, esta é sua resposta para as críticas que dizem que o movimento significa pouco mais do que preços mais caros. "Você precisa estar preparado para pagar mais por qualidade", ele disse em uma entrevista para o *New York Times* em 2003. "Estamos muito acostumados a comida barata. Precisamos comer alimentos de melhor qualidade em menor quantidade. Existem problemas de obesidade porque as pessoas não entendem isso. O Slow Food acredita que você deve comer menos – e comer de maneira mais moderada. Isso ajudaria a resolver essa crítica elitista, e também melhoraria os alimentos que comemos. Então o objetivo não é fazer com que ele custe menos. O objetivo é comer menos."

E quanto à acusação de elitismo? Aqui está sua resposta em uma entrevista para um jornal inglês: "Não é apenas na Inglaterra, mas na Itália também, e em outras partes do mundo, que associamos o direito ao prazer, o direito à diversão, com elitismo, como se o elitismo fosse um conceito em si. Mas comida excelente não precisa ser complicada ou cara. Pode ser muito simples. É verdade que teremos que pagar um pouco mais por nossos alimentos. Agora a comida é muito barata. Não podemos esperar que a comida seja tão barata no futuro".

Em outro lugar, Petrini falou sobre as geladeiras serem "salas da morte" porque são depósitos de sobras. Sua questão e sua resposta para os que questionam o custo e a impraticabilidade do slow food, é focar na questão do desperdício de comida. Ele diz: "Produzimos alimentos para 12 bilhões de pessoas, somos uma população de 6 bilhões, ainda assim 1 bilhão sofre de má nutrição... se você esquecer o valor da comida, pode facilmente jogá-la fora". Por isso o slogan do movimento é "Rispettare le rimanenze!" ("Respeite as sobras!")

Petrini, de muitas maneiras, é um romântico inveterado sobre os velhos tempos, mas ele tempera esse romantismo com argumentos insistentes de por que deveríamos aprender com o passado. Ele diz: "Nos últimos 50 anos, a comida saiu do seu cotidiano. Isso gerou dois tipos de pensamento: eu como, mas não sei o que estou comendo; eu não sei como foi feito e nem de onde vem. As raízes do Slow Food então no prazer – em retomar o ambiente de alegria e bom humor quando compartilhamos boa comida. Comer não tem mais a ver com amor, mas com o consumo de combustível. Uma mulher cozinha alguma coisa, e ninguém sorri para ela ou agradece. E também não há um fascínio pela comida. Na Europa mediterrânea, ainda há fascínio, ainda há a alegria, o ritual. A coisa mais importante em relação a comer é desfrutar o momento de afeição entre membros da família, amigos ou colegas de trabalho. Uma civilização que perde esses rituais torna-se pobre. É importante especialmente para as crianças aprender novamente como experimentar a alimentação em comunidade".

De acordo com Petrini, a sociedade atual enfrenta a transformação da comida em fetiche. "Estamos cheios de gastronomia, receitas etc. Ligue a tevê em qualquer lugar do mundo e verá um idiota com uma colher. E qualquer jornal e revista tem receitas e uma foto de um prato tirada de cima como se fosse um cadáver. É uma forma de onanismo e é masturbatório. Precisamos tratar a comida de maneira normal em vez de colocá-la em um pedestal longe do nosso alcance."

Petrini quer que as pessoas parem de pensar sobre si mesmas como consumidores de alimentos, "porque o consumidor é alguém que rouba e destrói o planeta. Queremos ser coprodutor. Ser coprodutor significa ser responsável. Significa ser rico em cultura, educação, compreensão de como a comida é feita, compreensão sobre as necessidades dos fazendeiros. Tornar-se um ativista, não uma pessoa passiva. Isso precisa ser uma transformação histórica".

Parece improvável que a mensagem da transformação histórica seja aceita por todos. É mais provável que a maioria das pessoas se apegue ao seu caso de amor com o fast-food e os alimentos prontos, mas isso não significa que o movimento não esteja funcionando. Mesmo aqueles que não estão preparados para adotar essa mensagem como um todo provavelmente serão influenciados pela essência de sua crença em reconsiderar as maneiras como comemos e como os alimentos são produzidos. E quando reconsideram, mudam os hábitos. Esta será uma transformação muito lenta, mas apropriada a um movimento que tem como símbolo um caramujo.

O pioneiro dos livros de receita

BARTOLOMEO PLATINA

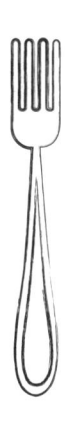

A afirmação de que Bartolomeo Platina (1421-1481) deve estar entre os grandes gurus da alimentação poderia ser facilmente questionada porque ele não foi um chef, possivelmente nem um cozinheiro, e seu interesse por comida estava ao lado de uma galeria de outros, em grande parte eclesiásticos, pelos quais ganhou fama. No entanto, ele não foi apenas o autor do primeiro livro de receitas publicado (essa afirmação é contestada, mas os outros candidatos a esse título parecem menos críveis), mas também se interessou intensamente pela moderna preocupação com a ligação entre alimento e saúde. Sua obra principal, *De Honest Voluptate et Valetudine*, escrita em latim e geralmente traduzida como *Sobre Saúde e Prazeres Honrados* (melhor traduzido para *Sobre Prazeres Honrados e Saudáveis*) foi escrita provavelmente em 1468-9, mas pode ter sido iniciada antes e deixada de lado. Por acaso, provavelmente também é a única grande obra gastronômica escrita na prisão. Felizmente, o livro foi traduzido em diversos idiomas e qualquer um que lê livros de receitas hoje em dia tem um débito de gratidão com Platina por ele ter criado esse gênero de livro e por imaginar um formato que é usado até hoje. Alan Davidson, o compilador do *Oxford Companion to Food*, diz "pode-se dizer que ele foi o primeiro escritor acadêmico sobre alimentos e culinária".

Platina nasceu em 1421 em Piadena, perto de Cremona, na Itália, e adotou a versão latina do nome de sua cidade natal, Platina, como seu. O nome original de família, Sacchi, foi abandonado, uma prática comum entre os acadêmicos do Renascimento italiano. Sua vida foi muito diferente de qualquer outra pessoa mencionada nesta obra. Primeiro, ele se tornou um soldado e então foi contratado como tutor de um dos filhos do marquês Ludovico Gonzaga. Isso marcou o começo de uma carreira eclesiástica importante e controversa. Também o colocou sob a proteção do cardeal Francesco Gonzaga, que foi essencial para levá-lo a Roma e assegurar-lhe o posto de secretário.

Platina demonstrou aptidão para esse tipo de trabalho e foi indicado para o Colégio de Abreviadores pelo Papa Pio II. Esse era o departamento que redigia os rascunhos das bulas papais, e era o tipo de trabalho que o destinaria a uma boa carreira no Vaticano. Infelizmente, com a morte do Papa, Platina logo perdeu o apoio que tinha. O Papa Paulo II, sucessor do Papa Pio, expulsou Platina do colégio, pois ele imprudentemente desafiou uma decisão desse Papa em um panfleto, o que o levou a uma temporada de quatro meses na prisão do Castelo de Santo Ângelo. Quando foi libertado, ele se juntou à chamada Academia Romana, voltada ao estudo de obras clássicas. Platina, pelo visto, tinha a habilidade de estar no lugar errado na hora errada, pois a Academia também atraiu a desaprovação do Vaticano e, junto com outros membros, enfrentou falsas acusações de conspiração para matar o Papa. Como resultado, viu-se de novo na prisão. Enquanto estava no cárcere, trabalhou em seu livro de receitas, que acabou sendo finalizado em 1469, apesar de só ser publicado em 1474.

Nesse meio tempo antes da publicação, Platina começou a trabalhar em um livro pelo qual ficou compreensivelmente mais conhecido durante a sua vida: *As Vidas dos Papas*. Sua sorte no Vaticano mudou quando, em 1471, o Papa Sisto IV foi eleito e o indicou como administrador da recém-reformada biblioteca do Vaticano, que substituiu o acervo não oficial de livros que pertenciam ao papado. Platina manteve essa posição até a morte por peste negra, em 1481. Àquela altura, haviam sido impressas três edições de seu livro de receitas.

O livro de Platina contém receitas e um tratado geral sobre a ligação entre o consumo de alimentos e a vida saudável. É impressionante notar que algumas dessas receitas podem ser reconhecidas e são parecidas com o tipo de comida que consumimos hoje. Isso inclui o que hoje seria descrito como um simples ovo cozido, assim como pratos de massa, peixe e carne mais complexos.

O trabalho de Platina é enciclopédico no escopo e demonstra a primeira tentativa de se fazer uma organização sistemática da arte culinária. Hoje em dia, esperamos que os livros de receitas sejam bem divididos em seções, que cubram diversos ingredientes, mas na Renascença foi revolucionário. Platina começa o livro com um capítulo sobre pratos à base de carne, seguidos por sopas e massas, depois um sobre molhos e condimentos, enfatizando a nova descoberta do açúcar como tempero, que estava começando a substituir as especiarias tradicionais. Há uma ênfase perceptível nos cozimentos à base de manteiga cujo pioneiro foi o mentor de Platina, que apresentaremos a seguir. Quando terminou, tinha abordado todos os principais componentes de uma refeição reconhecidamente moderna, ainda que consumida apenas pelas classes privilegiadas à época do texto.

Platina é didático sobre o preparo dos alimentos, e expressa opiniões firmes em termos que desafiam contradições. Ao escrever sobre o preparo da carne, insiste que "a carne de boi e de vaca deve ser fervida em água, e o peito do novilho também, mas a costela... exige ser assada em brasas. Você irá reduzir seus pernis a pequenos pedaços. Você irá ferver um carneiro inteiro, e um bom assado pode ser feito com as pernas e os pernis". Na verdade, há um método de cozimento específico para todos os tipos de carne de consumo mais comum.

As receitas não são dele, uma questão que encorajou alguns comentaristas a questionar as credenciais de Platina como autor de gastronomia, mas aqui não há artifícios, pois ele claramente atribui as receitas ao mestre Martino d'Rossi de Como, exceto dez delas. Parece que ele conheceu Martino quando viajou para Roma em 1463 com o seu influente protetor, o cardeal Francesco Gonzaga, que, por sua vez, o apresentou à casa do renomado epicurista Ludovico Scarampi Mezzarota, o cardeal Trevisan, que era empregador de Martino.

Quando Platina o conheceu, o famoso chef havia escrito sua própria obra, *Libro de Arte Coquinaria* (Livro da Arte da Culinária), um guia técnico sobre culinária. Ele continha 260 receitas e desenhos a partir do trabalho de outros, assim como fizeram todos os livros de culinária. Além da indiscutível competência técnica, a obra de Martino recebe o crédito de ter criado uma ponte entre a culinária medieval e a renascentista. Ela permaneceu em forma de manuscrito e foi muito plagiada, apesar de nunca ter sido impressa. Mesmo assim, seções inteiras dessa obra apareceram em obras publicadas sem o tipo de crédito que Platina deu, que descreveu Martino como "o príncipe dos cozinheiros com quem aprendi tudo sobre culinária".

A genialidade do não chef foi usar a obra de Martino e outras informações, provavelmente obtidas pelo contato pessoal com o chef, para produzir um guia útil em latim (portanto, acessível a um público mais amplo), permitindo que outros reproduzissem essas receitas.

As receitas, algumas das quais não são precisas, formam apenas parte do livro. O resto é dedicado a questões nutricionais em geral, o impacto do alimento na saúde e a criação de um sentimento geral de bem-estar. Além disso, Platina tinha que enfrentar a vexatória contradição de uma cultura eclesiástica que enfatizava o ascetismo ao mesmo tempo em que exaltava os prazeres de um gastrônomo, que são muito mais prazeres da carne.

O Vaticano do Renascimento era muito pouco austero, mas ainda assim havia questões de doutrina a serem consideradas. Platina enfrentou esse problema de maneira inteligente, enfatizando os benefícios da cozinha refinada para a saúde. Ele fez uma distinção entre os excessos e o que descreveu como "o prazer que os intemperados e os libidinosos têm com o excesso e uma diversidade de alimentos e do despertar dos interesses sexuais" dos "prazeres honestos" ou "certos". Esse tipo de terminologia foi empregado em debates sobre comida até o século XIX. Mesmo quando discute pratos específicos, Platina tenta minimizar os aspectos prazerosos da comida, apesar de não ter sido tímido na hora de discutir formas de apresentação para torná-la mais atraente.

Como vimos, Platina elogiou Martino e os cozinheiros em geral e diz que é o chef mestre que incorpora as qualidades da experiência, da limpeza, da paciência e do conhecimento sobre o assunto. O chef, escreveu Platina, deveria seguir o exemplo de Martino e lutar pelo esplendor, ou seja, criar uma aparência atraente para servir a comida.

Ao mesmo tempo que elogia a complexidade e a montagem dos pratos, Platina é pródigo ao enfatizar o interesse pelos alimentos e seu consumo no sentido de uma saúde melhor. Ele até defende, de maneira um pouco atravessada, que a boa alimentação pode ser comparada com o heroísmo militar. Escreveu: "Assim como no passado quem salvou um cidadão em uma batalha mereceria honras cívicas, ele... que salvaria muitos cidadãos ao criar um plano racional para a alimentação também merece honras". Platina insistia que se esse plano racional de alimentação saudável e honesta fosse seguido: "Não veríamos hoje tantos pretensos cozinheiros na cidade, tantos glutões, tantos dândis, tantos parasitas, tantos cultivadores dedicados de desejos secretos e que recrutam oficiais para a gula e a ganância". Esse foi um chamado para a moderação no consumo, algo que ouvimos muito nos dias de hoje.

Quando Platina defendeu a causa da boa comida em termos da promoção da saúde, descreveu o que comer em cada época do ano e como se exercitar, sendo que isso estava intimamente ligado aos hábitos alimentares. Ele diz: "Por mais que os corredores cuidem de suas pernas, os atletas de seus braços, os músicos de suas vozes, mesmo assim é necessário que os acadêmicos letrados tenham a mesma preocupação com seus cérebros e corações, seus fígados e estômagos".

Platina era um homem de seu tempo e consultou fontes romanas como *Apicius*, Plínio, Catão e outros que defendiam a teoria dos quatro humores da saúde. Os chamados humores são as bílis preta e amarela, a fleuma e o sangue; dizia-se que sua interação e seu funcionamento controlavam os comportamentos do corpo humano. A aplicação dessa teoria por Platina tinha a ver com a interação dos alimentos com esses humores.

Seu livro teve sucesso considerável, continuou a ser impresso até o século XVII, houve pelo menos 14 edições em latim e foi traduzido para o francês, o alemão e o italiano. A primeira edição em inglês foi publicada em 1967, um acontecimento bastante fora do comum, pois foi editada como presente de Natal para os clientes da Mallinckrodt Chemical Corporation em Saint Louis, Missouri. Uma tradução mais autorizada feita por Mary Ellen Milham foi publicada 11 anos mais tarde.

A defesa de outros pioneiros dos livros de receitas é feita de maneira eloquente para livros anteriores, como os livros em árabe de Al Warraq, que surgiu no século X, assim como os textos romanos sobre culinária dos séculos XIV e XV. No século XIII, havia um grande número de textos em circulação. Existem registros de obras de culinária da Dinamarca, Alemanha, França e Espanha. No entanto, nenhum deles chega ao trabalho sistemático realizado por Platina. Ele mereceria um lugar na história apenas pela organização das receitas, mas quando se acrescenta a isso os seus tratados mais gerais sobre alimentação e saúde, ele pode ser promovido a pioneiro dos acadêmicos de gastronomia.

Receitas de Platina a partir da obra do chef Martino

Quem espera receitas como as que aparecem nos livros de culinária de hoje em dia provavelmente vai ficar decepcionado, porque Platina muitas vezes peca na precisão e não oferece uma metodologia completa. No entanto, apenas no final do século XIX é que surgiram livros de receitas em uma forma que seria considerada aceitável nos dias de hoje. O que vem a seguir é uma mistura de receitas originais e um pouco de instruções acrescidas sobre como elas podem ser realizadas. Começamos com algo muito simples, que Platina chama de "ovos cozidos", mas que tem mais em comum com o que chamamos hoje de "ovos pochê".

OVOS POCHÊ

Ingredientes
- ovos frescos
- açúcar
- água de rosas
- verjus (suco fermentado de uvas não maduras)

- queijo ralado

Substituição: suco de uva ou laranja podem ser usados no lugar do verjus

Modo de preparo

Coloque os ovos frescos em água fervente sem a casca. Quando endurecerem, tire-os imediatamente; devem estar macios. Derrame sobre eles açúcar, água de rosas, especiarias doces e verjus, que é o suco levemente fermentado de uvas não maduras. Pode-se usar suco de uva ou de laranja para substituir. Eles podem ser polvilhados com queijo ralado.

FAVAS FRITAS

Ingredientes
- favas
- cebolas
- figos
- sálvia
- folhas verdes
- banha ou óleo
- especiarias

Modo de preparo

Cozinhe as favas misturadas com as cebolas, os figos, a sálvia e diversas folhas verdes e coloque tudo em uma frigideira bem untada com banha, ou regue tudo com óleo e frite. Coloque sobre uma tábua de madeira ou superfície plana, espalhe na forma de uma panqueca e polvilhe com as especiarias.

MACARONI

Ingredientes
- farinha de trigo

- clara de ovo
- água de rosas
- água filtrada

Modo de preparo

Misture a farinha de trigo umedecida com a clara de um ovo, a água de rosas e a água. Abra isso e corte pequenos pedaços como ramos de palha, estique até ficar com o comprimento de meio pé. Como uma agulha de ferro muito fina, retire o meio. Então, enquanto você tira a agulha, eles ficarão ocos. Então, espalhe-os desse jeito e deixe secar ao sol, eles durarão por 2 a 3 anos, especialmente se forem feitos no mês da lua de agosto. Devem ser cozidos em um caldo grosso, servido em pratos e polvilhados com queijo ralado, manteiga fresca ou ervas doces. Esse prato precisa ser cozido por duas horas.

LINGUIÇA AROMATIZADA COM AÇAFRÃO

Esta receita original de Platina é mais ou menos inútil para um cozinheiro inexperiente, mas que oferece uma orientação básica para fazer linguiças:

Ingredientes
- carne de vitela ou gordura de porco moída
- queijo ralado
- especiarias moídas
- 2 a 3 ovos
- sal
- intestino de porco
- especiarias

Modo de preparo

Em gordura de vitela ou de porco bem moída, misture queijo ralado que não deve ser apenas envelhecido como gorduroso, especiarias bem moídas, dois ou três ovos batidos, e quanto sal a quantidade exigir, e açafrão para deixar tudo com cor de açafrão. Quando estiver tudo misturado, coloque em um intestino bem lavado do qual se cortou as partes mais finas. Não ficam boas a menos que tenham sido endurecidas por dois dias, precisam ser cozidas em uma panela. Podem ser guardadas, no entanto, por uma quinzena ou mais, se você acrescentar mais sal e especiarias e defumá-las.

LINGUIÇAS DE LUCÂNIA

E aqui está outra receita sujeita às mesmas críticas que a anterior:

Ingredientes
- carne de porco magra e gorda
- sal
- erva-doce
- pimenta-do-reino moída grosseiramente
- intestino de porco

Modo de preparo
Se você quer boas linguiças da Lucânia, corte a carne magra e gorda do porco ao mesmo tempo, depois que todos os músculos e tendões forem removidos. Se o pedaço de carne tem 4,5 quilos, acrescente 450 g de sal, 60 g de erva-doce bem limpa, a mesma quantidade de pimenta-do-reino moída grosseiramente, misture e deixe de um dia para o outro sobre uma mesinha. No dia seguinte, enfie em um intestino bem limpo e depois defume.

FRANGO ASSADO

Bem, essa é outra maneira de finalizar um frango assado.

Ingredientes
- frango

- verjus
- água de rosas
- açúcar
- canela em pó

Substituição: suco de uva ou laranja podem ser usados ao invés de verjus.

Modo de preparo

Asse o frango depois que ele for bem depenado, limpo e lavado, e depois de assá-lo, coloque-o em um prato antes que esfrie e derrame sobre ele suco de laranja ou verjus. Também pode-se usar suco de uva, com água de rosas, açúcar e canela em pó, e sirva-o para os convidados.

TORTA DE FRANGO

Ingredientes
- frango ou outra ave
- banha ou óleo
- massa
- ameixas, cerejas e outras frutas ácidas

Para o suco
- verjus
- 8 ovos
- salsinha
- manjericão
- menta

Modo de preparo

Ainda falando de frangos, aqui está a receita original de Platina para uma torta usando frango ou outra ave. Ao contrário de algumas das outras receitas, com exceção da massa para a qual ele não dá nenhum detalhe, esse é um prato fácil de acompanhar:

Se você quer uma massa com frango ou qualquer outro tipo de ave, ferva-os primeiro. Quando estiverem quase cozidos, tire-os da panela e quando estiverem fora, corte-os em pedaços e frite-os em uma frigideira com muita banha. Então derrame-os em uma panela ou pote de cerâmica bem untado forrados com massa. Acrescente ameixas e cerejas ou frutas ácidas à mistura sem prejuízo. Então bata o verjus e os oito ovos, se você tiver mais convidados, ou menos... modere na quantidade de verjus.

Misture com isso a salsinha, o manjericão e a menta picados o mais fino possível com uma faca, e coloque no fogo, longe da chama, pois ele deve ferver devagar. Enquanto isso, mexa tudo com uma colher o quanto for necessário até que cubra a colher com uma camada grossa. Finalmente, derrame esse suco sobre a massa e coloque no fogo, mesmo que seja uma torta de carne. Quando estiver cozida, sirva para seus convidados. Ela será muito nutritiva, digerida lentamente e deixará um leve resíduo indigesto, bile reprimida e peito irritado.

O pai da moderna culinária francesa

FERNAND POINT

Fernand Point, que nasceu em 1897 e morreu relativamente jovem, aos 57 anos, em 1955, teria se divertido muito com um evento realizado em 13 de novembro de 1978 para marcar o mês do aniversário de 80 anos de sua esposa. Foi chamado de "A maior festa gastronômica já conhecida" e presidida por Marie-Louise Point. No Château de Vizille, perto de Grenoble, na França, gastrônomos se reuniram para homenagear tanto Marie-Louise Point, que cuidadosamente preservou o legado de seu falecido marido assumindo o seu famoso restaurante, quanto o homem que influenciou pessoalmente muitos dos presentes.

O foco eram pratos de alta gastronomia preparados sob a orientação do chef Paul Bocuse (capítulo 5), que tinha sido aprendiz de Point, e havia, claro, muito vinho, especialmente champanhe Mumm, que Point gostava de consumir com prazer considerável. Não se economizou na diversão oferecida pelas bandas militares e não faltou a decoração extravagante. O bolo de aniversário, que lembrava uma pirâmide, a marca registrada do famoso restaurante de Point, o Le Pyramide, foi colocado em um pequeno lago e apresentado com um acompanhamento de bailarinas e uma orquestra de cordas. Chefs, políticos, embaixadores e outras personalidades famosas estavam entre os setecentos convidados que se reuniram em tributo ao homem que tem o crédito de ter transformado a culinária francesa do século XX.

Point conhecia bem a extravagância e também a arte do perfeccionismo, e definitivamente gostava de coisas chamativas combinadas com um toque de travessura, então essa era uma festa com a qual ele teria se deleitado. Mas, no fundo, ele era muito sério a respeito da comida e tendia a fazer maravilhosas afirmações radicais sobre sua arte, como: "Se o divino criador se deu ao trabalho de nos dar coisas deliciosas e belas para comer, o mínimo que podemos fazer é prepará-las bem e servi-las com cerimônia".

O influente chef americano Thomas Keller diz: "Acredito que Fernand Point é um dos últimos verdadeiros *gourmands* do século XX. Suas reflexões são extraordinárias e fazem pensar. Ele tem sido uma inspiração para uma legião de chefs". Era conhecido como Le Roi (O Rei) por seus pares e aclamado como "o maior chef do mundo", um título dado a outros que aparecem neste livro, mas completamente apropriado à época em que foi dado, quando a culinária francesa ainda dominava o mundo. Aquele tempo passou, mas pode-se dizer que ele veio no final de um enorme e influente ciclo que começou com Antonin Carême (capítulo 6), passou para Auguste Escoffier (capítulo 9), de quem Point pegou o bastão, e foi seguido por Paul Bocuse. Foi nessa época que os chefs de outras partes do mundo começaram a perder o respeito pela supremacia francesa e tornaram-se líderes mundiais por si mesmos.

Como seus antecessores, Point embarcou em parte dessa rica tradição francesa ao mesmo tempo em que rejeitou de maneira específica outros aspectos, o que fez dele um homem de seu tempo. Fernand Point se tornou famoso depois da Primeira Guerra Mundial, o que também marcou uma era em que a maioria das pessoas na Europa Ocidental se acostumou a uma maior variedade de alimentos. Grandes melhorias no transporte, em especial por trem, significaram que os alimentos podiam ser enviados com facilidade de uma região para outra e não precisavam mais ser colocados em conservas antes de serem despachados. Nessa época, as pessoas começaram a viajar mais e assim foram expostas a diferentes culinárias. Isso criou novas oportunidades e pressões para chefs criativos, que queriam usar os alimentos mais frescos, mesmo se não fossem cultivados na região.

Point estava entre os que agarraram essas oportunidades com as duas mãos e compreenderam que a complexidade e a riqueza dos alimentos associados à alta gastronomia era uma coisa do passado. Defendia a simplicidade, embora o que Point visse como simples hoje em dia provavelmente seja encarado como algo bastante complexo. Ele é reconhecido por ter apresentado uma ideia que continua a ser o centro da culinária moderna: a noção de que cada prato deve ser construído em torno de um único ingrediente ou sabor dominante. Considerava desnecessárias a composição e a apresentação elaboradas dos pratos, que eram a marca registrada da alta gastronomia.

Point insistia em ingredientes absolutamente frescos, escreveu: "Todas as manhãs o cozinheiro precisa começar novamente do zero, com nada no forno. Essa é a verdadeira culinária". Point também se interessava pela origem regional dos pratos, garantindo que as características das regiões se refletissem na comida. Ele desprezava o foco da alta gastronomia na preparação de molhos pesados de antemão; ao contrário, defendia os molhos leves feitos sob demanda. Mas compartilhava da insistência de seus antecessores na busca pela perfeição. "Sucesso", escreveu, "é a soma de um monte de pequenas coisas feitas corretamente." Ele também gostava de dizer: "Não sou difícil de agradar, me satisfaço com o melhor".

Assim como muitos grandes chefs, Point não fazia corpo mole, seguia um regime que adotou desde 1914 quando era um aprendiz no Hotel Bristol em Paris. Isso envolvia acordar prontamente às 4h30, começar a trabalhar às 5h e terminar às 11h da noite, com algumas horas de descanso à tarde. "Cozinhar exige dedicação completa", escreveu, "deve-se pensar apenas no trabalho."

Point ressaltava que a alta culinária não poderia florescer se não inovasse; pelo contrário, o trabalho de grandes chefs deveria ser reconhecido, mas não adotado com uma espécie de fetichismo. Apesar de ele ressaltar a importância de produzir comida mais leve e fresca, esse é o homem que ficou famoso por sua declaração fácil de lembrar: "Manteiga! Dê-me manteiga! Sempre manteiga!". Deixando a manteiga de lado, os pioneiros do movimento nouvelle cuisine da década de 1970 reconheciam Point como sua inspiração. Eles levaram a culinária leve e saudável a outro nível e usaram suas ideias e métodos em pratos que caracterizaram esse movimento. Na verdade, Point treinou pessoalmente os líderes desse movimento, incluindo os chefs Paul Bocuse, Alain Chapel, Louis Outhier, Georges Perrier e Jean e Pierre Troisgros.

A influência de Point também ultrapassou o preparo de alimentos, porque ele quebrou a tradição de permanecer na cozinha enquanto os clientes jantavam. Pelo contrário, ele adorava dar voltas pelo salão, cumprimentar os clientes e discutir os pratos, uma prática adotada com grande vigor pelo seu aprendiz Bocuse e que agora é comum.

Point escreveu: "No que diz respeito à culinária, deve-se ler tudo, ver tudo, ouvir tudo, experimentar tudo, observar tudo, em ordem de reter, no final apenas um pouquinho!". A ideia de que os clientes podiam contribuir com o seu processo evidentemente não havia ocorrido aos seus antecessores.

Point não apenas valorizava as ideias de seus clientes, mas insistia que o salão e sua decoração deviam ser da melhor qualidade. A louça veio de Limoges e as taças de cristal de Baccarat. Ele restringiu o número de lugares a 50 e determinou horários de jantar inflexíveis. O restaurante não tinha um cardápio, mas oferecia uma variedade de pratos, nunca mais do que vinte, que mudavam diariamente. Mesmo o cliente mais influente não podia quebrar as regras do restaurante de Point. Ele criou um santuário de comida refinada, que seguia suas regras e só podia ser sustentado por um regime inflexível.

Buscar a perfeição com pronunciada intransigência dentro e fora da cozinha era a marca registrada desse homem, que era um tirano com a equipe, mas respeitado por ela na mesma medida. Dizer que Point era impressionante é mais do que uma figura de linguagem. Ele era enorme, tinha 1,82 m, pesava 168 quilos, com uma cintura de 168 centímetros. Como o tamanho sugere, ele adorava comer e beber. Philippe Troisgros, um dos chefs treinado por ele, lembra que ele podia comer três frangos e um pot-au-feu entre o café da manhã e o almoço. Uma vez estabelecido como um restaurateur de sucesso, contratava um barbeiro para fazer sua barba no final da manhã enquanto consumia uma garrafa de champanhe.

Point, que veio da famosa região vinícola da Borgonha, nasceu dentro do ramo de restaurantes, pois o pai, Auguste, administrava um pequeno restaurante na estação de trem de Louhans. Sua mãe e sua avó, conhecidas como grandes cozinheiras, trabalhavam na cozinha e encorajaram o interesse do jovem Fernand pela culinária. Seu pai tinha ambições para o filho e percebeu que ele podia desenvolver esse interesse, mas seria necessário vislumbrar além do próprio restaurante. Em 1922, o restaurante fechou porque as autoridades ferroviárias se recusaram a colocá-lo na lista de estabelecimentos reconhecidos.

Os Point mudaram-se para Lion, mas não conseguiram encontrar um lugar adequado para um restaurante. No entanto, no ano seguinte, Auguste Point descobriu um restaurante em Vienne, 13 quilômetros ao sul de Lyon. Chamava-se Restaurant Guieu, inaugurado vinte anos antes por Leon Guieu, uma figura popular na cidade e um restaurateur de sucesso.

Os Point se mudaram rapidamente para superar o ceticismo sobre sua entrada. O ponto era bom porque atraía tanto o comércio local quanto os viajantes a caminho de Paris para a Côte d'Azur. A cidade também era atraente, construída sobre sete montanhas e situada na confluência dos rios Reno e Gere.

Com o restaurante aberto, Fernand Point deixou o negócio da família para se tornar um aprendiz em diversas cozinhas bem conhecidas, uma prática comum, que aproximava os aspirantes a chef das habilidades de grandes chefs em troca de uma miséria de salário. Point foi a Paris para trabalhar no famoso restaurante Foyot e no hotel Bristol. Viajou para o sul para o Majestic em Cannes e para Évian-les-Bains, onde, no hotel Royal, trabalhou com Georges Bocuse, pai de Paul Bocuse (cuja história familiar é bastante parecida com a de Point). Essa clássica forma de aprendizado acabou prematuramente quando o pai de Point morreu, em 1925, e Fernand voltou para casa a fim de assumir o restaurante em Vienne. Ele o rebatizou de Le Pyramide, em homenagem a uma pirâmide bastante sofisticada construída pelos romanos nas redondezas. Essa estrutura magnífica construída de pedra tinha quatro colunas e quatro arcos. A pirâmide tornou-se marca registrada de Point; estava em seus cardápios e ele usou o símbolo de diversas maneiras, incluindo pratos moldados na forma de pirâmide e a manteiga em forma de pirâmide em todas as mesas, para acompanhar o pão.

Point tinha apenas 26 anos de idade quando reestabeleceu o restaurante. Em 1930, casou-se com Marie-Louise, que assumiu a parte administrativa e cuidava do salão. Era uma relação de negócios e pessoal muito íntima; Point chamava sua esposa de Mado e insistia em fazer o almoço dela todos os dias.

Depois da morte de seu marido, ela trabalhou duro para conservar a reputação e tornar-se famosa pelo próprio trabalho.

No entanto, Point tinha uma visão um tanto obscura sobre as chefs mulheres. "Apenas os homens têm a técnica, a disciplina e a paixão para transformar a culinária consistente em arte", disse ecoando a visão machista que prevalecia nas cozinhas francesas da época.

Agora que grandes chefs têm status de rock stars, é comum vê-los como figuras falantes que podem se misturar alegremente nos círculos mais exclusivos. Mas Point era um chef da velha escola. Ele ficava perto de sua cozinha e raramente viajava para longe de seu restaurante. Ignorava qualquer forma de atividade intelectual e nunca lia livro que não fosse sobre comida. Point era um artesão refinado, até um pouco antiquado para o seu tempo. Ainda assim, acreditava na inovação no campo da culinária e, apesar de nunca ter sonhado em expandir seu império de restaurantes da mesma maneira que os chefs modernos fazem hoje, emprestando o nome para estabelecimentos administrados por outros, Point não teve dificuldade em expandir o próprio estabelecimento. Ele rapidamente adquiriu um terreno adjacente, que servia como um antigo jardim, e criou um terraço, dando mais espaço ao salão, além de acrescentar um segundo andar à construção.

Point administrava o restaurante com mãos de ferro, aterrorizando, ameaçando e educando tanto a equipe quanto os clientes. Ao nascer de um novo dia, Point podia ser visto vasculhando as despensas e as prateleiras da cozinha para garantir que ninguém de sua equipe havia escondido alimentos preparados para serem usados naquele dia. Eles tinham de começar do zero, e nada menos do que isso era aceitável. Point mantinha padrões com uma impávida insistência pelo frescor.

Ele se tornou o exemplo perfeito do tirano do restaurante francês que, desde então, foi caricaturado com frequência e copiado por gente com talento infinitamente inferior. Os clientes nunca recebiam uma conta com a lista dos itens, só o total. Poucos tinham coragem de fazer objeções. Point esperava que os clientes se comportassem de acordo com suas regras. "A grande culinária", declarou, "não deve esperar pelo cliente; é o cliente quem deve esperar."

Ele, por exemplo, não tolerava clientes fumando durante a refeição. Quando via isso acontecer, mandava um café e a conta para a mesa, não importando se a refeição estava terminada. Se desafiado, declararia com desfaçatez que entendia que os clientes tinham terminado a refeição, pois já estavam fumando.

Em 1933, quando o guia Michelin começou a classificar restaurantes, o La Pyramide ficou entre os primeiros 23 restaurantes que ganharam três estrelas. Isso aconteceu apenas sete anos após a morte de seu pai. O restaurante manteve essa classificação por cinquenta anos. Não foi apenas o guia Michelin que reconheceu esse estabelecimento, houve uma procissão de gastrônomos famosos que passou por suas portas e ele se tornou a parada da moda entre Paris e a costa sul da França. Sacha Guitry, um conhecido dramaturgo e ator francês, fez um famoso trocadilho em francês: "Pour bien manger en France, un Point c'est tout" – "Para comer bem na França, basta um ponto".

Foi uma conquista considerável em um curto espaço de tempo. A reputação de excelência de Point rapidamente se espalhou, mas foi interrompida pela invasão da França pela Alemanha. Negando-se a servir os oficiais da força de ocupação, ele fechou o restaurante durante o restante da guerra.

Jean Troisgros, mencionado acima, disse: "Ele sabia como as antigas receitas eram preparadas, mas não estava especialmente preocupado em segui-las ao pé da letra. Ele as desenvolvia e criava receitas próprias".

Então a comida era sofisticada, mas não tão elaborada quanto a tradicional alta gastronomia exigia. Troisgros e seu irmão estavam entre os chefs pioneiros do movimento da nouvelle cuisine na década e 1970, que se construiu a partir do estilo mais leve de Point, usando ingredientes frescos e empregando apresentações impressionantes.

Muito do que é lembrado e do que se sabe a respeito de Point está em sua principal obra *Ma Gastronomie* (Minha Gastronomia), o produto das cuidadosas anotações que fazia em uma caderneta de papel cor de creme que tinha consigo o tempo todo. O livro, publicado a primeira vez em 1969, contém suas ideias e pensamentos, mas não foi escrito por Point, apesar de ele figurar como autor. É o trabalho duro de um editor que também reuniu as duzentas receitas.

Em 1974, o livro foi publicado em inglês. Essa versão foi obra de Frank e Patricia Shannon Kulla, que convenceram Charles Flammarion, o editor francês, a lhes vender os direitos para língua inglesa. Mas sua edição é mais do que uma tradução. Os Kullas entrevistaram a viúva de Point e diversos de seus discípulos, que não são mencionados na edição francesa. Como consequência, enriqueceram os métodos de Point, e como Frank Kulla disse mais tarde: "Quisemos dar às pessoas a sensação da operação cotidiana do restaurante... do ponto de vista dos chefs que adoraram absolutamente esse homem; eles fariam qualquer coisa por ele, mesmo. Eles tinham uma enorme admiração por ele".

Novas gerações de chefs estudaram essa obra de maneira quase religiosa. Thomas Keller insiste que "se alguém me dissesse que eu só podia ter um livro, seria esse". Ele escreveu uma introdução para uma das edições dizendo que "por meio das palavras do chef Point eu finalmente compreendi e descobri um propósito maior".

"Livros de receitas são tão parecidos como irmãos", Point escreveu, "o melhor é o que você mesmo escreveu." Point, o chef impressionante, era fiel às suas palavras. O grande homem morreu relativamente jovem, parando apenas quando estava doente para se afastar da cozinha. Seu legado é sua comida e, apesar de isso não ser evidente na época, trata-se do fim de uma era em que os chefs franceses tinham a primazia da culinária mundial.

Receitas de Point

A única coleção de receitas de Fernand Point publicada é o *Ma Gastronomie*, no entanto, essa obra não contém receitas na forma que os leitores dos modernos livros de culinária esperam. Elas pressupõem um conhecimento significativo e não explicam as lacunas entre os processos; então o que aparece aqui é uma das receitas do livro apresentada na forma moderna, uma receita fornecida por um de seus discípulos, e a opinião bastante citada de Point sobre o preparo dos ovos.

OVOS

Às vezes, são as chamadas coisas simples que distinguem cozinheiros simples dos grandes. Diz a lenda que Point testava os candidatos para sua cozinha pedindo a eles que fritassem um ovo. Ele tinha opiniões firmes sobre o assunto e insistia que havia apenas uma maneira de realizar esse feito. Isso envolvia derreter um pouco de manteiga sem sal em uma panela em fogo bem baixo sem deixar borbulhar, colocar cuidadosamente o ovo sem casca na panela, tampar a panela e então deixar o ovo cozinhar devagar até a clara do ovo endurecer, um ponto que pode ser identificado por uma leve fumaça emanando do ovo, enquanto a gema permanecia perfeitamente líquida.

Princípios parecidos eram aplicados ao preparo de uma "omelete simples" que, de acordo com Point, devia ser feito da seguinte maneira:

Bata as gemas e as claras dos ovos separadamente. Acrescente as gemas batidas, sal e pimenta à manteiga borbulhante em uma frigideira. Quando os ovos começarem a endurecer, acrescente uma boa colherada de creme de leite fresco e as claras batidas. Mantenha a frigideira em movimento sobre fogo alto para evitar que a omelete grude.

MARJOLAINE
(BOLO DE CHOCOLATE EM CAMADAS)

Esta é uma das mais famosas receitas de sobremesa de Point. Esta versão foi elaborada a partir de instruções menos precisas, que pressupõem o conhecimento de certos procedimentos.

Ingredientes
- 125 g de manteiga
- 4 ovos separados
- 250 g de açúcar
- 125 g de chocolate
- 125 g de farinha de trigo

Para a cobertura

- 180 g de chocolate amargo
- 180 g de manteiga
- 180 g de açúcar de confeiteiro

Para as raspas de chocolate

- 1 barra de chocolate
- açúcar de confeiteiro

Modo de preparo

Preaqueça o forno a 180 ºC.

1. Unte uma fôrma de bolo redonda de 20 cm e forre o fundo com papel-manteiga, passe manteiga no papel.

2. Coloque a manteiga em uma tigela e a tigela em uma panela com água quente até a metade em fogo baixo, misture até a manteiga ficar mole o suficiente para derramar. Tire do fogo.

3. Durante 5 minutos, bata as gemas dos ovos com dois terços do açúcar, ou até a mistura ficar leve e deixar uma trilha.

4. Pique o chocolate grosseiramente.

5. Acrescente o chocolate à mistura de ovos.

6. Bata as claras até ficarem firmes, polvilhe com o restante do açúcar e bata até ficar bem firme e brilhante.

7. Peneire um terço da farinha na mistura de chocolate, acrescente uma colherada de claras, incorpore com cuidado e então acrescente o restante da farinha e das claras da mesma maneira.

8. Coloque a mistura na fôrma preparada, asse por 60 minutos, ou até o bolo encolher nas bordas da fôrma. Insira uma pequena faca no bolo, ela deve sair limpa.

9. Tire do forno, passe uma faca ao redor da borda do bolo, coloque uma grade sobre o bolo e a fôrma, e então vire os dois juntos para desenformar o bolo. Retire a fôrma.

10. Coloque um pedaço de papel-manteiga sobre o bolo e vire o bolo sobre a grade, deixe esfriar sobre o papel.

11. Corte um pedaço de cartolina redonda um pouco menor que o bolo, ou use um suporte para bolo.

12. Quando o bolo estiver frio, coloque a cartolina sobre o bolo e reserve.

Para fazer a cobertura:

1. Pique o chocolate, coloque em uma tigela em uma panela com água quente até a metade em fogo baixo, deixe derreter, retire do fogo, deixe esfriar um pouco.

2. Bata a manteiga até ficar mole e homogênea, peneire e acrescente o açúcar de confeiteiro, batendo até ficar leve e cremoso. Acrescente o chocolate derretido na mistura de manteiga, misture rapidamente porque ele endurece rápido, derrame a cobertura sobre o bolo, espalhe igualmente por cima e pelos lados do bolo, use uma faca sem serra para garantir que o bolo fique coberto por igual.

Para fazer as raspas de chocolate:

1. Com a barra de chocolate na temperatura ambiente, raspe o chocolate com um descascador de legumes.

2. Polvilhe as raspas sobre o bolo, peneire açúcar de confeiteiro por cima das raspas.

VERITABLE GRATIN DAUPHNOIS (BATATAS GRATINADAS)

Esta é a lembrança que Paul Bocuse tem do prato.

Ingredientes

- 1 dente de alho bem picado
- 1,25 kg de batatas descascadas e cortadas em fatias finas
- 2 ovos grandes
- 0,75 litro de leite integral
- 2 a 3 colheres (sopa) de creme de leite fresco
- 1 pitada de noz-moscada
- sal e pimenta-do-reino moída na hora a gosto
- 3 ½ colheres (sopa) de manteiga

Modo de preparo

Preaqueça o forno a 175 ºC. Esfregue bem as paredes de uma travessa refratária com o dente de alho e a manteiga. Distribua camadas finas de batatas na travessa. Em uma tigela à parte, misture os ovos, o leite, o creme de leite, a noz-moscada, o sal e a pimenta. Espalhe uma cobertura grossa dessa mistura sobre as batatas na travessa, acrescentando algumas bolinhas de manteiga. Asse por cerca de 45 minutos, ou até as batatas ficarem um pouco douradas. Deixe a porta do forno entreaberta e deixe o prato descansar por alguns minutos. Sirva bem quente.

De: *French Chefs Cooking: Recipes and Stories from the Great Chefs of France*, de Michael Buller, Wiley, 1999.

Transformando a comida em entretenimento
GORDON RAMSAY

Gordon Ramsay está longe de ser o primeiro chef a aparecer na televisão, mas certamente é o que mais usou esse meio para levar o interesse pela comida a um nível no qual ela compete com outras formas de entretenimento. Ramsay, que nasceu na Escócia, transformou o seu nome em uma marca e odeia ser descrito como um apresentador, insiste em afirmar que é um chef sério e que já ganhou vários prêmios. Mas ele passa mais tempo fora da cozinha do que dentro dela, e muito desse tempo é gasto fazendo programas de tevê, supostamente para fins de entretenimento. Mas essa não é a única contradição na vida desse homem volátil: Ramsay afirma odiar o tipo adulador de clientes, preferido por alguns chefs, e permanece de maneira resoluta na cozinha.

Mas ainda assim ele fica muito contente de aparecer em milhões de casas falando como louco com os telespectadores. Ele normalmente ignora restaurantes e chefs franceses e a França em geral, apesar de sua principal influência culinária ser definitivamente francesa. E, ao mesmo tempo em que é famoso por gritar com as pessoas e garantir a reputação de pessoa mais ofensiva que já saiu de uma cozinha, ele insiste em dizer que xinga apenas na cozinha e que é uma pessoa tranquila em casa.

"No final do dia", Ramsay disse em uma entrevista, "não sou a pessoa que xinga. Ponho tudo pra fora e sigo em frente. Tenho quatro filhos incríveis – não fico xingando pela casa." Ele toma cuidado para alimentar uma persona presunçosa e autocentrada, mas é também um ávido voluntário e continua a dar apoio considerável ao irmão viciado em drogas.

Gordon Ramsay obviamente não é uma pessoa simples, nem é simples explicar o status de guru da alimentação sem se distrair com os brilhantes holofotes de um estúdio de televisão, onde mesmo as coisas mais complexas podem ser reduzidas a uma caricatura.

A ideia de que um chef poderia ser a estrela de um programa de televisão, em oposição a ser uma pessoa anônima que prepara comida para sobreviver, é relativamente nova. Quando Marguerite Patten (Capítulo 14) e Delia Smith (próximo capítulo) apareceram na televisão, as duas se viam como educadoras culinárias.

Antigamente, os chefões da tevê podiam apresentar um chef como uma espécie de novidade em um programa da tarde voltado para mulheres interessadas em culinária. No entanto, agora estamos completamente à vontade com a ideia de chefs como artistas de grandes canais de tevê, ao lado de pessoas com habilidades como cantar e dançar, que obviamente abundam no mundo do entretenimento.

Nenhum chef foi mais hábil em fazer uso das habilidades na cozinha para entreter do que Gordon Ramsay. O fato é que se não fosse pela televisão e pelos consideráveis talentos de Ramsay na tela, ele ainda seria considerado um chef de primeira classe, mas certamente não um guru com influência considerável sobre a maneira como as pessoas pensam sobre comida, restaurantes e até alimentação. Os puristas podem torcer o nariz e dizer que isso não passa de jogo de cena, e talvez tenham razão; porém, suas opiniões pejorativas a respeito de jogo de cena estão equivocadas. Eles não reconhecem que Ramsay estimulou o interesse de todos pela comida, mesmo entre quem nunca imaginou que suas habilidades culinárias passariam das necessárias para cozinhar um ovo. Saiu-se muito bem ao popularizar o assunto ao máximo.

A questão é como Ramsey atingiu esse nível de interesse. Ele tem uma personalidade teatral e tira dela o máximo proveito. No caso de haver alguma dúvida sobre o fato de seus famosos xingamentos e mau-humor serem usados para aumentar a audiência, os títulos de seus dois programas dizem tudo. Um é chamado *The F Word* [8] e o outro *The Kitchen Nightmares* (Pesadelos na Co-

---

[8] *A Palavra F*, sendo que "F" é a inicial de um palavrão comum na língua inglesa. (N.T.)

zinha), e o drama central, naturalmente, gira em torno de Ramsey xingando infelizes donos de restaurantes cujos negócios estão caindo aos pedaços.

Os leitores da revista *Radio Times* de Londres escolheram Ramsay como a mais assustadora personalidade da televisão, e o problema do seu temperamento com frequência aparece em entrevistas, junto com uma série de desentendimentos com outros chefs, críticos gastronômicos, membros de sua equipe, pessoas da própria família e, ao que parece, todo mundo que o contrariar de alguma maneira. Em um dos incidentes mais famosos, Ramsey expulsou do seu restaurante o crítico de gastronomia britânico A. A. Gill, que estava jantando com a estrela de cinema Joan Collins. Ramsey afirma ter sido insultado por Gill. Depois dos acontecimentos, Gill, que também é famoso pela língua afiada, descreveu Ramsay como "um chef incrível, mas um ser humano de segunda categoria".

Suas opiniões foram respondidas à altura: "Gill", disse Ramsey, "escreve sobre chefs como se eles fossem meninos idiotas e perdidos que nunca estudaram direito. De certo modo, as cozinhas se baseiam em uma grande insegurança, que faz a gente constantemente lutar pelo primeiro lugar, e a gente fica muito mais feliz cozinhando do que se estivesse estudando para um vestibular. Tudo bem, acredito que a segurança é o êxito, e a chave para o êxito é um paladar refinado. Mas existe um caminho para chegar até lá e um grande preço a pagar. Então, se eu o expulsaria de novo? Acho que pediria que ele fizesse uma crítica construtiva". Esse comentário dá uma visão rara sobre as inseguranças que cercam a vida dos chefs profissionais.

Ramsay refere-se à falta de uma estrutura de formação profissional para o trabalho dos chefs em comparação com muitas outras profissões e mercados que têm uma estrutura universalmente reconhecida.

Chefs, por outro lado, podem até ter recebido algum treinamento e provavelmente passaram por um duro aprendizado, seguido por uma longa escalada na hierarquia da cozinha. Esse processo é, em grande parte, informal e, infelizmente, se há uma qualificação formal, como no caso do treinamento profissional de chefs em faculdades, não são muito bem vistas. É uma das últimas áreas nas quais um jovem que acabou de entrar no mercado depende quase totalmente de um mentor para ser um chef. Mesmo quando um jovem chef é instalado em uma cozinha, há uma pressão e um perigo constantes porque as cozinhas são cheias de armadilhas. É raro encontrar um chef que não tenha se cortado, queimado ou até sofrido um ferimento mais sério no trabalho. Além do mais, assim como Ramsay observou anteriormente: "É necessário ser teimoso. O ambiente nas cozinhas é difícil e forma personalidades incrivelmente fortes."

Além desses perigos, existe a pressão pelo desempenho ou, como Ramsay diz sem rodeios, "pela pole position". Não é de surpreender que os chefs não tenham algumas das habilidades sociais esperadas pelas pessoas que pensam que trabalhar em uma cozinha profissional é vagamente parecido com preparar comida em casa. Este é um exemplo de um ataque de Ramsay, que exemplifica como ele encara os críticos e outros desafios à sua maneira de fazer as coisas. Esse exemplo mostra uma resposta a objeções aos seus palavrões feitas por Raymond Blanc, dono do Le Manoir aux Quat'Saisons, da região britânica das Midlands. Blanc, assim como Ramsay, tem um número considerável de telespectadores.

"Não quero atacar Raymond Blanc, mas aquele cara fala muita m***", Ramsay disse. "Quando Raymond estava estabelecendo a sua reputação no Manoir, ele era um chef duro, talentoso, compulsivo e que xingava na cozinha. Agora que está perto dos sessenta anos, começou a filosofar. Que besteira! F***-se, seu v*** francês."

Ui! Sabe-se que os chefs atacam uns aos outros, mas poucos foram tão longe a ponto de ofender publicamente os colegas como Ramsay. Falando sobre dois dos chefs mais conhecidos do Reino Unido, afirma-se que ele disse: "Muito cedo, entendi que a culinária nunca iria ser um emprego, é uma paixão. Coitadinho do Antony Worrall Thompson, coitadinha da Delia Smith, acho que a ficha ainda não caiu!"

Ramsay se tornou a face pública dos conflitos, inseguranças e altos níveis de agressão encontrados nas cozinhas profissionais pelo mundo afora. Em vez de se esconder por trás de uma fachada educada para garantir à audiência que os chefs são realmente pessoas bastante charmosas, dedicadas à arte de produzir pratos refinados, Ramsey aproveitou o drama da situação de maneira instintiva, usando-o para criar uma narrativa própria que se tornou atraente para milhões de pessoas.

Ao contrário dos outros gurus deste livro, Ramsay estimulou o interesse pelo ramo da alimentação comercial como um todo. Muitos de seus programas de tevê voltaram-se para os restaurantes e em como eles trabalham, injetando drama nesse exercício essencialmente didático. Apesar de ele provavelmente ser o "médico" de restaurante mais famoso da televisão, que grita com proprietários de restaurantes fracassados, dizendo-lhes como consertar seus negócios, o próprio império dele teve resultados diversos.

Mesmo assim, com várias estrelas Michelin, ele conserva uma grande reputação pela comida produzida em seus estabelecimentos. Não tem um estilo específico de culinária, mas sua comida em geral tem influência francesa, com respeito considerável por pratos do Reino Unido e um desejo explícito de não complicar as coisas. Ramsay vê a si mesmo como um perfeccionista obsessivo em relação à comida e ao serviço, e não há dúvidas de que se sente motivado por uma veia muito competitiva.

Ele nasceu em Johnstone, na Escócia, em 1967, e a família se mudou para o lado ruim de Stratford-upon-Avon quando ele tinha cinco anos. Ramsay descreve a infância como tendo sido "desesperadamente itinerante". Isso aconteceu em grande parte por causa da inquietação de um pai beberrão e mulherengo, que passava de um emprego a outro em busca do grande momento que nunca aconteceu.

A única coisa da vida do jovem Gordon que aparentemente interessava ao pai era o seu talento por futebol. Quando estava na escola, a natureza competitiva o levou para uma carreira de jogador de futebol profissional. Aos 12 anos, foi escolhido para jogar em um time juvenil em Warwickshire, e logo depois fez um teste no Glasgow Rangers, o time mais famoso da cidade onde nascera. Ramsey ficou naturalmente empolgado com isso e, aos 16 anos, sua família se mudou de Stratford-upon-Avon de volta para Glasgow a fim de que ele pudesse se qualificar para jogar pelo time.

No ano seguinte, ofereceram-lhe um lugar no time de juniores. Ele então sofreu duas lesões graves, rompendo uma cartilagem enquanto jogava futebol, seguida por outra lesão ao jogar squash. Ramsay estava determinado a continuar jogando depois da primeira lesão, mas, depois da segunda, quando tinha apenas 19 anos, o clube disse a ele que não poderia conservá-lo. Segundo Ramsay, o choque e a decepção por ser expulso do time não foram aplacados até ele receber a terceira estrela Michelin.

Na verdade, o Rangers se ofereceu para encontrar um lugar em um clube da terceira divisão, mas, mesmo aos 19 anos, Ramsay não estava preparado para se contentar com pouco. Em vez disso, seguiu o conselho de sua mãe e se inscreveu em um curso de administração de hotéis na North Oxfordshire Technical College, geograficamente próxima da Oxford University, mas a quilômetros de distância em outros aspectos. Foi ali que ele descobriu a culinária e gravitou em direção aos aspectos gastronômicos do curso. O pai, determinado a ter um filho jogador de futebol, ficou furioso, declarando que "cozinhar era coisa de maricas".

Ele nunca perdoou o filho pela decepção de largar a carreira no futebol e abandonou a família logo depois. Gordon Ramsay não estava muito animado com a carreira gastronômica até, segundo ele, deparar-se com um palestrante que gritava com os alunos. Sentiu um clique e percebeu que a cozinha poderia ser tão barulhenta e dura quanto um treino de futebol. E então percebeu que aquilo era algo que ele podia fazer bastante bem.

Como muitos estudantes da escola de hotelaria, Ramsay rapidamente embarcou em uma carreira que envolvia uma sucessão de empregos. Um dos primeiros foi como commis chef no Wroxton House Hotel. Ele devia ser bom porque o emprego seguinte tinha a ver com liderar a cozinha no Wickham Arms, um posto que teve de abandonar depois de ter um caso com a esposa do dono. Ele então foi para Londres, passando de cozinha em cozinha até ser aceito pelo temperamental e já famoso chef Marco Pierre White, que cuida das cozinhas do Harveys.

Ramsay ficou no restaurante por menos de três anos e disse ter trabalhado 17 horas por dia, enquanto adquiria um paladar refinado. Mais tarde, afirmou que teve de sair porque estava cansado dos "ataques e da violência persecutória" na cozinha de White. Muitos dos funcionários de Ramsay descobriram que essa descrição do trabalho com White é muito parecida com a experiência de trabalhar com o próprio Ramsay.

No entanto, foi White quem o apresentou a um nível mais elevado de culinária, com padrões com os quais não havia se deparado antes. Obviamente, Ramsay teve talento para aproveitar essa experiência e usá-la plenamente. White o aconselhou a continuar o treinamento na França, mas Ramsay não estava com vontade; no entanto, fez bom uso do fato de seu mentor o ter apresentado a Albert Roux, do La Gravoche, no bairro chique de Mayfair, em Londres. O restaurante e seus chefes de cozinha estavam entre os melhores do Reino Unido na época. Apesar do relacionamento de Ramsay com White ser bastante tenso, era amigável o suficiente para que eles se separassem de maneira civilizada. Só mais tarde é que Ramsay se tornou amargo em relação a White e teve com ele uma prolongada rixa. Ele parece ter se dado melhor com Roux, que foi essencial para ajudá-lo a embarcar no que se tornou uma temporada de três anos na França.

Ramsay muitas vezes se refere de forma carinhosa a suas experiências de formação na França, aparentemente ignorando os frequentes ataques contra os franceses e sua culinária. Na França, juntou-se a Roux como seu braço direito no restaurante do Hotel Diva, nos Alpes franceses, e de lá foi para Paris onde trabalhou com os famosos e consagrados chefs Guy Savoy e Joël Robuchon.

Ramsay lembra que estava exausto depois desses três anos na França e passou o ano seguinte trabalhando como chef particular em um iate ancorado em Bermuda. Em 1993, ele voltou a Londres e assumiu o posto de chef principal no restaurante La Tante Claire, em Chelsea. Sob a direção de Ramsay, a reputação do restaurante cresceu. Apesar das dificuldades que teve com White, o antigo mentor ofereceu-lhe a oportunidade de se tornar chef principal em um novo restaurante que estava abrindo e que depois foi renomeado como Aubergine.

Pela primeira vez, Ramsay recebeu 10% dos lucros do restaurante, junto com White e seus sócios. Com Ramsay na cozinha, o Aubergine ganhou uma estrela Michelin, seguida de uma segunda estrela, 14 meses mais tarde. Em 1996, ele recebeu a medalha da Ordem do Império Britânico em reconhecimento por seus serviços à gastronomia. A medalha foi um reconhecimento significativo para alguém que estava no começo de uma carreira ilustre e, entre outras coisas, reconhecia o crescente interesse do público por todas as coisas que tinham a ver com culinária.

Ramsay estava perto do seu objetivo de obter três estrelas Michelin e ansioso por fazer isso em um restaurante próprio. Seu relacionamento com White e os outros sócios no Aubergine piorou a ponto de eles o processarem, uma questão finalmente resolvida nos tribunais. Depois dessa experiência penosa, Ramsay embarcou nos planos de um restaurante próprio e acabou comprando o Tante Clare, que não era muito distante do Aubergine. Ele o rebatizou de Gordon Ramsay at Royal Hospital Road. O ego do nome diz muito, assim como a determinação quase maníaca em fazer tudo certo. A inauguração aconteceu dois anos depois da publicação do primeiro livro de Ramsay, *Paixão pelo Sabor*, que o colocou no mapa dos chefs a serem observados. Àquela altura, ele estava com 26 anos de idade.

O financiamento do restaurante veio do sogro Chris Hutchenson, com quem ele seguiu adiante para formar um império de restaurantes até, talvez de maneira inevitável, a parceria terminar com uma disputa bem divulgada em 2010. Juntos, criaram uma empresa que se tornou a Gordon Ramsay Holdings Limited, da qual Ramsay tinha a maior parte. Ela abarcava todos os seus interesses comerciais, inclusive os restaurantes, o trabalho na mídia e as consultorias que surgiam a partir da fama de Ramsay.

Ele abriu o seu primeiro restaurante em 1998 e, em 2001, Ramsay já tinha ganhado a sua terceira estrela Michelin.

Não é exagero dizer que o restaurante da Royal Hospital Road foi um sucesso instantâneo, que logo se desdobrou em novos restaurantes. No mesmo ano, Ramsay apareceu pela primeira vez na televisão em um documentário chamado *Boiling Point*. Então, aos 32 anos de idade, ele havia se tornado um chef estrelado pelo Michelin, havia aberto um restaurante de alto nível e escrito o primeiro de muitos livros.

O restaurante seguinte se chamou Petrus, logo acompanhado do Amaryllis, um restaurante que não deu certo, em Glasgow. Mas o fracasso não segurou Ramsay. Em apenas 12 anos, ele abriu mais de vinte restaurantes, a maioria deles tendo ele mesmo como chef principal por pelo menos um curto período. Esses restaurantes não são de propriedade da empresa de Ramsay (pelo menos, não completamente), mas ele retém o controle das operações. Nessa corrida maluca para ampliar o império de restaurantes, a empresa de Ramsay estendeu suas asas para Nova York, Dubai, Tóquio, Flórida, Praga, County Wicklow (Irlanda), West Hollywood, Los Angeles, Versailles, Montreal, Cidade do Cabo e Melbourne.

Quando este livro estava sendo escrito, em 2011, dois outros restaurantes estavam prestes a abrir na Austrália. Muitos dos restaurantes de Ramsay são em hotéis famosos, como o Connaught e o reformado Savoy, em Londres. E a história do relacionamento com os administradores desses hotéis varia, mas eles reconhecem o seu poder de atração.

Alguns dos críticos de Ramsay tiraram proveito do fracasso de alguns de seus restaurantes, incluindo o empreendimento na África do Sul, que abriu com muita publicidade e depois foi rapidamente forçado a fechar. No entanto, a taxa de fracasso de Ramsay fica muito abaixo dos números desse ramo como um todo e, entre os fracassos, houve um série de sucessos. Ele também tem protegidos, como Marcus Weiring e, apesar de seu receio explícito em relação às chefs mulheres, Angela Harnett. Essa é a melhor tradição para alimentar novos talentos. Apesar dos sucessos e insucessos, os restaurantes têm sido amplamente reconhecidos pela qualidade. Ramsay também ganhou uma dúzia de estrelas Michelin, e tornou-se um dos três chefs britânicos a ter três ao mesmo tempo.

Uma critica muito mais válida a respeito desse ávido restaurateur é que ele se expandiu demais e não consegue ficar de olho em tantos restaurantes ao mesmo tempo, sendo que ainda escreve livros, grava programas de televisão e faz consultorias para empresas como a Singapore Airlines.

Além da questão pouco desprezível a respeito de uma fábrica de alimentos ao sul de Londres, que ele comprou de Albert Roux em 2009. Houve uma grande controvérsia, em 2009, quando se revelou que a fábrica fornecia comida para ser reaquecida em seu sofisticado restaurante Foxtrot Oscar, no

Chelsea, junto com três de seus bares. Ramsay afirma que essa é uma prática padrão mesmo nos melhores restaurantes, mas sua afirmação não combina com a conhecida insistência para se fazer tudo do zero.

Enquanto a cadeia de restaurantes crescia, a carreira televisiva de Ramsay também alçava voo. Ele apareceu em outro documentário chamado *Beyond Boiling Point,* em 2000, mas foi preciso esperar quatro anos para que seu próprio programa começasse a ir ao ar e caísse no gosto do público. O programa, *Kitchens Nightmares,* cresceu cada vez mais e, em 2005, atravessou o Atlântico com o nome de *Hell's Kitchen,* usando o mesmo formato de reality show do programa britânico. Cada programa acompanha um padrão bem estabelecido no qual Ramsay chega em um restaurante fracassado, experimenta a comida, declara que ela é intragável, olha em volta e acha a decoração horrível, testa a cozinha e explode enquanto descreve a falta de higiene antes de dizer ao gerente do restaurante quão inútil ele é. Então Ramsay entra com sua equipe, redecora o restaurante, aparentemente de um dia para o outro, muda o cardápio e apresenta uma série de melhorias. Apesar do formato quase nunca mudar, o drama é assistido de maneira compulsiva por milhares de pessoas que provavelmente ficam fascinadas enquanto assistem os gritos, as lágrimas e a fuga dos que desistem. Isso é reality show na melhor forma e, apesar de poder ser assistido como um simples drama, a série também traz muitas informações sobre como administrar restaurantes e preparar comida.

No caso de algum telespectador ter ficado em dúvida a respeito da facilidade de Ramsay com a linguagem ofensiva, a seguir ele apresentou um programa chamado *The F Word* no qual realmente havia algumas palavras que começavam com "f", nem todas a ver com comida. Esse programa um tanto bizarro mostra a culinária de Ramsay, mistura algumas competições, mostra-o fazendo coisas físicas que tem a ver com comida, dá uma oportunidade para as celebridades entrar na cozinha e em geral constrói um altar em homenagem ao Grande Chef.

Dando o tom de ofensivo, a primeira temporada do *The F Word* viu Ramsay batizando seus perus de brincadeira com o nome de famosos chefs britânicos da televisão: Antony (Worral Thompson), Ainsley (Harriot), Jamie (Oliver), Delia (Smith), Gary (Rhodes) e Nigella (Lawson). Esse programa é muito popular assim como os seus outros programas no Reino Unido, nos Estados Unidos e em outros lugares.

E então vêm os livros, mais de vinte deles, incluindo a autobiografia ironicamente intitulada *Humble Pie* (Torta Humilde), publicada em 2006. Em um ano, 2008, foram publicados quatro livros de Ramsay. Isso seria um feito notável mesmo para um escritor em tempo integral. Se o autor que aparece na capa realmente está escrevendo todos esses livros e colunas de jornal, junto com uma puxada agenda de trabalho na televisão, a administração de uma rede global de restaurantes e a consultoria, então Gordon Ramsay deve ter adquirido poderes de produtividade de um super-herói.

A resposta de Ramsay aos críticos de suas diversas atividades é normalmente barulhenta. Ele disse à jornalista Rosei Millard, de maneira desdenhosa: "Alguma vaca idiota no Japão virou e disse: 'Bem, se ele é um chef tão ocupado, quem cozinha?'. Ela estava usando um terno listrado fantástico de mil dólares. Perguntei: 'Quem fez o seu terno?'. Ela disse: 'Armani'. Então eu disse: 'Você perguntou se a p*** do Giorgio Armani o costurou?' Claro que não! Muita gente está só de olho em mim."

Mas os sinais de tensão estão aparecendo: em 2009, foi noticiado que a Gordon Ramsay Holdings encontrou sérios problemas financeiros depois de alguns pagamentos não feitos e uma auditoria feita pelos contadores da KPMG.

Comentando a respeito desses problemas, Ramsay disse: "Disseram para assumirmos a administração, que seria mais fácil para todo mundo. Pensei em vender parte da empresa. Minha esposa e eu pensamos em vender a casa. Isso levou muitos milhões do meu próprio dinheiro com mais milhões por vir, mas ainda estou de pé". Por conta disso a empresa foi forçada a fechar restaurantes na França e nos Estados Unidos.

Esse, por acaso, também foi o ano que a controvérsia a respeito da fábrica de comida estourou. No ano seguinte, Chris Hutcheson, sogro de Ramsay e CEO da empresa pediu demissão, ou, segundo Ramsay, foi demitido, em meio a muita publicidade. Por conta disso Ramsay escreveu uma bizarra carta aberta para a sogra, dizendo a ela que teve de contratar um detetive particular para investigar suspeitas que ele tinha a respeito da maneira como o marido administrava a empresa. Hutcheson não ia sair sem dizer nada do gênero: "Lidei com esses ataques durante anos. Ele é como um tsunami. É esquizofrênico... às vezes, é calmo e às vezes é completamente maníaco". Como sempre, há um pouco de drama nos negócios de Ramsay.

Mas ele ainda sustenta que é a culinária que o faz sair da cama de manhã. Em uma entrevista ao *Irish Sunday Tribune*, ele disse: "Mantenho padrões e luto pela perfeição. O nível de pressão é expresso de maneira muito otimista e é isso que é culinária". Isso poderia servir como um bom epitáfio se não fosse o fato de Gordon Ramsay ainda estar bem longe do fim, apenas parando entre as explosões.

Receitas de Ramsay

As receitas a seguir foram tiradas do site www.gordonramsaysrecipes.com

COSTELETAS DE CORDEIRO COM CROSTA DE ERVAS

Essa receita mostra o uso que Ramsay faz das ervas frescas em um prato relativamente simples que, à primeira vista, parece ser complicado.

Ingredientes

Para o cordeiro

- 2 costeletas grandes de cordeiro cortadas ao meio com 3 ossos por porção
- sal

- pimenta-do-reino
- azeite de oliva

Para a crosta
- 4 fatias de pão dormido em migalhas
- 7 colheres (sopa) de queijo parmesão ralado (mais ou menos ½ xícara)
- um ramo de salsinha
- um ramo de tomilho
- um ramo de coentro
- um ramo de alecrim
- 2 colheres (sopa) mostarda
- um pouco de azeite de oliva

Modo de preparo

Cordeiro

Preaqueça o forno a 200 ºC.

Coloque o cordeiro sobre uma tábua com a gordura para cima. Raspe levemente a camada de gordura com uma faca afiada. A seguir, polvilhe generosamente o cordeiro com sal e pimenta. Espalhe o excesso de tempero pela costeleta para cobrir tudo muito bem.

Aqueça um pouco de azeite em uma panela que possa ir ao forno. Sele o cordeiro deixando cada lado no azeite o tempo suficiente para ganhar cor (cuidado para não queimar as mãos). Gordon Ramsay diz "é pura matemática, falta de cor é igual a falta de sabor". Doure bem o cordeiro.

Coloque a panela com o cordeiro no forno e asse por 7 a 8 minutos. Prepare a crosta enquanto o cordeiro está assando.

A crosta

Coloque todos os ingredientes para a crosta, com exceção da mostarda, em um processador e pulse várias vezes até ficar bonito e verde. Não coloque azeite demais, só um pouquinho.

Derrame a mistura em um prato fundo e reserve.

Como juntar tudo

Tire o cordeiro do forno e pincele-o generosamente com mostarda. Mergulhe o cordeiro na mistura da crosta, cobrindo-o completamente. Mergulhe várias vezes para ter certeza de cobrir por igual. Deixe a carne descansar um pouco. Coloque de volta no forno por 3 a 4 minutos antes de servir.

Essa receita foi apresentada na primeira temporada de *The F Word*.

MAIONESE DO GORDON RAMSAY

Ramsay enfatiza o preparo da comida a partir do zero e evita ingredientes pré-prontos. Essa receita dá orientações simples de como fazer um molho básico.

Ingredientes
- 3 gemas
- 1 colher (chá) de mostarda de Dijon
- 1 pitada de sal
- 1 pitada de pimenta-do-reino (moída na hora se possível)
- 1 limão-siciliano
- 1 ¼ de óleo de cozinha sem sabor

Você pode bater isso à mão, mas precisará fazer um certo esforço. Use um processador de alimentos se tiver um.

Modo de preparo

Coloque as gemas em um processador com a mostarda Dijon e ligue. Os primeiros 30 segundos do preparo da maionese são cruciais, então tome cuidado durante esse período e vá devagar com o óleo. Comece a derramar o óleo lentamente no processador de alimentos enquanto ainda está ligado. Depois de cerca de 30 segundos você pode começar a derramar mais depressa. Desligue o processador depois de acrescentar todo o óleo.

    Acrescente sal e pimenta, então corte o limão ao meio e esprema o suco na maionese. Misture a maionese rapidamente com o processador e pronto!

Guarde a maionese na geladeira.

Essa receita foi apresentada no The F Word.

ROBALO COM MOLHO DE PIMENTÃO AGRIDOCE, PILAF CÍTRICO E ENDÍVIAS ASSADAS NA PANELA

Essa é uma receita mais complicada de Ramsay, que tem influência francesa em seu método de cozimento, mas utiliza alguns ingredientes que são menos típicos da culinária francesa.

Para o robalo
1,4 a 1,6 kg de filés de robalo com pele
sal marinho
1 ramo de tomilho, folhas soltas dos cabos

Para o molho e o pilaf de arroz:
- 2 pimentões vermelhos sem sementes cortados em fatias finas
- 2 pimentões amarelos sem sementes cortados em fatias finas
- 4 cebolas roxas cortadas em fatias finas
- 2 estrelas de anis
- 2 ramos de manjericão
- 1 colher (sopa) de vinagre de vinho branco
- 3 colheres (sopa) de vermute
- ¾ de xícara de água

Pilaf cítrico de arroz
- 1 ½ xícara de arroz basmati lavado
- 1 cebola grande bem picada
- 3 colheres (sopa) de azeite de oliva
- 1 ramo de tomilho
- 1 canela em pau pequena

- casca de ½ laranja
- casca de ½ limão
- 2 ½ xícaras de caldo de galinha
- 2 endívias grandes
- 1 dose de licor de laranja (45 ml)
- 2/3 de xícara de suco de laranja
- 4 colheres (sopa) de manteiga (cerca de ¼ de xícara)
- açúcar de confeiteiro para polvilhar
- azeite de oliva
- sal e pimenta-do-reino
- mais manteiga

Modo de preparo

Preaqueça o forno a 200 ºC.

Corte o robalo em bons filés e raspe a pele com uma faca afiada. Tempere com uma pitada de sal e as folhas de tomilho fresco.

Frite o robalo em uma frigideira com a pele para baixo em azeite de oliva quente, segurando com cuidado os filés com os seus dedos por 30 segundos para evitar que as bordas enrolem. Tempere a parte de cima dos filés e deixe cozinhar de baixo para cima. Quando o peixe estiver 80% cozido, vire e deixe cozinhar o restante. Com uma colher, derrame um pouco do azeite de fritura sobre a parte de cima para deixar a pele mais crocante.

Refogue os pimentões e as cebolas roxas em uma panela com azeite de oliva quente até amolecerem. Tempere, então acrescente as estrelas de anis, o manjericão e o vinagre. Derrame o vinagre pelas laterais da panela para ele esquentar um pouco antes de chegar ao centro. Acrescente o vermute – o suficiente para criar uma camada sob os legumes. Deixe a mistura reduzir no fogo até quase todo o líquido evaporar e você começar a ouvir os assobios e os estalos. Os legumes devem ter uma aparência bonita e brilhante. Acrescente água e reduza por 15 minutos. Quando a água ficar com a aparência de um xarope, retire o anis e os ramos de manjericão e passe para um liquidificador. Bata até ficar homogêneo. Experimente e tempere se necessário, bata novamente. A consistência deve ser de uma sopa homogênea e espessa.

Para o pilaf, refogue a cebola em azeite até ficar mole. Acrescente o arroz, o tomilho, a canela, o anis e as cascas de frutas cítricas. Tempere e cozinhe por cerca de 30 segundos para misturar os sabores – o arroz deve começar a ficar transparente. Acrescente o caldo fervente, deixe levantar fervura novamente e tampe com uma cartouche (um círculo de papel-manteiga). Cozinhe a 200 ºC por 20 minutos.

Depois de cozido deixe descansar por 5 minutos e retire o tomilho e a canela antes de servir, acrescente um pouquinho de manteiga e misture.

Corte as endívias ao meio e polvilhe com açúcar de confeiteiro.

Derreta a manteiga em uma panela e caramelize a endívia até ficar dourada.

Dissolva os sucos da panela com o licor da laranja e acrescente o suco de laranja. Asse a endívia na panela com cuidado até ela ficar macia e o líquido ficar quase glaceado.

Sirva o robalo com a pele virada para cima sobre uma cama de arroz com o molho de pimentão e junto com uma endívia assada na panela.

Essa receita foi apresentada no *The F Word*.

Vamos de Delia
DELIA SMITH

r de Delia pode não soar muito bem, mas em muitos lares isso quer dizer preparar uma das muitas receitas contidas em livros escritos por Delia Smith. O nome Delia é reconhecido de imediato, com a familiaridade dada ao primeiro nome que só funciona com os realmente famosos. Ao contrário de muitas personalidades famosas que povoam os programas de culinária na tevê, ela não é espalhafatosa; pelo contrário, esforça-se para ser o mais simples possível e nunca grita diante da câmera. Parece que ela decidiu de maneira deliberada cultivar uma aparência um pouco antiquada; seu "estrelato" está em dar conselhos bons e práticos e... é mais ou menos isso!

Os conselhos sábios de Delia são procurados de maneira ávida por muitos lares no Reino Unido, e em outros lugares que nunca sonhariam em preparar um jantar de Natal sem seguir suas orientações. Na verdade, seus seguidores tornaram-se dependentes de sua sabedoria para tudo, desde cozinhar um ovo até assar um bolo. Sem ajuda, ela inspirou muitas pessoas a entrar na cozinha e preparar de tudo, desde pratos simples a receitas que nunca achariam que seriam capazes de fazer. Mesmo cozinheiros bastante experientes recorrem à orientação de Delia, apesar de muitas vezes não admitirem que ela seja a fonte de suas receitas. Por que essa relutância? Tem algo a ver com a enorme quantidade de esnobismo que cerca a arte culinária (frase incrivelmente pretensiosa apenas para enfatizar a distância entre a resoluta praticidade de Delia e os mais altos escalões da pretensão gastronômica).

Delia pode sobreviver ao sarcasmo e às críticas que recebe: na verdade, isso parece respaldar sua ligação com os seguidores que a identificam como uma alternativa reconfortante à pretensão que pode envolver o assunto comida. "A culinária", ela disse em uma entrevista ao *Times*, "é usada como uma afirmação, precisa ser tratada com mais leveza, é um pouco metida. Os esnobes gastronômicos fizeram uma guerra contra a carne moída enlatada – bem, o caviar vem em latas; o foie gras vem em latas. Eles podem usar uma lata de ervilhas ou grão de bico sem problemas. Mas se você cozinha carne moída com cebolas e especiarias e coloca em uma lata, há algo de errado, mesmo sendo tão nutritivo quanto se você mesmo tivesse preparado." Então Delia claramente não tem a intenção de impressionar os gastrônomos. "Acho que a comida se presta ao esnobismo", ela disse em uma entrevista, "eu sempre chateei as pessoas." O chef da tevê Gary Rhodes disse que quando ela dedicou um programa inteiro a como cozinhar um ovo, insultou a inteligência dos telespectadores. No entanto, depois do programa ter ido ao ar, as vendas de ovos cresceram 10% no Reino Unido.

Outro chef de televisão, Anthony Worrall Thompson, é famoso por tê-la descrito como um "Volvo da cozinha", igualando-a aos carros suecos fortes e sem graça muito amados por famílias sérias. Ele agora nega que isso seja um insulto, insistindo que "chamou-a de Volvo porque suas receitas funcionam, e ela é a cozinheira mais garantida da tevê. Ela era professora. Com cada vez menos gente capaz de cozinhar, ela tinha um grande objetivo. Realmente a admiro."

Em outra ocasião, ele a chamou de "a mulher mais fria da televisão". Worrall Thompson estava se referindo a sua aparência insistentemente sem graça, uma marcante falta de ostentação e um senso de moda que sugeria o desejo de estar em uma sala de aulas e não na tevê.

Além disso, ela foi antiquada ao decidir se converter ao catolicismo aos 22 anos de idade, depois de ter sido batizada na Igreja Anglicana. Delia leva sua fé a sério e escreveu três livros religiosos e um deles, *A Journey to God* (Uma Jornada até Deus), é uma obra ambiciosa sobre o tema da oração. Portanto, não surpreende que no cínico Reino Unido, onde muitas vezes a religião é vista quase como uma piada, ela seja às vezes chamada de "Santa Delia".

Pode-se imaginar que nada disso a incomode, mas ela é bastante dura com críticos como Worrall Thompson, e, em uma entrevista concedida em setembro de 2000, disse: "Não sou nenhuma chefe de bandeirantes. Na verdade sou um pouco malvada".

Em um perfil que o jornal *Observer* fez de Delia em 1995, um crítico gastronômico anônimo disse: "Ela tem o grande talento do populista, de estar exatamente um passo atrás. É assim que se faz uma fortuna". Esse comentário astuto é certeiro. Delia Smith não é uma inovadora, certamente não é uma descobridora de tendências, mas ela tem o dom especial de reconhecer o que as pessoas comuns querem quando entram na cozinha, e ela faz o melhor possível para garantir que elas não ficarão decepcionadas. "Descobri", disse, "em toda a minha carreira, que a melhor coisa que pode acontecer é ouvir o que as pessoas querem."

"Suas críticas", diz, a acusam de ser tediosa. "As pessoas normalmente pensam que sou um pouco antiquada. Mas acho que sou assim, na verdade, e nunca quis ser outra coisa." Delia se atém ao básico e admite livremente que realmente não se sente em casa com a gastronomia moderna. "Certos aspectos são coisas de chef", ela disse em uma entrevista, "todas as espumas, e as torres, e os polvilhamentos. A culinária italiana provavelmente é a única que não é pretensiosa hoje em dia."

Em seu site, *Delia Online,* sua biografia oficial diz: "Ao tentar entender porque a culinária inglesa era tão horrível na década de 1960, Delia foi aprender sobre ela e foi educar as pessoas a cozinhar os pratos tradicionais". Essa ênfase na culinária inglesa é no entanto equivocada, apesar de ela ser considerada uma cozinheira inglesa típica. O interesse pela comida de seu próprio país parece ter sido incentivado por uma reação à popularização muito eficiente das culinárias italiana e francesa feita por Elizabeth David (capítulo 8) quando ela começou a trabalhar na indústria alimentícia. No entanto, conforme sua carreira se desenvolveu, ela usou muitas técnicas e pratos italianos e franceses, muitas vezes em hábeis adaptações. Sua genialidade não está em um certo tipo de culinária, mas na habilidade de fazer com que muitos tipos de comida sejam acessíveis aos cozinheiros domésticos.

De maneira significativa, sua famosa série *Delia's Complete Cookery Course* (Curso Completo de Culinária da Delia) começou no departamento de educação continuada do canal BBC no qual os programas, como o nome sugere, devem ser educativos. Nigella Lawson, que figura no lado glamouroso do espectro dos chefs de tevê, reconheceu isso de maneira positiva quando disse a um entrevistador que "ela é como uma professora de economia doméstica que quer que sua sala se saia bem".

É difícil quantificar a influência de Delia sobre a culinária doméstica, mas existem indicativos que sugerem ser imensa. Uma até então obscura fabricante inglesa de um determinado tipo de frigideira de alumínio, que ela recomendou para fazer omeletes, saiu repentinamente do anonimato quando mencionada em um programa da Delia e inundada por milhares de pedidos. As vendas passaram de duzentas unidades por ano para cem mil.

Algo parecido aconteceu quando ela mencionou um raspador de limão, antes ausente da maioria das cozinhas domésticas, mas repentinamente elevado a um produto em falta. Esse impacto extraordinário nas vendas ficou conhecido como o "Efeito Delia". Segundo sua agente literária Deborah Owen: "Ela tem a maravilhosa peculiaridade de simplesmente não entender o quanto é famosa. Essa é uma característica muito atraente".

Assim como alguns dos outros autores de culinária muito influentes deste livro, Delia Smith não é uma cozinheira de formação. Ela não esconde isso e diz, antecipando as críticas, "Não sou uma cozinheira". Essa é uma questão que ela já levantou inúmeras vezes. E, só para confirmar algumas das piores suspeitas que os chefs formados tenham sobre ela, ela diz: "Às vezes acho que o objetivo culinário do chef não é o real objetivo da culinária. Culinária tem a ver com lares e hortas, ela não acontece nos restaurantes".

No entanto, isso não significa que ela não leve a culinária a sério, e afirma que pensar sobre comida e receitas é sua preocupação constante: "Mesmo se não estou publicando receitas ainda estou pensando 'Gostaria de experimentar isso' ou 'Será que isso dá certo?' porque já está no meu sangue agora".

O famoso adágio do inventor Thomas Edison sobre a genialidade ter a ver com um por cento de inspiração e 99% de transpiração certamente se aplica a Delia Smith, que trabalha como um cão para acertar suas receitas e não acredita nem um pouco em criatividade improvisada. Ela diz: "Algumas pessoas afirmam ser cozinheiros por instinto, que nunca seguem receitas nem pesam nada. Tudo o que posso dizer é que eles não ligam muito para o que comem. Para mim, a culinária é uma arte exata e não um jogo casual".

Delia Smith não tem uma origem que sugere qualquer tipo de interesse especial pela comida. Segundo a refinada precisão do sistema de classes britânico, pode-se dizer que ela tem origens na classe média baixa. Ela nasceu em 1941 na cidade nem um pouco requintada de Woking e cresceu na igualmente antiquada Bexleyheath. Delia parece ter tido uma infância infeliz, com pouca motivação por parte de seus pais. Ela saiu da escola aos 16 anos sem nenhuma qualificação e foi trabalhar como cabelereira; depois tentou ser assistente de vendas e agente de viagens antes de se mudar para Londres, em 1960.

Havia alguma inclinação inicial pela gastronomia e existe uma história muito repetida a respeito de como seu interesse se aprofundou quando ela acreditou que o namorado Louis Alexander tinha atração por mulheres com talentos culinários elevados. No final das contas, ele sentia mais atração pela igreja católica e estava prestes a abandonar todo o contato com o sexo oposto para se tornar padre.

Em algum momento por volta de 1962, Delia se viu em um restaurante chamado The Singing Chef (O Chef Cantor), localizado perto da grande estação ferroviária de Paddington, e se candidatou a um emprego. O chef, Leo Evans, realmente cantava, mas Delia estava mais interessada em seus suflês. No começo ela não era nada mais do que uma ajudante de cozinha, lavando a louça e dando uma de garçonete. No entanto, o dono percebeu que ela estava interessada e a deixou começar a cozinhar. Pela primeira vez, Delia tinha um emprego que realmente a interessava. Novamente, de acordo com a biografia de seu site: "Ela começou a pensar por que, se a comida francesa era tão boa, a comida britânica era tão horrível. Essa curiosidade encorajou Delia a ler livros sobre culinária britânica na Sala de Leitura do British Museum, experimentando receitas na casa de uma família na Harley Street onde estava se hospedando".

Delia foi fisgada pela culinária, mas quando mais tarde lhe perguntaram se ela já tinha sonhado em seguir essa carreira, ela respondeu: "Não, nunca. Aconteceu quando eu comecei a frequentar restaurantes na década de 1960: toda a ideia de comer fora e aprender sobre culinária de repente era algo que eu queria fazer. Inicialmente, aprender a cozinhar era algo para sobreviver, não uma carreira".

Ela foi uma estudante dedicada, e ao trabalhar duro para melhorar suas habilidades culinárias, Delia seguiu um método claro, o tipo de método que mais tarde ela iria transmitir a seus seguidores. Ao final da década, essa jovem, sem nenhuma qualificação acadêmica e sem ter sido treinada para ser uma chef, tinha confiança suficiente para abordar a agente literária Deborah Owen a respeito de escrever um livro sobre a gastronomia inglesa do século XVIII. Owen lembra que "ela estava realmente irritada com o desdém pela culinária britânica no pós-guerra". E ela "sempre foi dedicada. Ela pensou 'Vou mostrar às pessoas como cozinhar um ovo. É chato, mas é necessário'".

O livro não virou realidade, mas em 1969 Delia assegurou uma coluna sobre culinária em um tabloide de grande circulação, o *Daily Mirror*. No jornal, ela conheceu o subeditor Michael Wynn Jones e, depois de dois anos, eles se casaram. Wynn Jones se tornaria parte essencial da Delia Inc.

Depois de dois anos, o primeiro dos muitos livros de Delia foi publicado. Como se para confirmar as piores suspeitas dos esnobes gastronômicos, o título do livro era *How to Cheat at Cooking* (Como Trapacear na Culinária). Ele contém 400 receitas com todos os tipos de truques para leitores ansiosos impressionarem além dos limites do que eles poderiam imaginar que suas habilidades culinárias chegariam. Entre as receitas, que atraíram muitas piadas, havia uma de ovo cozido. Apesar disso, acabou sendo muito popular. "Encha sua cozinha com muitos utensílios de aparência séria e tenha muitos vasos curiosos para suas ervas e condimentos", aconselhava. "Eles parecerão muito bregas se estiverem completamente cheios, então nunca encha-os até a boca."

Apesar das críticas, o livro foi um sucesso e, em 2008, ela produziu uma versão atualizada, que foi ainda mais bem-sucedida, logo assumindo o primeiro lugar na lista dos mais vendidos. Enquanto isso, em 1972, Delia embarcou no que se tornaria uma coluna de doze anos para o jornal londrino *Evening Standard*.

Então ela começou a escrever um fluxo constante de livros; muitos dos primeiros já foram esquecidos, como um livro sobre receitas de pousadas e restaurantes, publicado em 1973 e o *The Evening Standard Cookbook* (Livro de Receitas do The Evening Standard), publicado um ano mais tarde. A esse se seguiu uma obra pouco atraente chamada *Frugal Food* (Culinária Frugal) e depois um livro de receitas de bolos, em 1977.

Assim como muitos sucessos "do dia para a noite", a escalada de Delia para o sucesso não foi, portanto, repentina, mas pressagiada por muito trabalho de base. No entanto, foi por meio da televisão que ela se tornou famosa, começando com aparições regionais em East Anglia. Delia finalmente encontrou um nicho nacional em um programa chamado *Family Fare*, que ela começou a apresentar em 1973. A despretensiosa Delia rapidamente estabeleceu uma persona sensata nas telas. Mas ela admite que a televisão foi um desafio: "Olhar para a câmera e falar com pessoas imaginárias pela primeira vez e cozinhar ao mesmo tempo, sem edição, era aterrador", ela lembrou. "O programa tinha 24 minutos e 30 segundos e era preciso fazê-lo naquele tempo. Se houvesse um erro no meio, tinha que começar de novo. Foi um bom treinamento para a televisão, mas fui um pouco tímida."

Quando perguntada sobre o que a levou para a televisão, respondeu: "As pessoas vinham até mim e diziam 'Oh, gostei muito da sua coluna ontem' e eu perguntava 'Você fez a receita?' Elas diziam 'Ah, não, não sei cozinhar'. Percebi que ainda havia um longo caminho para ensinar as pessoas a cozinhar. Naquela época, as pessoas tinham que frequentar escolas noturnas para aprender a cozinhar. Pensei: não seria maravilhoso se elas pudessem aprender em casa?"

Family Fare foi um sucesso, mas o programa que catapultou Delia Smith para a atenção nacional começou no improvável Departamento de Educação Continuada da BBC. Ela apresentou a eles a ideia de um programa que focava em técnicas básicas de culinária e pratos que provavelmente fossem familiares para uma audiência sem conhecimento especializado. O *Delia Smith's Cookery Course* rapidamente se tornou um sucesso, e que parece ter pego seus chefes na BBC de surpresa. O programa se tornou uma série de três partes que gerou literalmente milhões de vendas dos livros que o acompanhavam. Esses livros não apenas tiveram de ser reimpressos, mas nos lares britânicos eles provavelmente são os que têm mais marcas de dedo e estão mais gastos entre os livros de receitas de muitas prateleiras.

Delia ficou em grande parte presa à BBC pelo resto de sua carreira televisiva, que se estendeu por 18 programas e séries, incluindo dois programas, *Delia Smith's Summer Collection* (Coleção de Verão de Delia Smith), seguido por uma Coleção de Inverno. Em 2004, ela anunciou que estava se "aposentando" da televisão, declarando que os programas culinários estavam mais voltados para o entretenimento e não para a comida. No entanto, em 2008, ela voltou com um novo programa e, em 2010, apresentou uma retrospectiva de grande sucesso chamada *Delia through the Decades* (Delia ao longo das Décadas). Estima-se que seus mais de vinte livros tenham vendido cerca de 21 milhões de cópias. O campeão de vendas, o livro do *Winter Collection*, vendeu incríveis 2 milhões de cópias em sua versão capa dura.

Houve controvérsia novamente quando Delia foi contratada como consultora de bastidores da rede de supermercados Sainsbury, em 1993. Junto com o marido, ela criara uma empresa chamada New Crane Publishing que, entre outras coisas, tornou-se a editora da *Sainsbury's Magazine*. A revista tinha um público leitor de 2,3 milhões de pessoas e ganhou prêmios, mas os críticos se perguntavam porque Delia estava se tornando tão comercial e se isso não minaria seu status de ícone nacional. É o tipo de crítica que provavelmente não tem muito sentido nos Estados Unidos, mas no Reino Unido há uma ética maior separando a chamada atividade "comercial" do tipo de trabalho realizado por aqueles que aparecem no canal público, a BBC.

Delia não se desculpa pelo seu trabalho comercial e, na verdade, passou a trabalhar com outra rede de supermercados, a Waitrose, depois que seu contrato com a Sainsbury venceu, em 1998. A New Crane Publishing foi vendida em 2005 por 11 milhões de dólares, mas isso não inclui o site *Delia Online*, que gera um considerável tráfego. Delia insiste que ela foi objetiva na hora de aconselhar as redes de supermercado sobre seus produtos e que nunca usou sua posição para promover os produtos.

No entanto, quando seu segundo livro sobre como trapacear foi lançado e começou a recomendar determinadas lojas para comprar ingredientes, a controvérsia se reacendeu. Sua resposta foi: "Debatemos longamente sobre mencionar ou não os produtos, mas no final das contas esse livro é para pessoas que estão com pressa ou que têm medo de cozinhar. Quanto mais informação pudermos lhes dar, mais fácil será".

Isso não satisfez a maioria dos seus críticos, que então aproveitaram outro assunto que colocou Delia contra as opiniões mais modernas: galinhas de granja. Ela disse a um programa de rádio que apesar de não gostar especialmente das galinhas criadas em granjas, essa forma de produção era necessária para alimentar quem não estava tão bem de vida. Ela também declarou que "não usava orgânicos", mas ficava feliz em usar matérias-primas produzidas de outras maneiras. Tudo isso parecia confirmar que "Santa Delia" não estava do lado dos anjos, mas ela diz que não está no ramo para fazer política gastronômica. "Vou me ater à cozinha", ela disse. "Eu ajudo as pessoas a cozinhar, não a livrar o país de galinhas de granja."

É um pouco estranho que alguém que se esforça para não criar controvérsias consiga atrair um nível tão grande de críticas, mas esse é o preço da fama. Para colocar isso em alguma perspectiva, seus críticos, apesar de alguns deles serem de alto nível, desaparecem se forem comparados com seus leais seguidores. Entre eles estão universidades que deram a essa mulher sem nenhuma qualificação acadêmica quatro diplomas honorários por seu trabalho. Além disso, ela foi condecorada duas vezes pela rainha como Membro da Ordem do Império Britânico, em 2009, e como Oficial da Ordem do Império Britânico, em 2005. Na verdade, segundo sua biógrafa, Alison Bowyer, o primeiro-ministro Tony Blair ofereceu a ela um título, mas ela recusou.

Recusar um título parece ser parte da determinação de Delia para manter o toque comum e isso se encaixa perfeitamente com uma outra grande paixão sua: o futebol. Ela é uma torcedora dedicada do Norwich City Football Clube há três décadas e tornou-se diretora do clube em 1996. Não há nada forjado a respeito de seu entusiasmo pelo futebol ou o esforço considerável que devota ao clube. Talvez sua maior contribuição tenha sido melhorar os seus serviços de comida a ponto de eles serem agora uma fonte de lucro, e não de vergonha, como em outros clubes. É cruel mas correto dizer que o Norwich City não é um dos melhores clubes da Inglaterra, mas também não é dos piores, ele fica em algum lugar no meio, o tipo de lugar em que Delia parece se sentir mais confortável.

"Ela continua a ser um símbolo da região de Middle England", afirmava um perfil seu publicado no *Times* em 2009, "o que a distingue da nova geração de chefs celebridades é que, enquanto eles estão vendendo a própria personalidade, ela sempre falou apenas de culinária."

Jamie Oliver (capítulo 13), que certamente está entre os chefs que "vendem a personalidade", a homenageia de maneira efusiva e disse: "Não importa o que digam a respeito dela, Delia é a maioral. Ela passou anos fazendo da culinária algo acessível e conquistando a confiança do público britânico. Só por isso ela já é um tesouro".

Normalmente, Delia Smith coloca as expectativas bem baixas na hora de descrever sua missão. Disse: "Acho que terei prestado um grande serviço se ajudar as famílias a se reunir em volta da mesa para fazer uma refeição juntas."

Receitas da Delia Smith

Todas essas receitas podem ser encontradas no site *DeliaOnline.com* (em inglês)

MAIONESE DE OVOS

Esta receita é um clássico da Delia, algo que todo candidato a cozinheiro deveria saber fazer.

Essa é a introdução dela:

"Não é do tipo em que você encontra em bufês e self-services – essa é a verdadeira. Ovos, cozidos – não duros, mas um pouco moles no centro – ungidos com uma emulsão dourada e brilhante com um pouco de alho. Tenho de admitir, essa provavelmente é minha entrada favorita. Gosto de servi-la com pepinos em conserva fatiados e pequenas azeitonas pretas da Provença."

6 porções

Ingredientes

- 9 ovos grandes
- 18 pepinos em conserva médios, cortados em fatias no sentido do comprimento
- cerca de 18 azeitonas pretas pequenas

Para a maionese

- 2 gemas de ovos grandes
- 275 ml de óleo de cozinha sem sabor
- 1 dente de alho amassado
- 1 colher (chá) de mostarda em pó
- 1 colher (chá) de vinagre de vinho branco
- pimenta-do-reino moída na hora
- 1 colher (chá) de sal

Modo de preparo

Primeiro, coloque uma tigela de tamanho médio sobre um pano de prato encharcado para que fique firme e deixe suas duas mãos livres para fazer a maionese – uma para derramar o óleo e a outra para segurar o mixer. Em seguida, meça o óleo em uma jarra medidora. Agora, coloque as gemas na tigela, acrescentando o alho, a mostarda em pó, o sal e um pouco de pimenta-do--reino moída na hora e misture tudo. Então, segurando a jarra de óleo com uma mão e o mixer com a outra, acrescente apenas uma gota de óleo aos ovos e misture. Por mais estúpido que possa parecer, o segredo para uma maionese bem-sucedida é ter certeza de que cada gota de óleo é bem misturada antes de acrescentar a próxima gota. Não vai levar um dia, porque depois de alguns minutos – depois que você acrescentou várias gotas de óleo – a mistura vai começar a engrossar e ficar bem firme e granulada. Quando chegar a esse estágio, você precisa acrescentar vinagre, que irá deixá-la mais fina. Agora que o ponto crítico passou, você pode começar a acrescentar o óleo em gotas maiores, sem parar de misturar. Depois de acrescentar todo o óleo, experimente e acrescente mais sal e pimenta, se necessário.

Se você quiser que a maionese fique um pouco mais leve, acrescente 2 colheres (sopa) de água fervente e misture. A maionese só talha quando você acrescenta óleo muito depressa no começo. Se isso acontecer, não se desespere. Basta colocar uma gema nova em uma tigela limpa, acrescentar a mistura talhada aos poucos, então continuar a acrescentar o resto do óleo como se nada tivesse acontecido. Agora coloque os ovos em uma panela com água fria. Deixe levantar fervura e cozinhe por 6 minutos, então resfrie-os rapidamente sob água corrente fria e deixe-os em água fria por cerca de 2 minutos. A seguir, tire-os da água, descasque, cubra-os com filme plástico e deixe-os em um lugar fresco até a hora de usar. Agora corte os ovos ao meio, colocando três metades em cada prato, cubra com uma colherada de maionese e enfeite com os pepinos e as azeitonas. Qualquer sobra de maionese deve ser guardada em um vidro bem fechado na geladeira, por não mais do que uma semana. Observação: você também pode servir isso com duas anchovas por pessoa colocadas sobre a maionese formando uma cruz.

De: *How to Cook Book Three*, de Delia Smith, BBC Books, 2001 e *Delia's Vegeterian Collection*, BBC Books, 2002.

COQ AU VIN

Essa é uma das minhas receitas favoritas e, para muitos chefs amadores, são receitas como essas que os encorajam a se aventurar em territórios que até então eram tidos como muito difíceis.

A introdução de Delia diz:

"Um coq au vin verdadeiro é feito, obviamente, com um galo, e parte do sangue é usado no molho que, na hora que chega à mesa, tem uma linda cor quase preta.

No Reino Unido, fazemos uma adaptação menos autêntica, mas ainda assim ele é um prato esplêndido para servir em um jantar para os amigos. Os resultados são diferentes mas muito deliciosos se você usar cidra em vez de vinho, mas deve ser cidra seca. Também gosto de fazer metade do seu tempo de cozimento um dia antes, então colocar na geladeira e cozinhar o restante do tempo antes de servir. Nesse estágio, vire os pedaços de frango para que eles possam absorver todos os deliciosos sabores de um dia para o outro."

Ingredientes
- 2,25 kg de pedaços de frango (8 pedaços)
- 725 ml de vinho tinto

- 25 g de manteiga
- 1 colher (sopa) de manteiga amolecida e 1 colher (sopa) de farinha de trigo misturadas para fazer uma pasta
- 1 colher (sopa) de óleo
- 225 g de toucinho não defumado de preferência inteiro
- 16 cebolas pequenas para picles
- 2 dentes de alho amassados
- 2 ramos de tomilho fresco
- 2 folhas de louro
- 225 g de cogumelos pequenos
- sal e pimenta-do-reino moída na hora

Para decorar (opcional):
salsinha picada fresca

Modo de preparo
Derreta a manteiga com o óleo em uma frigideira e frite os pedaços de frango com a pele para baixo, até ficarem dourados; então vire-os e doure do outro lado. Talvez você precise fazer isso em duas ou três levas – não encha demais a panela. Tire os pedaços de frango da panela com uma escumadeira, e coloque-os na panela em que irá cozinhar. Ela deve ser grande o suficiente para que os pedaços de frango fiquem em uma só camada no fundo, e funda o suficiente para que possam ser completamente cobertos com líquido. Agora tire a pele do toucinho e corte o em cubinhos, doure-os também na frigideira e acrescente-os ao frango, então finalmente doure as cebolas um pouco e acrescente-as também. A seguir, coloque os dentes de alho amassados e os ramos de tomilho junto com os pedaços de frango, tempere com pimenta-do-reino moída na hora e só um pouco de sal, e coloque duas folhas de louro.

Derrame o vinho, tampe a panela e cozinhe em fogo baixo por 45 a 60 minutos ou até o frango ficar macio. Durante os 15 minutos finais do cozimento, acrescente os cogumelos e misture-os com o líquido. Tire o frango, o toucinho, as cebolas e os cogumelos e coloque-os em um prato decorado preaquecido e mantenha aquecido. (Descarte as folhas de louro e o tomilho nesse estágio.) Agora deixe o líquido levantar fervura em fogo bem alto e deixe reduzir a cerca de um terço. A seguir, acrescente a pasta de manteiga e farinha ao líquido. Deixe levantar fervura, mexendo o tempo todo até o molho engrossar, então sirva o frango regado com o molho. Se quiser, salpique um pouco de salsinha picada por cima do frango e deixe-o mais bonito.

De: *Delia Smith's Complete Cookery Course*, BBC Books, 1992; *Delia Smith's Complete Illustrated Cookery Course*, BBC Books, 1989; *The Evening Standard Cookbook* de Delia Smith, Book Clubs Associates, 1975; e *The Delia Collections Chicken*, BBC Books, 2003.

CHEESECAKE DE FRAMBOESA DE 10 MINUTOS

Esse é um bom exemplo do tipo de receita que faz Delia arranjar encrenca com os esnobes: primeiro ela pula alguns métodos de preparo básicos e, além disso, recomenda um produto específico. E por acaso também cria um cheesecake bastante gostoso.

A introdução de Delia diz:

"Na verdade ele leva 30 minutos para assar, mas tudo o que você precisa fazer é misturar tudo rapidinho. Então você pode servi-lo com a fruta que quiser, mas a minha favorita são as framboesas frescas e nosso ingrediente da semana – The English Provender Company Raspberry Coulis. Ele também fica bom derramado sobre uma tigela de morangos limpos (que foram polvilhados anteriormente com um pouco de açúcar) e uma grande dose de creme de leite fresco ou, se você estiver bem animado, queijo quark.

Ingredientes
- 50 g de manteiga
- 8 biscoitos maria
- 350 g de cream cheese
- 2 colheres (sopa) de açúcar, mais uma colher (chá)
- 2 ovos grandes
- 3 gotas de essência de baunilha
- 142 ml de creme azedo
- 150 g de framboesas
- 200 g de coulis de framboesa pronto (usei o The English Provender Co. Raspberry Coulis)

Modo de preparo

Primeiro, preaqueça o forno a 180 ºC. Derreta a manteiga, então amasse os biscoitos em migalhas finas usando um rolo de macarrão e misture com a manteiga derretida. Agora, pressione a mistura de biscoitos por igual no fundo de uma fôrma de fundo solto de 20 cm levemente untada com óleo. Então, em uma tigela, bata o cream cheese e 2 colheres de açúcar até ficar homogêneo e sem pelotas.

A seguir, acrescente os ovos e a essência de baunilha. Então coloque a mistura na fôrma, espalhando por igual, e asse no meio do forno por 25 a 30 minutos ou até a mistura ficar firme no centro. O cheesecake vai encolher um pouco nas bordas, mas isso é normal.

Agora aumente o forno para 230 ºC. Derrame o creme azedo sobre o cheesecake, polvilhe com uma colher (chá) de açúcar e asse por mais 5 minutos. Tire do forno e deixe esfriar. Para servir, solte a base das laterais da fôrma, e decore a parte de cima do cheesecake com framboesas frescas e regue com um pouco de coulis. Coloque o resto do coulis em uma jarrinha e sirva à parte.

Ingrediente para trapacear

1 vidro de 200 g de The English Provender Co. Raspberry Coulis

Essa receita foi publicada originalmente na revista *You*.

A chef ética

ALICE WATERS

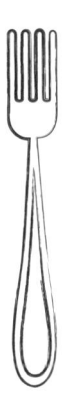

Alice Louise Waters, nascida em 1944, foi descrita como "a mãe da culinária americana" e "uma das figuras mais importantes na história gastronômica da América do Norte". Essas afirmações são excessivas e exageradas, mas justificadas de muitas maneiras pelo impacto extraordinário que ela teve na maneira como os americanos encaram a comida. Além disso, ela é uma ativista política que faz campanhas de maneira enérgica e efetiva em defesa da agricultura local sustentável, da melhoria dos hábitos alimentares das crianças e do uso da comida em geral como um veículo de mudança social.

Alguns críticos identificaram Waters como a sucessora de Julia Child (capítulo 7), que teve um impacto profundo semelhante na alimentação americana nas décadas de 1960 e 70, apesar de sua influência ter se estendido além disso. Child favoreceu nos Estados Unidos a apreciação de um sabor europeu acolhedor, principalmente da culinária francesa, dando a ele um significativo toque americano. Waters, por outro lado, tem os pés firmemente fincados em solo americano. Ela é vista como a fundadora do movimento culinário californiano, que enfatiza os produtos locais e se concentra em pratos simples e saborosos. Eles acabam se mostrando bastante complexos, mas mesmo assim são desprovidos do tipo de apresentação ornamental preferida por Julia Child. Há ainda outra maneira de ver essa comparação, citada no perfil de Waters publicado no *New York Times*, no qual a crítica gastronômica de São Francisco, Patricia Unterman, defende que Child "preparou o palco para o bum culinário nos Estados Unidos quando ensinou as pessoas a cozinhar, e então Alice Waters levou todos um passo adiante, ao ensinar sobre os ingredientes".

Existem outros paralelos e diferenças interessantes entre as duas mulheres. Waters não estudou para ser chef, mas é uma incrível entusiasta, praticamente autodidata e que atingiu um nível de proficiência suficiente para dirigir a cozinha de um restaurante premiado. Child frequentou de maneira ávida aulas de culinária na França e debruçou-se sobre a produção de um volumoso livro baseado na culinária francesa, mas só no final de sua vida se aventurou numa cozinha profissional mas, aparentemente, sem convicção.

No coração do mundo de Waters está o restaurante Chez Panisse em Berkeley, Califórnia, que ela inaugurou em 1971, aos 27 anos. É famosa a sua descrição sobre as origens do lugar como "um lugarzinho simples onde podíamos cozinhar e falar de política". Ele se tornou muito menos simples e, desde então, foi elevado ao nível dos restaurantes premiados, expandiu-se em outros empreendimentos gastronômicos e viu um desfile de chefs que cruzaram suas portas, ficaram famosos e abriram seus próprios restaurantes maravilhosos. O restaurante também serviu de inspiração para uma dúzia de livros escritos apenas por Waters ou em parceria, dando àqueles que nunca ali estiveram um gostinho do que iriam encontrar.

Ao contrário de muitos outros gurus da alimentação da era moderna, Waters evitou os programas de televisão e nunca teve um programa próprio, apesar de estar sempre pronta para aparecer em programas de televisão em defesa de sua filosofia alimentar.

Waters insiste que não tem ideia do quão influente se tornou e que tenha criado o que pode ser descrito como um movimento: "Quando abri o Chez Panisse, só estava pensando no sabor", disse a um entrevistador. Em outra entrevista, ela disse: "Quero saber de onde vem tudo, não quero ter que escolher entre local e orgânico. Quero as duas coisas. Não quero viver uma vida meio boa".

Seus clientes claramente compartilham de suas opiniões e esperam ser servidos com o que o próprio restaurante descreve como legumes, verduras e frutas recém-colhidos e peixes que acabaram de sair do mar. Não é exagero dizer que quando o Chez Panisse começou, estava criando uma experiência completamente nova. E sim, havia muitas conversas políticas entre seus amigos do movimento Free Speech e outros do meio que influenciaram

Waters no auge dos anos 1960. Era o tempo em que as universidades americanas estavam em polvorosa com a guerra do Vietnã e muitos se juntavam ao movimento de direitos civis e promoviam um estilo de vida alternativo.

Parte desse estilo de vida concentrava-se em sexo, drogas e rock and roll, mas para Waters, a comida era o que mais importava. Ela explicou porque a comida é central para a sua visão política: "Realmente acreditei que podia mudar o mundo", disse em uma entrevista, "a política é mais do que votar, pensávamos. Política é como você leva a vida". Em outro lugar, ela refletiu sobre o significado de política gastronômica: "Quando você toma uma decisão a respeito do que vai comer, isso afeta a qualidade de vida do nosso planeta. Em outras palavras, se você compra comida das pessoas que estão cuidando da terra, está apoiando a sustentabilidade para futuras gerações. Compre de pessoas que se importam com a nossa nutrição, de pessoas que se importam com as nossas crianças, de pessoas que se importam com a comida pelos motivos certos. Se você compra comida de pessoas que a estão cultivando de uma maneira irresponsável, de pessoas que estão destruindo comunidades ao redor do mundo e nossos recursos naturais, então você está apoiando um sistema completamente diferente. Acho que é um ato muito político tomar as decisões certas a respeito do que você coloca na sua boca". E há mais: "As comunidades se unem quando as pessoas se importam com o que comem, continuo a acreditar que o melhor jeito de unir as pessoas é mudando completamente o papel da comida na nossa vida nacional".

A maior parte dos americanos ainda consome uma grande quantidade de alimentos processados e compra comida vinda de fazendas de agricultura industrial. Mas há uma perceptível mudança de consciência em relação aos produtos defendidos por Waters; certamente os ânimos mudaram em sua direção nos últimos anos. Mesmo assim, Waters parece simbolizar muitas coisas que são bastante impopulares nos Estados Unidos. Ela é vista como uma liberal radical, uma acusação que ela não vai contestar, mas ela nega as frequentes acusações de elitismo e de falta de realismo em sua abordagem em relação à comida. Ela disse ao programa *60 Minutes* da rede americana CBS: "Acho que boa comida deveria ser um direito e não um privilégio, e ela precisa estar livre de pesticidas e herbicidas. Todos merecem essa comida. E isso não é elitista".

Em outro lugar ela disse: "Alimentos frescos e nutritivos não podem mais ser estigmatizados como elitistas. Alimentos integrais e honestos devem ser o direito de todos os americanos, não apenas dos ricos". Ela tem muita consciência das contradições em sua posição, mas argumenta: "Muitas vezes alguém vai reclamar que para mim – a dona de um restaurante caro com uma clientela sofisticada e localizado em um clima ameno – é fácil recomendar esse tipo de alimentação, mas para a maioria dos americanos isso é um luxo que está completamente fora do alcance".

Entre seus críticos estão James McWilliams, um historiador da alimentação da Texas State University, que a princípio é simpático a suas ideias, mas que defende que a campanha de Waters por uma alimentação melhor é um grande exemplo do perfeito sendo inimigo do bom. Ele acrescenta: "Há nisso uma espécie de elitismo, o que não é necessariamente uma coisa ruim. Se você tem o tempo e os recursos para apoiar o produtor local, isso é ótimo. Mas alguns veem como se ela tivesse preocupações de butique, desligadas de onde deveriam estar as nossas preocupações com comida – como vamos produzir 70% mais comida nos próximos 40 a 50 anos". Eis o nó da questão, pois mesmo o defensor mais ferrenho dos alimentos produzidos de maneira orgânica e não industrial questiona se o planeta tem recursos para alimentar todas as pessoas sem recorrer a métodos industriais.

Waters argumenta que suas soluções não são novas, mas vêm de profundas raízes rurais. Ela não reconhece que mesmo nos tempos em que a comida era produzida de maneira mais tradicional havia má nutrição e fome generalizadas. É muito improvável que esses problemas diminuam com o crescimento da população global, e há um grande afastamento do trabalho no campo. Waters, como veremos, escolheu focar em projetos específicos que fazem uma diferença real e deixar essas questões maiores de lado.

Alice Waters vem de uma família de classe média de Chatham, Nova Jersey. Seu pai era um executivo de uma empresa de seguros e ela teve três irmãs. Pelo que se conta, era uma família convencional que produziu herdeiros muito pouco convencionais. Alice Waters casou duas vezes, primeiro com o diretor francês Jean-Pierre Gorin, e depois com Stephen Singer, um importador de azeite de oliva italiano que também se tornou o comprador de vinhos do Chez Panisse. Ela tem uma filha, Fanny, cujo nome batiza o café que abriu depois do restaurante.

Waters desafiou sua confortável origem de classe média como estudante da universidade de Berkeley, onde era ativista política, principalmente do movimento Free Speech, formado em resposta ao banimento das atividades políticas no campus. Ela também trabalhou na campanha de Robert Scheer, um político contrário à guerra do Vietnã. Por incrível que pareça, isso marcou seu nascimento como cozinheira, pois entretinha outros membros da equipe de campanha cozinhando para eles no trailer. Waters sugere que seu interesse por comida foi disparado quando ela tinha 19 anos e estava morando na França, absorvendo a cultura gastronômica francesa e a centralidade que ela tinha na vida familiar. Desde nova, ela era o que se chama de "chata para comer". Na verdade, ela tem papilas gustativas apuradas e isso, para um chef, é muito bom.

Apesar desse interesse por comida já ser evidente quando ela se formou na Berkeley em Estudos Culturais Franceses, em 1967, ela foi para Londres onde fez estágio para ser professora em uma das progressivas escolas Montessori. Sua experiência montessoriana mais tarde lhe forneceu a base para uma educação em alimentos e para os programas de hortas nas escolas, que ecoam o método escolar de proporcionar às crianças experiências práticas. De Londres ela viajou para a Turquia, que ela diz ter inspirado o seu entusiasmo pela hospitalidade e respeito pelas comunidades locais. Depois disso, passou mais um ano na França, uma experiência seminal que a convenceu a não ser uma professora e sim uma chef.

Paradoxalmente, as principais influências que ela afirma terem despertado o seu interesse pela culinária francesa não são francesas, incluindo Elizabeth David (capítulo 8), que influenciou o interesse de muitas outras pessoas pela gastronomia francesa, na década de 1960. Em nível pessoal, ela dá crédito a Richard Olney, uma importante autoridade americana em gastronomia francesa, mas, assim como David, preferia a tradição francesa rústica à alta gastronomia, que é mais comumente associada à culinária francesa. Ele, por sua vez, a apresentou a Lucien e Lulu Peyraud, donos da vinícola Domaine Tempier na Provença, a quem mais tarde ela descreveu como sua "segunda família". Lulu Peyraud tornou-se uma grande influência nos cardápios do Chez Panisse.

De volta aos Estados Unidos, ela se juntou a Lindsey Shere, que se tornaria a chef de confeitaria do restaurante. Waters descreveu o que veio a seguir: "Tínhamos essa pequena fantasia: 'Ah, vamos abrir um pequeno café', dissemos. Eu não estava preocupada em pagar por ele. Simplesmente sabia que se fizéssemos a coisa certa, as pessoas viriam. Abrimos o restaurante com dez mil dólares. Meu pai hipotecou sua casa (ele pagava o aluguel do prédio que Waters e suas colegas comprariam três anos mais tarde). Tínhamos 50 empregados e pagávamos 5 dólares por hora para cada um deles.

Isso foi em 1971, e o estilo do restaurante se baseava em pratos da Provença do sul da França. Na verdade, havia uma mistura generalizada da culinária campestre francesa não pretensiosa. O restaurante recebeu o nome de Chez Panisse, não por causa do pão sem fermento e frito feito à base de grão-de-bico típico de Nice, mas em homenagem a Honoré Panisse, um personagem dos filmes de Marcel Pagnol, que se passavam na Marsellha dos anos 1930. Waters, além dos seus outros interesses, tem um profundo interesse por cinema. Ela tem diversos clientes regulares entre os famosos do cinema e, em 1980, apareceu cozinhando em um filme do diretor alemão Werner Herzog chamado *Werner Herzog Eats His Shoe* (Werner Herzog Come Seu Sapato).

David Goines, amigo de longa data de Alice Waters e ilustrador de dois dos seus livros de receitas, lembra-se de sua impressão sobre o motivo de ela abrir o restaurante. "Alice queria receber seus amigos para jantar todos os dias", disse. "O único jeito de fazer isso era abrindo um restaurante."

O restaurante ficou longe de ser um sucesso imediato. Parte da culinária era um desastre, e Alice parecia ter pouco controle sobre a parte financeira e administrativa, principalmente por que seu principal objetivo era usar ingredientes da melhor qualidade, sem se importar com o preço. Ela rapidamente entrou em uma dívida de 40 mil dólares. Então se materializou na forma da dona de uma loja de utensílios para cozinha chamada Gene Opton.

Waters lembra o que aconteceu em seguida, "Gene Opton pegou todos os recibos do chão e pagou as contas, e logo se tornou uma das sócias, mas ela rapidamente se desencantou com as minhas práticas e os outros sócios compraram a parte dela, eu continuei com os meus modos libertinos". Demorou oito anos para o restaurante começar a dar lucro, mas sua reputação estava se espalhando e a insistência de Waters com a perfeição estava sendo notada.

Em 1980, o restaurante chegou a um nível que justificava a expansão e ela abriu o Chez Panisse Café no segundo andar. Paul Aratow, seu primeiro chefe de cozinha, que também ajudou a comprar o prédio, teve um papel chave no desenvolvimento do restaurante. Ele mesmo um considerável especialista em culinária francesa e italiana.

Em 1982, o restaurante foi quase destruído pelo fogo, mas foi em grande parte salvo e reconstruído. Dois anos mais tarde, Waters decidiu abrir um café mais informal a algumas quadras do restaurante original, batizando-o de Café Fanny, em homenagem a sua filha. O site do Chez Panisse diz: "O restaurante sempre serviu um jogo de cardápios que muda diariamente e reflete a abundância da estação. As noites de segunda no restaurante normalmente apresentam pratos mais rústicos ou regionais, como uma tagine de cordeiro ou um ensopado de peixe, além da entrada e da sobremesa. De terça à quinta, o restaurante serve um cardápio de quatro pratos, incluindo sobremesa. Nas noites de sexta e sábado, serve-se um cardápio mais elaborado de quatro pratos".

O restaurante compra os ingredientes em cerca de 85 fornecedores, a maioria dos quais são empreendimentos locais de pequena escala. O que sobra de legumes e verduras no restaurante volta para as fazendas fornecedoras para ser usado como composto.

Waters diz que a semelhança entre o clima da Califórnia e do sul da França ajuda a explicar a enorme influência da culinária provençal em sua cozinha. Ela é famosa por ter criado pratos como a pizza de estilo californiano e uma igualmente famosa salada de queijo de cabra que tem alguma ressonância com as famosas saladas com queijo feta da Grécia. Essencialmente, o que caracteriza sua comida é a maneira como o sabor dos ingredientes frescos é mantido. Molhos gordurosos definitivamente não têm espaço ali, mas os temperos e molhos leves e muitas vezes complexos reinam absolutos.

O restaurante e Waters ganharam um número impressionante de prêmios, incluindo a nomeação de Alice Waters como a Melhor Chef dos Estados

Unidos pela James Beard Foundation (capítulo 3) em 1992; um prêmio pelas conquistas de uma vida toda do painel *50 Melhores Restaurantes* da San Pellegrino; e o reconhecimento de uma série de instituições acadêmicas, assim como um lugar no Hall da Fama da Califórnia.

Talvez a mais impressionante entre as conquistas do Chez Panisse esteja na maneira como ele se desdobrou em muitos outros restaurantes e produtores de alimentos, conforme os chefs passavam por suas portas e iam embora para abrir os próprios negócios. Entre eles estão Dianne Dexter, antiga chef de confeitaria que abriu a Metropolitan Bread Company. Um ex-funcionário do restaurante fundou o ainda mais famoso Acme Bread Company.

Outra ex-funcionária, Lindsey Shere, fundou outra padaria bem quista, e Peggy Smith, que trabalhou no café, fundou a queijaria Cowgirl Creamary. Jeremiah Tower, que aprendeu a ser chef no Chez Panisse, agora se tornou um dos chefs mais famosos dos Estados Unidos. Mark Miller e Paul Bertolli, que foram chefs principais do restaurante, seguiram em frente e lideraram algumas das cozinhas mais famosas dos Estados Unidos.

A lista de ex-funcionários do Chez Panisse continua. Alguns desses chefs tiveram desavenças com Alice Waters, mas todos carregaram a influência desse notável restaurante pelos Estados Unidos afora.

Waters já não trabalha mais na cozinha do restaurante diariamente, mas continua bastante envolvida no planejamento do cardápio. A maior parte de sua atenção mudou para o ativismo alimentar. Uma de suas primeiras iniciativas foi apoiar o Garden Project, estabelecido na prisão de São Francisco, para que os prisioneiros trabalhassem na terra e continuassem a fazer isso depois de soltos. O emprego de tempo integral de Waters agora, se isso pudesse realmente ser dito a respeito de sua ocupação, é na direção da Chez Panisse Foundation, criada em 1996. Sua criação coincidiu com o 25º aniversário do restaurante. O objetivo da fundação é "transformar a educação pública, usando os alimentos para ensinar, alimentar e fortalecer os jovens".

Ela se concentra nas escolas públicas do distrito de Berkeley onde, mesmo antes da fundação ter sido criada, Waters já ajudava as escolas a integrar os currículos com a merenda; isso significa fazer as crianças se envolverem no cultivo, preparo e compartilhamento da comida.

Seu projeto pioneiro foi a Horta Comestível da Escola na escola de ensino médio Martin Luther King Jr. de Berkeley, onde foram criados uma horta e uma cozinha educativa orgânicas. Seguiu-se a ele uma iniciativa mais ampla relacionada a merendas escolares, que oferece alimentos nutritivos a 10 mil alunos na hora do almoço, eliminando os alimentos processados e reforçando as frutas, legumes e verduras orgânicos. O trabalho de Waters é muito parecido com o de Jamie Oliver (capítulo 13) no Reino Unido, e mais recentemente nos Estados Unidos.

Programas afiliados à Horta Comestível desde então foram criados em New Orleans, Nova York, Los Angeles, São Francisco e Greensboro. De várias maneiras eles ecoam o trabalho pioneiro em Berkeley, onde os estudos de acompanhamento da fundação descobriram que a consciência alimentar das crianças aumentou e que seus hábitos alimentares melhoraram.

Waters têm feito campanhas em nível nacional para aumentar o conhecimento sobre alimentos orgânicos e estender o programa de refeições gratuitas. Em 2003, Waters estava entre os fundadores do Yale Sustainable Food Project, fazendo da comida sustentável parte do currículo universitário. Ela pressionou o presidente Clinton a plantar uma horta orgânica na Casa Branca. Apesar de esse projeto nunca ter sido desfrutado durante o mandato dele, ele se tornou um entusiasta da comida de Waters e escreveu: "Sei como Alice é apaixonada por alimentos frescos e da importância dos americanos levarem uma vida mais saudável". Clinton acrescentou: "Alice e pessoas como ela, junto com meus problemas de peso e cardíacos, inspiraram-me a abraçar a questão da obesidade infantil". O projeto da horta orgânica na Casa Branca finalmente se materializou em 2009 com o presidente Obama, e sua inauguração fez parte da campanha contra a obesidade *Let's Move* da primeira-dama Michelle Obama.

Waters disse ao *Vegetarian Times* que "uma vez que as pessoas entram em contato com comida real, é difícil voltar atrás. Se simplesmente conseguirmos colocá-los em contato com as feiras de produtores ou fazê-los cultivar coisas em seus quintais e colhê-las quando têm aquele sabor irresistível, não há como voltar atrás".

Em nível internacional, Waters têm servido como vice-presidente da Slow Food International, a organização dedicada à preservação das tradições gastronômicas locais e muitas das outras ideias que ela promove nos Estados Unidos. A partir desse movimento, Waters ajudou a organizar o primeiro evento Slow Food Nation americano em São Francisco. É um festival de comida e política que parece destinado a crescer e atrair ainda mais atenção. Seu envolvimento com o Slow Food levou o governo francês a lhe conceder uma condecoração da Legião de Honra. O fundador desse movimento, Carlo Petrini, é assunto do capítulo 15.

Há pessoas que se perguntam como esse ramo da comida conseguiu ficar tão politizado, mas isso seria encarar a história do mundo com viseiras, ignorando as grandes mudanças no desenvolvimento econômico e social, e tudo o que vem com eles. Dizer que a comida "nunca" foi política em outros tempos é ignorar, assim como vimos no capítulo 6, como as forças revolucionárias que varreram a França tiveram um impacto profundo na maneira como a comida era preparada e servida.

O que aconteceu no final do século XX é que a comida se tornou um tópico mais importante e que torna os consumidores participantes mais ativos em todo o processo alimentar. Em um passado não muito recente, a maioria das pessoas eram elas mesmas produtoras ou estavam muito próximas da fonte de produção. Waters surgiu desse novo meio como sendo uma das líderes do movimento de consumo socialmente consciente de alimentos, e como ela disse à revista *New Yorker*, ela vê os alimentos saborosos e a preocupação a respeito de suas origens como estando ligados de maneira inexorável. Ela disse: "O prazer sensual de comer um alimento bonito da horta traz a satisfação moral de fazer a coisa certa pelo planeta e por você mesmo".

Alice Waters é muito inflexível para se tornar popular um dia. Mas muito do que ela defende e sua insistência em focar nas origens dos alimentos são preocupações compartilhadas por um círculo muito maior de pessoas do que parecia possível quando o Chez Panisse foi fundado na década de 1970. "Eu sempre soube que isso teria que acontecer", ela disse para um entrevistador, "Eu só não sabia que aconteceria tão cedo. Essas ideias não são minhas... é como as pessoas comem há centenas de anos."

Receitas de Alice Waters

As receitas a seguir mostram, no primeiro exemplo, como Alice Waters aborda um prato simples e no segundo como adaptou um prato provençal clássico que parece ser simples mas tem um conjunto complexo de ingredientes. O terceiro exemplo é sua versão de um molho de salada francês clássico.

SOPA DE CENOURAS

6 a 8 porções

Ingredientes
- 4 colheres (sopa) de manteiga
- 2 cebolas médias, fatiadas
- 1 ramo de tomilho
- 1,2 kg de cenouras descascadas e fatiadas (cerca de 6 xícaras)
- sal
- 6 xícaras de caldo de galinha

Modo de preparo
Em uma panela de fundo grosso, derreta a manteiga. Quando ela começar a espumar, acrescente as cebolas e o tomilho e cozinhe em fogo médio a baixo por cerca de 10 minutos, até ficarem macias. Acrescente as cenouras, tempere com sal e cozinhe por mais 10 minutos. Acrescente o caldo, deixe levantar fervura e então cozinhe em fogo baixo até as cenouras ficarem macias, cerca de 30 minutos. Tempere com sal a gosto. Para uma sopa homogênea, use um mixer e bata até virar um purê.

Variações

- Enfeite com creme azedo temperado com sal, pimenta e ervas picadas.
- Acrescente ¼ de xícara de arroz basmati com as cenouras, use água em vez de caldo, acrescente 1 xícara de iogurte integral antes de passar o mixer e enfeite com hortelã.
- Cozinhe uma pimenta jalapeño com as cebolas, acrescente um pouco de coentro antes de passar o mixer e enfeite com coentro picado.

De: *The Art of Simple Food*, de Alice Waters, Clarkson Potter, 2007.

SOPA AO PESTO COM CANELAS DE CORDEIRO

6 porções como prato principal

Ingredientes
- 6 canelas de cordeiro pequenas
- sal e pimenta
- azeite de oliva
- 2 cebolas médias picadas
- 1 cenoura grande sem casca e fatiada
- 1 talo de salsão fatiado
- 14 dentes de alho sem casca e amassados
- 2 tomates médios cortados em 4
- 10 xícaras de caldo de galinha básico
- bouquet garni: tomilho, salsinha e folha de louro
- 900 g de ervilhas frescas sem a vagem

Para a sopa
- 450 g de vagem-manteiga cortada em pedaços de 1,3 centímetro
- 450 g de vagem-holandesa cortada em pedaços de 1,3 centímetro

- 1 bulbo de erva-doce grande cortado em cubinhos
- 2 cenouras cortadas em cubinhos
- 2 batatas médias cortadas em cubinhos
- azeite de oliva extra-virgem
- 3 cebolas grandes cortadas em cubinhos
- 2 abobrinhas pequenas cortadas em cubinhos
- 4 tomates médios sem pele e sementes, picados
- 2 colheres (sopa) de salsinha picada
- 2 colheres (chá) de tomilho picado

Opcional
- 1 xícara de pasta cozida, como orzo, mezzi tubetti, conchiglie ou orecciette.

Para o pesto
- 2 colheres (sopa) de pinholes torrados
- 3 dentes de alho
- sal
- 2 xícaras de folhas de louro
- ½ xícara de azeite de oliva extra-virgem
- pimenta-do-reino

Modo de fazer

Tempere as canelas de cordeiro generosamente com sal e pimenta-do-reino, e deixe na geladeira por várias horas ou de um dia para o outro. Aqueça 3 colheres (sopa) de azeite de oliva em uma frigideira grande e funda sobre fogo médio e doure as canelas. Em uma caçarola grande que possa ir ao forno, aqueça 2 colheres (sopa) de azeite de oliva sobre fogo médio e refogue a cebola, a cenoura, o salsão e o alho. Acrescente os tomates, o caldo de frango e o bouquet garni. Tempere a gosto e deixe levantar fervura. Acrescente as canelas em uma única camada, tampe e abaixe bem o fogo. Cozinhe no fogão ou em um forno a 175 ºC por duas horas, ou até ficar bem macio.

 Enquanto o cordeiro está cozinhando, deixe dois litros de água salgada levantarem fervura. Acrescente as ervilhas e cozinhe até ficarem macias, por cerca de 30 minutos. Tire as ervilhas e deixe-as esfriar em temperatura ambiente. Na mesma água fervente, repondo se necessário, um legume por vez, cozinhe a vagem-manteiga, a vagem-holandesa, a erva-doce, as cenouras e as batatas até ficarem no ponto, e espalhe para esfriar.

Quando as canelas estiverem prontas, tire do caldo e reserve. Coe o caldo, descartando os legumes. Deixe o caldo decantar e tire a gordura da superfície com uma escumadeira. Meça o caldo e acrescente caldo de frango, o líquido do cozimento dos legumes ou água para chegar ao volume de 10 xícaras. Coloque as canelas e o caldo de volta na caçarola. Reserve.

Aqueça 3 colheres (sopa) de azeite de oliva em uma frigideira grande sobre fogo médio e refogue a cebola picada até ficar macia e translúcida, por cerca de 5 minutos. Acrescente a abobrinha e continue a cozinhar por 3 ou 4 minutos. Acrescente as vagens, a erva-doce, as cenouras e as batatas cozidas, mexendo bem para cobrir com óleo. Acrescente os tomates, as ervilhas e a salsinha e o tomilho picados. Tempere tudo com sal e pimenta, e cozinhe por mais 2 minutos.

Deixe o caldo e as canelas levantarem uma fervura leve. Acrescente os legumes refogados e cozinhe em fogo baixo por alguns minutos. Experimente o caldo, ajuste o tempero e acrescente a massa, se for usar. (Nesse ponto, pode-se deixar a sopa esfriar à temperatura ambiente, colocar na geladeira e reaquecer no dia seguinte.)

Para fazer o pesto, moa com pilão os pinholes e o alho com uma pitada de sal. Acrescente algumas folhas de manjericão e continue a moer. Alternando manjericão e azeite de oliva, continue a moer até obter uma pasta homogênea. Acrescente o restante do azeite e tempere com sal e pimenta. Você terá cerca de uma xícara de pesto.

De: *The Art of Simple Food*, de Alice Waters, Clarkson Potter, 2007.

BATATAS GRATINADAS

4 porções

Ingredientes
- manteiga
- 4 batatas amarelas grandes (cerca de 700 g)

- 1 xícara de leite
- 3 colheres (sopa) de manteiga cortada em pedacinhos

Modo de preparo

1. Unte uma travessa refratária de 22 x 30 centímetros com manteiga.
2. Descasque e corte as batatas em fatias de 0,2 centímetro.
3. Faça uma camada de fatias de batatas na travessa, sobrepondo-as um pouco.
4. Polvilhe com sal e pimenta-do-reino moída na hora.
5. Continue a fazer as camadas, temperando cada camada, até usar todas as batatas. Você deve ter duas ou três camadas. Derrame o leite com cuidado sobre as batatas.
6. O líquido deve ir até a parte inferior da camada de cima. Acrescente mais se necessário. Jogue pedacinhos de manteiga sobre as batatas.
7. Asse em um forno a 180º até dourar e borbulhar, por cerca de 1 hora. Na metade do tempo de cozimento, tire a travessa do forno e pressione as batatas com uma espátula de metal para manter a parte de cima umedecida. Coloque de volta no forno e verifique sempre. O gratinado está pronto quando as batatas estão macias e a parte de cima está dourada.

Variações

- Descasque e amasse um dente de alho e esfregue na travessa antes de untar.
- Use gordura de pato em vez de manteiga.
- Use creme de leite fresco ou uma mistura de leite semidesnatado e creme de leite. Não use manteiga.
- Substitua metade das batatas por fatias de raiz de salsão, nabo ou pastinaca.
- Acrescente ervas picadas como tomilho, salsinha, cebolinha ou cerefólio.
- Refogue cogumelos, azedinha, espinafre ou alho-poró e faça camadas entre as fatias de batata.
- Jogue um pouco de queijo gruyère ou parmesão ralado entre as camadas e jogue mais por cima durante os últimos 15 minutos de forno.

De: *The Art of Simple Food*, de Alice Waters, Clarkson Potter, 2007.

Agradecimentos

Diversas pessoas foram generosas em me assistir e apoiar na preparação deste livro e sou muito agradecido a elas. Algumas preferem não ser mencionadas aqui, mas sabem que valorizo muito sua ajuda.

A ideia original desta obra foi de Nick Wallwork e por isso é improvável que tivesse sido produzida sem sua inspiração. Também gostaria de agradecer carinhosamente o trabalho de Michael Hamlin e sua equipe em desenhar e produzir o livro. Outros colaboradores, ideias e apoio vieram de Michael Duckworth, Humphrey Hawksley, Heather Holden-Brown, Rody Kwok, Kees Metselaar e, por último mas não menos importante, Jenny Stevens.

Diversas receitas foram incluídas neste livro; agradeço muito aos detentores dos direitos autorais que nos deram a permissão para sua inclusão. Fizemos todos os esforços para contatar outros detentores de direitos autorais, mas nem todos responderam. Devo acrescentar que enquanto estava escrevendo esse livro, muitas vezes consultei a incomparável obra de Alan Davidson, *The Oxford Companion to Food*.

Nenhuma das pessoas citadas acima é responsável por qualquer erro que possa ser encontrado neste livro, sou muito capaz de cometer esses erros sozinhos.

Este livro foi composto em fonte ITC Charter e impresso pela
Intergraf Ind. Gráfica Ltda. para a Editora Prumo Ltda.